Ebba D. Drolshagen

Des Körpers neue Kleider
Die Herstellung
weiblicher Schönheit

W0048827

Wolfgang Krüger Verlag

2. Auflage: 6.–7. Tausend
© 1995 S. Fischer Verlag GmbH, Frankfurt am Main
Satz: Fotosatz Froitzheim, Bonn
Druck und Bindung: Wagner GmbH, Nördlingen
Printed in Germany 1995
ISBN 3-8105-0430-0

Gedruckt auf chlor- und säurefreiem Papier

Wenn etwas sehr umstritten ist – und alles, was die Geschlechter betrifft, ist umstritten – kann man nicht hoffen, die Wahrheit zu sagen. Man kann nur zeigen, wie man zu der Meinung kam, die man vertritt.
Virginia Woolf, Ein Zimmer für sich allein

Einige Leserinnen werden sich vermutlich daran stoßen, daß es in dem Buch von ›man‹ nur so wimmelt. Ich kann das gut verstehen.

Bitte glauben Sie mir, daß ich mich bemüht habe, anders zu schreiben. Ich habe allerdings alle Versuche dieser Art aufgegeben, als ich eines Abends feststellte, daß ich so viel Zeit damit zugebracht hatte, Sätze ohne ›man‹ zu basteln, daß ich nicht mehr wußte, was ich eigentlich hatte schreiben wollen. Und wichtiger als ein Partikel scheint mir doch, wohin die Sprache führt, was sie entdeckt, wen und was sie mitdenkt.

Inhalt

Eine Frau von fünfunddreißig Jahren kann keine
Wespentaille haben wie ein Backfisch von sechzehn
Jahren, weil das Körpergewicht und die Entwicklung
des Organismus andere Maße verlangen.

Die ganze Welt war sich darin einig, daß eine blauäugige, gelbhaarige, rosahäutige Puppe dasjenige war,
was jedes kleine Mädchen zu schätzen wußte.

Einleitung Hineinschnuppern

In unserer Gesellschaft gilt es als Beweis der Selbstliebe,
wenn eine Frau aussehen möchte wie jemand anders.

Die Behauptung, die Frauen seien das schöne Geschlecht, hält selbst oberflächlichster Überprüfung nicht stand. Die Unsinnigkeit dieses Satzes wird sofort deutlich, wenn wir vergleichen, wieviel Zeit, Mühe und Geld Männer und Frauen investieren, bevor sie sich der Öffentlichkeit präsentieren: Ein Mann steht morgens auf und ist ein Mann. Für ihn hat die ›Beauty-Philosophie‹ eines französischen Creme-Herstellers keine Gültigkeit: »Drei Zehntel der Schönheit sind angeboren, sieben Zehntel müssen täglich neu erworben werden«. Aber er soll ja nicht schön sein, sondern allerhöchstens gut aussehen, und dazu braucht es offenbar nicht viel. Ein ungewöhnlich unattraktiver Mann beantwortete die Frage einer Journalistin, was er für seine Schönheit tue, mit einem selbstbewußten: »Rasieren.« Vergessen Sie nicht: Narziß war ein Mann.

Eine Frau hingegen steht morgens auf, geht ins Bad und beginnt, sich als Frau herzurichten: Daß bei vielen auch Rasieren dazugehört – nicht allmorgendlich und nicht unbedingt (nur) im Gesicht, sondern praktisch am ganzen Körper – ist noch die geringste Mühe (obwohl nicht die geringste Sorge): Der tägliche Verwandlungsakt beginnt recht harmlos mit duschen und Haare waschen, abtrocknen, eincremen, Deo auftragen. Danach fängt der allmorgendliche Streß erst richtig an, und zwar mit den Haaren: gelen, trocknen, Locken rein- oder rausmachen und dann alles so hinwuscheln, als habe man sich nach dem Aufstehen nicht einmal gekämmt. Gesicht eincremen, Pickel, Flecken usw. abdecken. Prima. Am Kinn bildet sich einer dieser Riesenpickel, an denen man wochenlang Freude hat, weil sie in 100 Meter Tiefe wachsen. Mit einem Schwämmchen flüssige Grundierung auftragen, darüber Transparentpuder und *darüber* Rouge. Einen Schluck Kaffee, Blick auf die Uhr. Augen abpudern, Brauen in Form bürsten und ganz leicht nachstricheln. Rasch die zwei struppig nachwachsenden Härchen rauszupfen, obwohl man das morgens nicht tun sollte, weil es rote Flecken macht. Lidschatten aufgetragen – nein, erst überlegen, was man heute anziehen will. Am Kleiderschrank das übliche Elend: Die rote Bluse ist in der Wäsche. Das blaue Kleid ist allein zu dünn, die einzige Jacke, die dazu paßt, ist vom Bügel gerutscht und sieht aus wie zusammengeknülltes Seidenpapier. Der Hosenanzug ist zu eng, muß in der Reinigung eingegangen sein. Wenn endlich etwas gefunden ist, was sauber, gebügelt und vollzählig beknopft ist und zum bevorstehenden Tag ebenso paßt wie zu den zwei Kilo mehr, die man sich schon wieder draufgeschafft hat, zurück ins Bad, den richtigen Lidschatten rauskramen, auftragen, dicht am Wimpernrand eine feine Linie stricheln (nicht zu viel!), Wimpern mit der Zange aufbiegen, tuschen, tuschen, tuschen, bloß keine Fliegenbeine machen oder Tusche verschmieren, dann müßte man praktisch von vorn anfangen. Einen Schluck Kaffee. Lippen vorsichtig mit einem Konturenstift nachziehen, Lippenstift in der richtigen Farbe rauskramen, aufpinseln, Überschuß mit Tissue (Klopapier tut's auch) abnehmen, nochmals nachziehen und schließlich für den verführerischen Glanz ein wenig Gloss darauf. Voilà, das ganz natürliche Gesicht! In Naturschattierungen, versteht sich.

Angesichts solcher Programme käme kein Mensch auf die Idee, daß die heilige Schönheits-Kuh unserer Tage ›Natürlichkeit‹ ist, und dabei ist dies nur ein kleiner Teil des Tages-, Wochen- und Monatsprogramms zur Herstellung von Schönheit. Jede Frau (aber nicht jeder Mann) weiß, daß Pumps und Wimperntusche allein aus einem weiblichen Menschen noch keine attraktive Frau machen: »Weiblichkeit ist kein Kostüm, das die Frau je nach Wunsch ablegen kann, sondern eine Rolle, die sie lebt.« Da trifft es sich gut, daß unsere Gesellschaft es bei einer Frau nahezu als Beweis der Selbstliebe wertet, wenn sie aussehen möchte wie jemand anders. Natürlich nicht wie irgend jemand anders, sondern wie eine Frau, die berühmt und erfolgreich ist. Nein, auch das genügt nicht, Maggie Thatcher käme nicht in Frage. Wie eine Frau, die für ihre Schönheit berühmt ist. Genau. Sagen wir: Claudia Schiffer. Oder Cathérine Deneuve.

Dies sind nur Richtwerte. Vor allem wollen (und sollen) wir so gut aussehen, wie wir nur irgend können – doch so sehr wir uns auch bemühen mögen, auf Dauer sind wir mit unserem Aussehen nie zufrieden. Selbst wenn der Zustand der Perfektion für einen Augenblick erreicht sein sollte, droht er sofort wieder zu zerfallen. Es bleibt immer noch etwas zu verbessern. Der Kampf um das gute Aussehen kann für eine Frau zur Lebensaufgabe werden und ist durchaus mit Don Quichottes Kampf gegen die Windmühlen vergleichbar – das wußte Simone de Beauvoir schon 1949:

> Gutes Essen entstellt die Linie, Wein verdirbt den Teint, vieles Lachen macht das Gesicht runzelig, die Sonne schadet der Haut, Ruhe macht dick, Arbeit verbraucht, Liebe bringt Ringe unter die Augen, Küssen treibt das Blut in die Wangen, Liebkosungen verformen den Busen, Umarmungen erschlaffen den Körper, Mutterschaft entstellt Gesicht und Leib.

Dergleichen bereitet vielen Frauen Kummer – und es beschert Frauenzeitschriften, Schönheitschirurgen, Creme-Herstellern, Wochenend-Therapien und Ratgeber-Büchern einen schier unerschöpflichen Markt: Frauen sind unfertige Wesen. Sie *sind* nicht, wie sie sind, sie *werden* immer gerade zu etwas – rothaarig, schlank, fit, selbstbewußt, kompetent, unabhängig. Was eine Frau im Leben auch erreicht haben mag, es gibt immer etwas an ihr, womit sie unzufrieden ist, was ihr nach eigenem Dafürhalten fehlt, und zwar *weil sie nicht gut genug ist, weil sie es nicht geschafft hat.* Mit nur wenig Übertreibung könnte man sagen, daß Unsicherheit und Selbstzweifel von einer Frau erwartet werden. Mein persönlicher Eindruck ist, daß sie sich immer in Frage stellen muß, und zwar um so mehr und um so lauter, je mehr Erfolg sie hat. Aber wir sind so daran gewöhnt, unseren Körper, unser Aussehen und unser Verhalten ständig auf Mängel hin zu überprüfen, daß uns das gar nicht mehr auffällt.

Das, wozu wir werden sollen und auch werden wollen, ist zudem meist auch das, was schwierig zu erreichen ist: In Therapien sollen Frauen, denen Sanftmut meist leichter fällt als Wut und Zorn, ihre Aggressionen äußern lernen, obwohl man doch meinen möchte, was dieser Welt fehle, seien nicht aggressivere Frauen, sondern sanftmütigere Männer. Herrscht in einer Gesellschaft Hungersnot, sollen Frauen mollig sein, herrscht Überfluß, ist rappeldünn modern. Hinzu kommt, daß die Arbeit, die hinter der Verwandlung vom Biest zur Schönen steckt, vertuscht werden muß. Sie findet, wie es sich für Frauen seit Aschenbrödel gehört, unter Ausschluß der Öffentlichkeit statt. Auch das ist nichts Neues, denn typische Frauenarbeiten – spülen, Hemdenknöpfe annähen, aufräumen, die vielfältigen Aufgaben einer Sekretärin oder Krankenschwester – sind nur sichtbar, wenn sie *nicht* erledigt wurden.

Dabei ist Makeup für viele Frauen inzwischen fast so etwas wie eine Uniform. Sie tragen es, »um angezogen auszusehen, um sich nicht von der Masse zu unterscheiden. Makeup ist zu etwas geworden, ohne das man sich nicht mehr sehen lassen kann«, oder wie eine Passantin sagt, die auf der Straße zu Kosmetika befragt wurde: »Mit Schminke fühlt man sich vollständig angezogen, das gehört einfach dazu.« Aber es kann nicht irgendein Makeup sein, und es kann auch nicht nur Makeup sein und sonst nichts. Die Uniform verlangt mehr: Zum einen muß die Art des Schminkens der gegenwärtigen Mode entsprechen, zum anderen muß das übrige ›Styling‹ stimmen, und das ist schwierig, denn es geht um weitaus mehr als nur Haarfarbe und Nagellack: Eine Berliner Agentur bietet ostdeutschen Frauen an, ihnen für 3 000 Mark in einer ›aus Ossi mach Wessi‹-Kur den kapitalismusgängigen Look zu verpassen, der ihre Arbeitsmarktchancen verbessern soll: Neben Frisur, Makeup, Modeberatung gibt es auch Unterricht in Aussprache, freiem Sprechen, Umgangsformen und Körperhaltung. Dergleichen nennt man Personality-Styling.

Wer die Hoffnung, es aufgrund von Äußerlichkeiten leichter zu haben, eitel und hohlköpfig findet, sollte von seinem hohen Roß herunterkommen und zunächst sich selbst kritisch und aufrichtig befragen, wie sie/er auf Mitmenschen reagiert. Dann sollte sie/er die zahllosen Untersuchungen zur Kenntnis nehmen, die beweisen, was sowieso alle wissen: Gutaussehende Menschen haben es leichter im Leben. Wir begegnen ihnen anders als weniger schönen – das ist so offensichtlich, daß ich die tumultartige Aufregung nicht begreife, die unfehlbar bei Diskussionen über die Frage entsteht, ob Schönheit wichtig sei. Sie ist sehr wichtig. Das mag ungerecht sein, aber »die kosmischen Ungerechtigkeiten bei der Verteilung aller Güter verschwinden nicht einfach, indem man zu beweisen sucht, daß sie keine Rolle spielen, oder daß sie nur deswegen eine Rolle spielen, weil die Gesellschaft so schlecht ist«. Aus naheliegenden und materiell sehr einleuchtenden Gründen versuchen also die von der Natur weniger Begünstigten, sich etwas schöner und für ihre Umgebung angenehmer zu machen, eine Hoffnung, die auch noch dem arglosesten morgendlichen Griff nach Seife und Kamm zugrundeliegt, von Wimperntusche, Nachtcreme und Sonnenstudiobesuchen zu schweigen.

›Sich schön machen‹ heißt also *anders werden*. Dieses ›anders‹ orientiert sich bei Frauen an der westlichen DIN-Norm für den schönen Frauenkörper, die ihn wie eine Autokarosserie in Einzelteile zerlegt: Haut pickelfrei, glatt, gebräunt und (fast überall) haarfrei. Nägel sorgfältig gefeilt. Haar glänzend. Hals biegsam. Augen groß. Wimpern seidig. Gang grazil. Beine lang, ohne Krampfadern oder Besenreiser. Fesseln schmal. Und so weiter, und so weiter. Kein Quadratzentimeter bleibt unberücksichtigt, jedes Teil muß ständig inspiziert, gewartet, repariert und getunt werden. Hinzu kommen jene Vorgaben, die sich in

Gramm und Zentimeter messen lassen: Normgewicht und Idealgewicht. Schönheit ist die richtige Kombination dreier Zahlen für Busen, Taille, Hüfte – eine Autorin aus den fünfziger Jahren nannte ihren Leserinnen gar Idealmaße für zehn verschiedene Stellen (darunter Hand- und Fußgelenk)! Es wäre bestenfalls als Kabarett-Nummer vorstellbar, daß *Männer* sich so messen oder gar darunter leiden, den Vorgaben einer Tabelle nicht zu entsprechen.

Nun wird allerdings allenthalben bedauert (oder frohlockt), daß der Schönheits-, Jugend-, Fitneßwahn auch die Männer erreicht habe. Dies jedenfalls behauptet die Berichtflut, die in den letzten zwei oder drei Jahren über uns hereingebrochen ist: Keine Zeitschrift, die nicht mindestens eine Titelgeschichte darüber gebracht hat; keine Woche, in der nicht irgendeine Fernsehstation ein entsprechendes Feature sendet; keine Talkshow, die nicht schon eine mehr oder weniger fade Gesprächsrunde zu diesem Thema zusammengestellt hätte. Und alle schreien: Um Himmels willen, wie schrecklich, wie furchtbar, plötzlich sollen wir alle einem Ideal hinterherrennen!

Von *plötzlich* kann keine Rede sein. Was so lauthals beklagt und wovor so hektisch gewarnt wird, ist, wenn auch mit neuer Schärfe, nichts anderes als das, was von Frauen seit jeher erwartet, ja verlangt wurde. Schlimmer noch: Sobald sie sich in der Geschichte diesem Diktat beugten, ernteten sie dafür auch noch Hohn, Spott und Herablassung. Erst jetzt, wo sich nackte Jung-Männer auf den Zeitschriftenseiten räkeln und Männern jeden Alters offenbar ernstlich zugemutet wird, ihr Äußeres zu gestalten, bewegen Themen wie Schönheit, Fitneß, Jugend die Redakteure so sehr, daß sie kostbare Seiten und Sendezeiten dafür bereitstellen und Alarm schlagen, das sei unzumutbar.

Zahlreiche Studien belegen, daß sich Männer in aller Regel als dünner und besser aussehend einstufen, als sie es nach Einschätzung anderer sind (während Frauen aller Altersstufen sich selbst immer dicker und häßlicher erleben, als sie es sind). Nun aber hat eine neue Untersuchung ergeben, daß die Selbsteinschätzung von Männern deutlich sinkt, wenn sie mit Werbebildern attraktiver Männlichkeit konfrontiert werden. Sie fühlen sich bedroht. Der Zwang zu ›jung-schön-fit-gesund‹ rückt auch ihnen auf die Pelle, wobei es dem ›echten Mann‹ natürlich nicht um *schön* geht: Er kümmert sich um Fitneß und seine Gesundheit. Nur bei Frauen geht es, fit hin, gesund her, immer und unfehlbar auch oder vor allem um ›Schönheit‹. Ich vermute, dieser neue Trend wird dennoch einiges Gute mit sich bringen, beispielsweise eine Revision des Kosmetikgesetzes: Bislang haben Hautärzte Kosmetika lächerlich gemacht oder verteufelt, obwohl sie für Frauen fast unabdingbar sind. Nun sollten wir uns zurücklehnen und warten: Je mehr Männer zu Cremes greifen, um so rascher werden sich Ärzte und Gesetzgeber des Problems annehmen.

Männer, die unter den Zwang zur körperlichen Selbstgestaltung geraten, ziehen es allerdings offenbar vor, sich nicht zu outen. Wer öffentlich zu dem Phänomen Stellung nimmt, verwahrt sich jedenfalls strikt gegen den Eindruck, daß er selbst – persönlich, sozusagen – damit etwas zu tun haben könnte. Männer treten in dieser Angelegenheit als *Experten* in Erscheinung, vor allem, wenn sie über fünfunddreißig sind und einem akademischen Beruf nachgehen. Sie schwadronieren auf sehr theoretische Weise über den Körper als solchen. Wenn man ihnen zuhört, könnte man meinen, daß sie etwas derart Seltsames selten zu sehen bekommen – schon gar nicht an sich selbst.

Gesunde Männer sprechen wenig über ihren Körper und können es nicht leiden, wenn andere es tun. Kaum ein Mann würde es dulden, daß die Vorzüge seines Äußeren laut und ausgiebig erörtert werden, und das gar in seiner Anwesenheit – was bei Frauen jederzeit möglich ist, ständig geschieht und sehr herabsetzend sein kann. Die bevorzugte Form dieser Herabsetzung ist das Kompliment. Verstehen Sie mich nicht falsch: Ich denke, wir alle lieben und genießen Komplimente, im Privaten mag das Unterlassen eines Kompliments sogar eine scharfe Form der Kritik sein. Aber es ist eine Sache, ob ich mit Freunden beim

Abendessen sitze und sie meinen neuen Haarschnitt loben, oder ob ein Vorgesetzter einer Untergebenen bei jedem Termin ein ›Kompliment‹ macht, das sich nicht auf ihre Arbeit, sondern ihr Aussehen bezieht: Frisur, Bluse, Lippenstift, Rocklänge – solange es nur die Aufmerksamkeit aller Anwesenden darauf lenkt, daß sie eine Frau in einem Frauenkörper ist. Das ist eine subtile Form sexueller Belästigung. Die amerikanische Schriftstellerin Shere Hite hat dergleichen zahllose Male im Umgang mit den Medien erfahren müssen, ihre bittere Erkenntnis lautet: »Warum sollte man sich mit dem Denken einer Frau beschäftigen, wenn man ihren Körper diskutieren kann?«

Nun kann man allerdings nicht so tun, als sprächen nicht auch Frauen viel über ihren Körper. Sie kommen beispielsweise in Talkshows usw. meist als *Betroffene* zu Wort. Und nichts kann darüber hinwegtäuschen, daß sie offenbar gern über sich Auskunft geben: Meist beklagen sie einen ästhetischen Mangel an ihrem Körper (zu dick, zu dünn, zu alt, eßgestört, usw.), oder sie erzählen, wie sie diesen Mangel bzw. ihr Leiden an diesem Mangel überwunden haben. Aber warum dieses ständige Reden? Dazu gehört auch, daß Zeitschriften mindestens zweimal jährlich nicht nur die neue Kleidermode, sondern auch neue Makeup-Trends zeigen. Aber wen interessiert es schon, daß die Brauen nicht mehr im tiefen Dunkelbraun des letzten Jahres, sondern einen Ton heller als die Haarfarbe getragen werden? Ich kenne keine Frau, die sich darum scherte. Warum also dieses ganze Tamtam? Gibt es andere Gründe als die, daß unser Aussehen so eng mit unserer Weiblichkeit verbunden wird und wir so oft auf unser Aussehen reduziert werden?
Ja, es gibt andere Gründe: Wir können unserem Körper (und damit uns) auf diese Weise Aufmerksamkeit zukommen lassen. Wir können uns wichtig und ernst nehmen, uns mit uns befassen, über uns sprechen, mit gutem Gewissen Zeit, Geld, Mühe, Aufmerksamkeit und Fürsorge beanspruchen, was uns in und von dieser Gesellschaft nicht ohne weiteres immer gestattet

wird. Wenn wir bei jeder Gelegenheit und auf immer neue Weise über unseren Körper sprechen, tun wir zudem intuitiv etwas, was in der Männergesellschaft ziemlich verpönt ist: Wir unterlaufen die absurde Sicht, wonach nur Kopf und Denken wichtig sind und alles, was unterhalb des Halses kommt, nicht *wirklich* zählt. Wenn wir über Nagellack und Diäten sprechen, beziehen wir uns auf die konkrete Grundlage des Lebens, eben auf diesen Körper, ohne den wir nicht in der Welt wären. Männer tun dies (jedenfalls solange sie gesund sind) nicht. Vielleicht wirken sie deswegen mitunter so weltfremd: Kopf und Körper des Mannes sind durch den Hemdkragen getrennt. Bei vielen Männern scheint die eigene Körperwahrnehmung an der dort befindlichen Krawatte zum Halten zu kommen, die allerdings in ihrer Pfeilform subversiv und recht undezent auf jenen Körperteil verweist, den gesunde Männer vermutlich noch am ehesten im Kopf haben, wenn sie ›mein Körper‹ sagen. Doch über den oberen Teil spricht man, über den unteren nicht – dazu paßt auch, daß Gemälde, Zeitschriften und Zeitungen von Männern eher das Gesicht, von Frauen eher den Körper zeigen. Das ist ja (jedenfalls im Abendland) die klassische Trennung der Geschlechter: der Kopf eines Mannes, der Körper einer Frau.

Nennt ein Artikel einen Mann gutaussehend, sonnengebräunt, schlank, o.ä., wird er im nächsten Absatz mit Sicherheit als Betrüger, schlechter Schauspieler, kurz: als dubioser Mann entlarvt. Wird der Körper eines *richtigen* Mannes erwähnt, geht es um Gesundheit und Leistungsfähigkeit, nicht um Ästhetik – gelegentlich wird ein wenig über Helmut Kohls Figur gespottet, aber stellen Sie sich die Medien-Schlammschlacht vor, wenn eine Politikerin (oder auch nur die Ehefrau eines Politikers) ähnlich fett wäre wie er! Bezeichnenderweise ist sein immenses Übergewicht nicht Gegenstand von Leitartikeln, obwohl seine Fettleibigkeit, schenkt man der Treibjagd der Fitneßpäpste auf jedes Gramm Übergewicht Glauben, nicht nur ein miserables Beispiel für alle Bürger ist, sondern geradezu ein staatsgefährdendes Risiko: Dieser Mann kann doch jede Minute vom Schlag getroffen tot umfallen! Aber erst dann wird es zum Thema werden, denn erst dann berührt Kohls Figur die Geschicke der Nation.

Auch auf den Sportseiten geht es unentwegt um die Funktionstüchtigkeit männlicher Körper. Bedroht zum Beispiel die Verletzung eines Fußball-Nationalspielers ›Deutschlands Sieg‹, steht auch das auf der Titelseite, ist auch das eine Meldung in den Nachrichten wert.

Bedenkt man, wieviel Raum Sport-, vor allem Fußballberichte in den deutschen Medien einnehmen, mag man kaum glauben, daß es sich dabei um Unterhaltung, um eine Freizeitbeschäftigung, um ein reines *Hobby* für knapp die Hälfte der deutschen Bevölkerung handelt. Mode und Kosmetik hingegen, für Frauen alles andere als ein Hobby, werden von den Medien entweder völlig ignoriert oder als unerklärlicher, aber offenbar wichtiger Aspekt eines Frauenlebens gestreift. Besonders in den letzten Jahren taucht die Mode der Haute Couture als eine Art Unterabteilung der modernen Kunst in Feuilletons auf, wobei allerdings häufig unklar bleibt, ob es dabei mehr um Mode oder mehr um die Modefotografie geht. Doch wenn sich die Medien solchen Themen widmen, dann mit einer gewissen Herablassung und Ironie, als müßten sie sich davon distanzieren, ihre Leser um Nachsicht bitten, daß sie solche Lächerlichkeiten überhaupt erwähnen, und mit jeder Zeile beweisen, daß sie eine seriöse Publikation sind.

Die nämlich schildern die Welt aus Männersicht, da geht es um Dinge und Interessenbereiche, die sich klar gegeneinander abgrenzen lassen. Wenn Menschen vorkommen, dann meist in ihrer *Funktion* (als Sportler, Politiker, Hoffnungsträger, usw.). Solche Zeitschriften (Entsprechendes gilt für Fernsehsendungen) gelten nicht als ›Männerzeitschriften‹, sondern als Sportzeitschriften, Autozeitschriften, Journal für den Pferdezüchter, usw. ›Männermagazin‹ heißen nur Publikationen für eine ge-

20

wisse Sorte Ding – nackte Frauen. Früher nannte man sie ›Herrenmagazine‹, was der Duden als »Magazin, das besonders auf den Geschmack männlicher Leser zugeschnitten ist« definiert. Wie wahr. Doch nicht nur die klassischen Männermagazine verstehen sich prächtig auf das Zeigen und Durchhecheln von Frauenkörpern. *Der Spiegel* (das Nachrichtenmagazin, das keinesfalls als das vorwiegend von und für Herren gemachte Magazin gelten möchte, das es ist) beherzigt den alten Grundsatz unserer Gesellschaft, Männer danach zu bewerten, was sie tun, Frauen danach, wie sie aussehen, und mokiert sich in einem Artikel, der vorgeblich die Karrierechancen von Frauen im Fernsehen durchleuchtet, vor allem über das Aussehen einiger ›Vorzeigefrauen‹: Ulla Kock am Brinks Beine und Ilona Christens Brillen. Dergleichen ist nicht auf den *Spiegel* und nicht auf Deutschland beschränkt. Egal, was eine Frau erreicht hat und wie kompetent sie ist – jeder kann auf sie zeigen und sagen: Aber sie ist dick. Aber sie ist nicht hübsch. Aber sie zieht sich furchtbar an. Ob die Medien rund um den Globus über Lady Di oder Hillary Clinton sprechen, immer muß ihr *Aussehen* kommentiert werden.

Die einzige Ausnahme von der Medienignoranz gegenüber Belangen, die vor allem Frauen interessieren, sind naturgemäß Frauenzeitschriften. Sie propagieren ein Schönheitsideal, das für mindestens 90 % der Frauen unerreichbar ist, und das ist nur einer der Gründe, warum sie immer wieder als frauenfeindlich verdammt werden – aber Frauen sind ja nicht blöde. Wenn also unzählige Frauen Woche für Woche Zeitschriften kaufen, die ihnen Ratschläge geben, die sie nicht befolgen können, Frauen abbilden, denen sie nicht ähneln, und zum Kauf von Dingen animieren, die sie nicht brauchen, muß man sich ernstlich fragen, was die *Frauen* davon haben.

Der Erfolg der Frauenzeitschriften beruht im wesentlichen darauf, daß sie in dieser Medienlandschaft etwas Ungewöhnliches tun: Sie machen Frauen und ihre als ›typisch weiblich‹ verspotteten Interessen und Sorgen Woche um Woche zu etwas Besonderem und zugleich Alltäglichem, zum Mittelpunkt des Universums und zum Selbstverständlichsten der Welt: Was mich beschäftigt, beschäftigt alle Frauen, also ist es in Ordnung, also ist es legitim, also brauche ich mich dafür nicht zu schämen. Sie geben Anleitungen für Lidstrich, Candlelight-Dinner und Orgasmus, kurz für alles, was Frauen angeblich spontan und von Natur aus wissen und können. Frauenzeitschriften sind entweder (auch) praktische Ratgeber für den Alltag (*Brigitte*, *Freundin*, usw.), oder sie bieten (vor allem) einen Rahmen um Träume (*Vogue*, *Elle*, usw.). Immer aber reden sie so über die Welt, wie viele Frauen sie wahrnehmen und erleben: Es geht um Menschen, um ihre Sorgen, Probleme, Lebensgeschichten, usw. Vor allem aber geht es um Schönheit, um Sich-schön-machen, um Frauenkörper – in immer neuen Variationen des ewig Gleichen.

Auch in diesem Buch geht es um den Körper der Frau, und da ich davon ausgehe, daß Sie, lieber Leser, eine Leserin sind, sollte ich wohl sagen: um unseren Körper, um unsere täglichen Körpererfahrungen, um die Mühe und Arbeit, die wir in seine Gestaltung investieren. Ich will diese Bemühungen, ihn durch malen, hungern, schwitzen und schnippeln dem gegenwärtigen Schönheitsideal anzunähern, so ernst nehmen, wie sie es für uns sind – ohne Wenn und Aber. Aber etwas ernst zu nehmen zwingt zum Glück nicht zu Verbissenheit: Wenn wir einen Schritt zurücktreten und uns ansehen, was uns von Frauenzeitschriften, der Werbung, den Männern in den Medien und nicht zuletzt von uns selbst zugemutet wird, kann ein bißchen Distanz durchaus helfen, dem Ganzen einiges an Komik abzugewinnen.
Erwarten Sie bitte keine Antwort auf die immer wieder gestellte Frage, ›wer die Schuld an dem Streß trägt‹. Einer der wesentlichen Anreize für mich, ein Buch zu diesem Thema zu schreiben, war die wachsende Wut über ein paar Standardantwor-

ten, die gar nichts erklären: Die einen sagen, die Werbe-, die Mode-, die Kosmetikindustrie bombardiere Frauen mit Bildern, die ihnen ihre Mangelhaftigkeit vorführen, damit sie mehr kaufen. Andere sagen, es seien die Männer. Oder auch das Patriarchat, das ein Interesse daran habe, daß Frauen sich mehr um ihr Gewicht als um ihr Gehalt sorgen. Das komme auch dem Kapitalismus zupaß, der nichts so sehr schätze wie KonsumentInnen, die unablässig Neues kaufen, besonders Dinge, die sie nicht brauchen. Schuld seien die Gene, die Gesellschaft, die Erziehung, und immer wieder: die Frau. Erklärungen dieser Art sind sterbenslangweilig, weil sie unablässig auf einer engen Spur daherrasen, ohne anzuhalten oder rechts und links zu schauen: Sie holen zum großen Schlag aus und machen etwas platt und eindimensional, was vor allem deswegen so spannend, ja unglaublich ist, weil es keine einfachen Antworten gibt, weil es so schillernd ist und so sperrig. Solchen Antworten ist gemeinsam, daß irgend jemand Schuld haben muß – die Vorstellung, daß es niemanden gibt, der das inszeniert, scheint schwer erträglich. Und daß alle zusammen es machen könnten, nahezu unerträglich.

Um es ganz unmißverständlich zu sagen: Es gibt nicht DEN Schuldigen, auf den man zeigen könnte und mit dem, beseitigte man ihn, der ›Streß mit der Schönheit‹ augenblicklich aufhörte. In Wirklichkeit hängt alles mit allem zusammen, nichts ist ohne das andere vorstellbar: Ohne das Patriarchat müßten Frauen nicht so unverhältnismäßig mehr Aufmerksamkeit auf ihr Äußeres verwenden als Männer, ohne Bilder kämen Frauen nicht auf die Idee, anders aussehen zu wollen, ohne Frauen würde die Kosmetikindustrie nichts absetzen – und so weiter. Das wahre Wunder und das Erschreckende daran ist ja gerade, daß das alles funktioniert, obwohl es niemanden gibt, der die Fäden zieht.

Frauen kommen in den stereotypen Antworten in aller Regel nur in zwei Rollen vor: Eine ist die des hilflosen und erbarmungswürdigen Opfers finsterer Mächte (Kapitalismus, Patriarchat und dergleichen), die sie knechten und ihre Unsicherheit ausbeuten. Wer das tut, spricht Frauen ab, mündige Menschen zu sein, die selbst entscheiden können. Wir leben in einem Patriarchat, das Frauen (etwas verschämter als früher) benachteiligt, übervorteilt, klein zu halten versucht – aber wir leben nicht in einem totalitären Regime wie im Iran, wo Frauen, die sich schminken oder auch nur unverschleiert auf der Straße zeigen, von Fanatikern tätlich angegriffen, ja mit Säure verätzt werden, und wir leben auch nicht im China der Kulturrevolution, wo man Frauen auf offener Straße verprügelte und ihnen die langen Haare abschnitt, weil dies angeblich ein Relikt des alten Systems war.

Die zweite Erklärung ist der ersten darin verwandt, daß auch sie frauenverachtend ist: Sie drängt Frauen in die Rolle der oberflächlichen Tuttchen, die alles tun, um andere Frauen auszustechen und Männern zu gefallen – sie allein tragen die Schuld an ihrem Leid, sie tun alles aus freien Stücken, es liegt einfach in der Natur der Frau, sich mit dergleichen Banalitäten zu beschäftigen. Diese Antwort zeugt nicht nur von Ignoranz und wenig Phantasie, sondern von Dünkel. Sie reflektiert das typisch männliche Denken (das durchaus auch in Frauenköpfen rumort), wonach erstens die Erwartungen, die eine männliche Gesellschaft an Frauen stellt, völlig belanglos sind und daher auch keine Schuld an diesem ›Streß‹ tragen, und zweitens eine Frau niemals etwas tut, ohne dabei an Männer zu denken. In diese Sparte gehören auch alle Erklärungen, die ausschließlich auf das Verhältnis Körper, Attraktivität und Sexualität abzielen: Mit einem Verweis auf Sexualität läßt sich in unserer Gesellschaft nahezu alles beweisen (oder widerlegen, wie man's gerade braucht).

Wer meint, auf alle Fragen eine fixe Antwort zu haben, meint meist auch, die Patentlösung für alle Probleme zu kennen und dies Frauen in der Art von Anweisungen mitteilen zu müssen. Dabei rücken auf wahrlich furchterregende Weise eigenartige Allianzen vor: Talk-Show-Moderatoren Arm in Arm mit Kosmetikerinnen und Werbefuzzies, Schönheitschirurgen mit

Mode-Designern, Ernährungswissenschaftler mit geheilten Eßgestörten, Kirchenvertreter mit Feministinnen. Alle wissen,
was Frauen tun sollen, alle reden auf sie ein – zu ihrem eigenen
Besten, natürlich. Und alle führen wie eine Sprechblase nur
einen Satz im Munde: Die Frauen sollten doch zu sich stehen,
wie sie sind.

Dergleichen höre ich seit vielen Jahren, und es macht mich
heute noch so zornig wie beim ersten Mal. Niemand – Priester,
Ehemann oder Feministin – hat das Recht, einer Frau vorzu-
schreiben, was für sie richtig ist. Das gilt auch für ihr Aussehen,
und es gilt selbstverständlich dafür, welche Mittel ihr angemessen scheinen, um ihr Aussehen zu gestalten. »Eine Frau profitiert von dem Gefühl, daß alles, was eine Frau mit ihrem Körper
tut, ganz allein ihre Sache ist.« Dem ist nichts hinzuzufügen.
Ich will weder Vorschriften noch Empfehlungen machen – ich
will darüber sprechen, was im Bereich der Körpergestaltung von
den Medien als ›normal‹ dargestellt wird. Möglichkeiten, die
wir zur Veränderung unseres Aussehens haben, werden immer
mehr zu Geboten – was gemacht werden kann, muß auch gemacht werden. Über Gefahren, Grenzen, Konsequenzen wird
immer weniger geredet.

Nun ist aber nicht zu leugnen, daß viele Frauen sich schön machen, es ist auch nicht zu leugnen, daß die Anforderungen an
ein gutes Aussehen in den letzten Jahren auf eine Weise gewachsen sind, die viele Frauen zunehmend als Streß empfinden. Warum also unterwerfen sie sich dennoch dem ›Mythos
Schönheit‹? Wenn sie keine Opfer sind, und wenn es ihnen
nicht darum geht, was Männer wollen – worum geht es *dann*?
Wir werden nirgendwohin kommen, wenn wir nicht erst von
der Idee Abschied nehmen, daß es eine einzige Antwort für alle
Frauen geben könnte. Das Bild, das sich unsere Gesellschaft
von Schönheit im allgemeinen und einer schönen Frau im besonderen macht, ist so beherrschend, daß es in alle Leben ein-
dringt. Doch da Frauen verschieden sind, kann das sehr unter-

schiedliche Formen annehmen – darin liegt die Freiheit, die uns bleibt und die wir nutzen können. Und selbst wenn Frauen das gleiche tun, kann es aus verschiedenen Gründen geschehen. Davon wird im folgenden immer wieder die Rede sein, doch ich nenne jetzt einige, weil eine Aufzählung ihre Vielfalt und Komplexität deutlich macht. Und ich bin sicher, daß es noch viel mehr gibt:

- Frauen haben mit Makeup und Kleidung eine Möglichkeit, die Männer nicht oder nur mit großen Schwierigkeiten haben: Sie können sich ein Bild von sich ausdenken und sich ihm dann annähern. Sie können sich – der Laune des Augenblicks folgend – vorübergehend oder auch auf Dauer ein neues ›Image‹ zulegen oder sogar völlig neu entwerfen. Aus dem flachbrüstigen, schüchternen Mädchen mit Haarspange und beigem Jerseykleid kann in weniger als einem Nachmittag ein Vamp mit roter Lockenmähne und Monroe-Kurven werden. Und umgekehrt.
- Die Gesellschaft übt immensen Druck auf Frauen aus, sich schön zu machen, sich herzurichten, sich ›nicht gehen zu lassen‹. Nur wer diesen Anforderungen entspricht, wird respektvoll behandelt. Außerdem wurden wir als Mädchen dazu erzogen, nicht aufzufallen und zu tun, was von uns erwartet wird.
- Ein Aussehen, das im Rahmen des geforderten Schönheitsideals liegt, vergrößert die Chancen, sich durch eine gutbezahlte Stelle oder eine günstige Heirat finanziell zu verbessern und sozial aufzusteigen. Man ›verpackt‹ sich als hochwertige, teure Ware.
- »Männer sehen Frauen an. Frauen beobachten sich selbst als diejenigen, die angesehen werden. Dieser Mechanismus bestimmt nicht nur die meisten Beziehungen zwischen Männern und Frauen, sondern auch die Beziehung von Frauen zu sich selbst. Der Prüfer der Frau in ihr ist männlich – das Geprüfte weiblich.«

26

- Eine Beschäftigung mit dem Körper ist erotisch. Viele Frauen wünschen sich mehr Zärtlichkeit, mehr Aufmerksamkeit, mehr Wärme, und auf diese Weise können sie sich wenigstens selbst ein wenig von dem geben, wonach sie sich sehnen: Ein Gang zur Kosmetikerin, zum Friseur, ein Einkaufsbummel sind für viele Frauen wie Therapie.
- Die Veränderung des Aussehens kann eine Maske sein. Wer andere auf diese Weise täuscht, ist ihnen überlegen. Andererseits kann eine Maske auch verbergen, was nicht ans Tageslicht kommen soll, weil es Anlaß zu Scham oder Angst wäre. Mit der Angst vor einem ›Gesichtsverlust‹ ist die Angst vor einer als furchtbar phantasierten Entblößung verbunden: Die Maske darf nie abgenommen werden, weil dann das wahre, das häßliche Ich sichtbar würde. Alle könnten sehen, wie erbärmlich man in Wirklichkeit ist. Man wäre als Betrügerin entlarvt.
- Wir leben sehr durch die Blicke der anderen – auf anerkennende Weise wahrgenommen zu werden, und zwar auch von Fremden, ist für uns alle wichtig.
- Manche Frauen hassen sich. Sie empfinden vor sich und ihrem Körper Ekel, so daß sie ihn züchtigen, ja vernichten wollen. Das tun sie, indem sie sich aushungern, Verletzungen zufügen, bzw. zufügen lassen, sich bis an die Grenze der Erschöpfung fordern, alles an sich so drastisch wie möglich verändern.
- Frauen werden immer noch mit ihrem Körper und ihrem Aussehen gleichgesetzt. Lapidarer Kommentar einer Frauenzeitschrift: »Ein IQ wie der von Einstein nützt leider nicht viel, wenn man aussieht wie dessen Zwillingsschwester.«
- Kosmetik und Mode bieten viel Spaß, viel Sinnlichkeit, viel Freude, ein großes Spektrum an Farben und Materialien. Sie ermöglichen kreatives Gestalten, die Entfaltung von Individualität und die Befreiung jeder einzelnen Frau aus den engen Vorgaben dessen, ›was alle tun‹, was ›Frauen dürfen‹.
- In einer Welt, die Frauen nur ungern für ihre Arbeit oder

ihre intellektuellen Leistungen lobt, sind gutes Aussehen, eine neue Frisur oder ein gewagtes Lederkleid relativ sichere Wege, um im Bekanntenkreis oder von ihrem Liebsten endlich mal wieder gelobt zu werden, um ein Erfolgserlebnis zu haben.

- Wenn man schon die Welt nicht ändern kann, kann man wenigstens sich selbst ändern. Der eigene Körper ist die letzte Domäne, in der man unumschränkt Herr(in) im eigenen Haus ist, wo man Kontrolle hat, wo der eigene Wille unangefochten gilt.

- Die Welt der Frauenzeitschriften gehört Frauen allein. Männer haben dazu keinen Zugang.

- Frauen konkurrieren in der Berufswelt immer stärker und immer erfolgreicher mit Männern. »Ein attraktives, weibliches Äußeres gibt Frauen, die ansonsten völlig unweibliche Ambitionen zeigen, scheinbar die Möglichkeit, ihre eigene Identität für sich und für andere zu wahren.«

- »Eine Frau muß sich ständig selbst beobachten und wird fast ständig von dem Bild begleitet, das sie sich von sich selbst macht. Ob sie durch ein Zimmer geht oder über den Tod ihres Vaters weint, sie wird es kaum vermeiden können, sich selbst beim Gehen oder Weinen zu beobachten. Von frühester Kindheit an hat man ihr beigebracht und sie dazu überredet, sich ständiger Selbstkontrolle zu unterwerfen.« Diese Spaltung wird üblicherweise verzerrt und banalisiert, indem man einfach sagt: Frauen sind eitel.

Ich will nicht klären, worin *Schönheit* besteht, oder ob es eine Schönheit gibt, die unabhängig ist von Ort und Zeit. Im Gegenteil: Was jetzt gemeinhin ›Schönheit‹ genannt wird, ist ja nicht mehr das unverdiente Gottesgeschenk, mit dem einige wenige geboren werden. Häufig bedeutet ›Schönheit‹ wenig mehr als ›der herrschenden Norm in besonderem Maße entsprechen‹. Es wird nicht mehr zwischen schön und schöngemacht, zwischen gepflegt und attraktiv, zwischen Schönheit und Schönheitsideal unterschieden. Alles wird unter »Schönheit«

subsumiert, und dies sorgt bei jedem Gespräch für Verwirrung und Mißverständnisse. Schönheit ist nicht mehr Schicksal, sie liegt in der Hand und der Verpflichtung einer jeden Frau – und zunehmend auch jedes Mannes. Sie entsteht durch Leistung und persönlichen Einsatz – den verdienten Lohn für diese Mühe nennen Frauenzeitschriften immer häufiger nicht ›Schönheit‹, sondern ›Beauty‹, und ›beautiful‹ ist nicht mehr der Körper, sondern der ›Body‹. Ich interessiere mich für diese ›Beauty‹ und diesen ›Body‹, dafür, was *hier* und *heute* als schön *gilt* und was Frauen tun, um dem ähnlicher zu werden.

Das Buch geht den umgekehrten Weg: Die ersten vier Kapitel befassen sich mit den Techniken der konkreten Körpergestaltung – Malen, Hungern, Schwitzen und Schnippeln. Sie beginnen mit Makeup und Kleidung, jenen Verschönerungen, die wir abends wieder ablegen, und rücken mit Diät, Sport und Schönheitsoperationen immer weiter unter die Haut.

Im fünften und sechsten Kapitel – Gucken und Zögern – geht es nicht mehr darum, *was* wir tun, sondern um die Frage, wer (und was) gegenwärtig als schön gilt. Welche Bilder sehen wir, wer macht sie, wer zeigt sie uns? Was sehen *wir* in ihnen und was sollen wir sehen? Sind Claudia Schiffer oder Cathérine Deneuve wirklich unsere Vorbilder? Wie sollen wir altern? Wie sieht heute eine gutaussehende Frau von 40, 50, 60 aus? Wenn wir vor dem körperlichen Alterwerden zurückscheuen, welche Alternativen gibt es?

Die Kapitel sind in sich abgeschlossen, Sie können also das Buch in der Reihenfolge lesen, die Sie am meisten interessiert. Erst beim Schreiben habe ich bemerkt, daß ich nicht alle Kapitel im gleichen Stil und der gleichen Sprache schreiben konnte: Manche Aspekte des Themas Schönheitsoperationen beispielsweise fordern Komik nicht in gleichem Maße heraus wie die Diätratschläge der Frauenzeitschriften.

Das siebte Kapitel – Fragen – unterscheidet sich von den anderen auf mancherlei Weise. Lassen Sie es mich mit dem Bild erläutern, das mich während des Schreibens begleitet hat: Nachdem ich mir die Zimmer des Hauses angesehen habe, schaue mich draußen um – an welcher Straße, in welcher Umgebung steht es? Der Blick geht über uns und unsere direkte Umwelt hinaus und öffnet sich größeren Räumen: Überflutet das westliche Schönheitsideal durch Film und Fernsehen die ganze Welt und überdeckt, ja vernichtet es auf diese Weise andere, regionale Schönheitsideale? Werden Frauen dazu angehalten, einer Norm zu entsprechen, die immer rigider wird? Und wenn ja, wie geschieht das?

1. Kapitel   **Malen**

Es gibt keine häßlichen Frauen, nur faule.

Das Titelbild der Frauenzeitschrift zeigt dreimal das gleiche Porträtfoto, und es dauert ziemlich lange, bis ich erkenne, was mich an den drei identischen Gesichtern irritiert: Sie sind nicht identisch. Die Augen sind einmal braun, einmal blau, einmal grau. »Unser Titelmädchen trägt die neuen Augenfarben für den Sommer«, lautet die Erklärung, und der Hersteller der Farb-Kontaktlinsen wird gleich mitgenannt. So weit ist es also mit uns gekommen: Wir *haben* nicht mehr blaue oder graue Augen, wir *tragen* sie blau oder grau, und wählen im Sommer etwas anderes als im Winter.

Ach nein, so weit ist es nicht gekommen. Wir mögen ein wenig tagträumen, wie ein Leben mit smaragdgrünen oder veilchenblauen Augen wäre, haben aber winters wie sommers, tagein, tagaus dieselbe Augenfarbe. Sie gilt bei allem, was Mode, Kosmetik, Diäten, Sport und Schönheitsoperationen an uns verändern können, als (nahezu) unveränderliche Konstante, und ist oft entscheidend dafür, welche Farbe wir für Makeup und Kleidung wählen. Die Augen sollen betont, hervorgehoben, umschmeichelt werden, und schon so manche Frau wurde mit dem Satz, »Man sieht ja gar nicht, wie schön deine Augen sind« zu ihrem ersten Makeup überredet.

Noch wichtiger als die richtige Farbwahl fürs Makeup ist, daß es gekonnt aufgetragen, vor allem nicht ungewollt schrill ist. Wenn eine Frau sich nicht bewußt für ein wirklich knalliges Makeup entscheidet und das auch überzeugend zu tragen versteht, sollte es im Grunde nahezu unsichtbar sein, denn die Frau der Neunziger darf auf keinen Fall aussehen, als verschwende sie große Gedanken auf ihr Aussehen. Im Idealfall ist sie frisch, ungeschminkt, sanft gerötet und beschwingt, etwa so, als habe sie gerade einen scharfen Dauerlauf oder ein heftiges Liebes-Intermezzo hinter sich gebracht. Sie soll wirken, als lägen zwischen dem Aufstehen am (nicht so frühen) Morgen und dem glänzenden Auftritt beim abendlichen Empfang (außer vielleicht Umziehen) nur Duschen, Haarewaschen, Nivea. Das äußerste an *sichtbarer* Mühe sollten ein guter

Haarschnitt sein und ein knallroter Lippenstift – wegen der Erotik.

Die Zeiten sind vorüber, als die mit Wimperntusche und Haarspray verkleisterten Plastikschönheiten sich ähnelten wie ein Schokoladenosterhase dem anderen. Einige wenige Frauen mögen die Lehren der fünfziger und sechziger Jahre bis heute beherzigen, die meisten aber sind heilfroh über den natürlichen, spontanen ›Look‹. Niemand will mehr aussehen wie Elizabeth Taylor in ihrer legendären Rolle als Cleopatra, mit dieser pappig-bunten Schmiere im Gesicht! Nicht einmal Elizabeth Taylor selbst will das, auf den Werbefotos für ihr Parfüm *White Diamonds* scheint die Sechzigjährige mit dezentem Augen-Makeup und Lippenstift auszukommen, und sieht dennoch aus wie achtunddreißig.

Doch was natürlich *aussieht*, ist weder bei Elizabeth Taylor noch bei uns natürlich. Genauer gesagt: Es darf gar nicht natürlich sein. Es muß eine bestimmte *Art* von Natürlichkeit sein, die keineswegs mit *Naturwüchsigkeit* verwechselt werden sollte. Ungeschminkt und kernseifengeschrubbt, die Haare gekämmt – dergleichen mag natürlich sein, ist aber das absolute Gegenteil aller ›jung, fit, schön‹-Bemühungen. Die lassen sich treffender so beschreiben: »Durchgestylt sein – aber so wirken, als sei alles dem Zufall überlassen: In diesem Sommer wird das Wort ›Perfektion‹ aus dem Modevokabular verbannt.« Dieses Zitat ist eigenartig, weil es zwei entgegengesetzte Behauptungen aufstellt: alles ist durchgestylt und nichts ist perfekt. Aber nach kurzem Nachdenken ist klar, daß genau dieser Widerspruch das Schönheitsideal unserer Tage beschreibt: Ob bei der Garderobe oder beim Schminken, alles, was zufällig und spontan wirkt, ist in Wirklichkeit das Ergebnis von Planung, Disziplin, zeitaufwendigem Suchen und Probieren, von Nachdenken und Geld. Sonst sieht man nicht natürlich aus, sondern bloß schlampig.

Ein Hochglanzmagazin titelt forsch: ›Zeigen Sie Ihr wahres Gesicht – mit innovativen Pflegeprodukten und neuen Makeup-Ideen‹, was die verbreitete Meinung widerspiegelt, wonach die

Schönheit einer Frau wie ein belichteter Film ist: Erst nachdem sie in Abgeschiedenheit chemisch bearbeitet wurde, wird sie für alle sichtbar. Schon Helena Rubinstein sagte, es gebe keine häßlichen Frauen, nur faule.

Die ›naturbelassene‹ Frau verhält sich zur ›natural look‹-Frau wie Alm-Heidi zu Elizabeth Taylor. Aber es sollte stutzig machen, daß das Frauenmodell ›adrettes Alm-Heidilein‹ seit jeher alle Frauenfeinde auf seiner Seite hat – von Konservativen jeder Sorte über religiöse Fundamentalisten bis hin zu verklemmten Nudisten. Schminke war lange Schauspielerinnen und Prostituierten vorbehalten. Eine anständige Frau tat das nicht, es galt als unschicklich, ja als unerlaubter Akt der Revolution gegen die Regeln der Gesellschaft. Und der Aufbruch der Frauen aus traditionellen Rollen nach dem Ersten Weltkrieg ging nicht zufällig mit dem allgemeinen Gebrauch von Schminke, Dauerwellen und kurzen Röcken einher.

Heute sind Schminke, Dauerwelle und kurzer Rock in der westlichen Welt fast zur Uniform der Frau, jedenfalls der berufstätigen Frau geworden. Denn obwohl wir meinen, direkter und spontaner zu sein als Frauengenerationen vor uns, sind wir es – zumindest was die Kosmetika angeht – nicht: Wir verwenden mehr Zeit und vermutlich auch mehr Nachdenken als sie auf die Gestaltung unseres Aussehens und haben dazu auch viel mehr Schönheitsmittel zur Verfügung. Wo sie mit wenig mehr als Mandelseife und Nivea auskamen, wird unsere Liste der ›unverzichtbaren Kosmetika‹ ständig länger. Wenn wir dem gegenwärtigen Frauenideal nacheifern möchten, müssen wir nichts weniger anstreben als die Quadratur des Kreises: Wir bestücken unseren Schminktisch ebenso reich wie Taylor es als Cleopatra tat, um damit zum unverkrampften Naturkind zu werden!

»Die Frauen sollen nicht wirklich ihren Körper zeigen, wie er ist, sondern einen scheinbar natürlich perfekten Körper« – das gilt auch für das Gesicht. Es muß deutlich sein, daß ein hohes

Maß an Pflege, Nachdenken, Zeit und Geld in die Herstellung dieses (angeblich) natürlich perfekten Äußeren investiert wurde. Ist es das nicht, wenn sich also eine Frau offenbar nicht um ihre Frisur kümmert, sich nicht schminkt, keine typisch weibliche Kleidung trägt, usw., gilt dies nicht als *natürlich*, sondern als *unweiblich*.

Das bekannteste Beispiel dafür waren die als frustriert (und frustrierend) verschrieenen Emanzen, die anfangs im Kampf um mehr Freiraum für Frauen jeden Verschönerungsakt als Verrat an der Sache der Frauenbefreiung anprangerten. Das Versäumnis, sich zu etwas zu machen, was sie ohne diese Utensilien angeblich nicht waren (nämlich *schön*), sorgte (zumindest eine Zeitlang) für mehr Aufregung als ihre feministischen Forderungen. Es signalisierte Widerspenstigkeit, Protest und Aufmüpfigkeit, wie auch fünfzig oder sechzig Jahre zuvor der erste Griff nach Lippenrot mehr bedeutete als nur eine neue Laune der Mode. Die Weigerung, Lippenstift und Stöckelschuhe zu benutzen, wurde völlig zu Recht als Verstoß gegen die akzeptierten Regeln der Weiblichkeit gedeutet, doch der oft gehörte Vorwurf, sie vernachlässigten ihr Äußeres, ging kilometerweit an der Sache vorbei: Ihr naturbelassenes Aussehen war kalkulierter Teil ihres politischen Kampfes – damals stellte sich eine Frau, die sich erklärtermaßen nicht ›schön machte‹, auf eine Stufe mit dem Mann, der das auch ja nicht nötig hatte, um als Mensch ernst genommen zu werden.

Die Sprengkraft dieser Strategie hat sich schon lange erschöpft – die ungeschminkte Männerhasserin der siebziger Jahre geistert aber immer noch als Schreckgespenst durch die männlich dominierten Medien, obwohl sie in Wirklichkeit auf die Rote Liste der vom Aussterben bedrohten Arten gehört. Es ist inzwischen nahezu unmöglich, die Weltanschauung einer Frau allein an ihrem Äußeren abzulesen. Eine Frau muß nicht Feministin sein, um Schminke und engen Röcken abzuschwören, und Feministinnen tragen Wimperntusche und Seidendessous und beherzigen den Satz der englischen Philosophin Janet Radcliffe Richards, der Feminismus brauche Frauen, die anziehend auf Männer wirken, aber mit keinem etwas zu tun haben wollen, der sie nicht anständig behandele.

Eine andere Art von ›Naturwüchsigkeit‹ ist schlichtes Desinteresse am eigenen Aussehen und die fehlende Lust, sich aufzuputzen. Das gilt als gravierender Verstoß gegen die weibliche Natur, mehr noch, als nicht normal. Denn angeblich möchte jede Frau etwas aus sich machen – will sie das nicht, wird ihr das als psychische Störung, Neurose und Krankheit ausgelegt. Oder sie wird in die Schublade ›Intellektuelle‹ gestopft, was für viele Männer nur ein anderes Wort für ›Neutrum‹ ist. Doch während dieses ›etwas aus sich machen‹ bei einem Mann bedeutet, daß er sich weiterbildet und vielleicht sogar Karriere macht, bedeutet es bei einer Frau zunächst einmal, daß sie ihr Äußeres verändert. Sich hübsch macht. Sich schön macht.

Am gnädigsten verfahren die Medien mit jenen, die nichts lieber täten, als *anders* auszusehen, aber leider nicht so recht wissen, wie sie das anstellen sollen. Sie halten nicht nur die beliebten Artikelserien vom Schlage ›Machen Sie das Beste aus ihrem Typ‹ am Leben. Im Grunde wird das ganze Genre der Frauenzeitschriften für sie gemacht. Für Sie, wollte ich sagen. Und für mich.

Ich jedenfalls brauche jede Hilfe, die ich kriegen kann, um zu verstehen, worin diese ›Natur‹ besteht. Frauenzeitschriften, die Werbung und meine Kosmetikerin meinen fraglos etwas anderes als ich, wenn sie von ›Natur‹ sprechen: »›Naked look‹: Natur pur – der aktuelle Look beim Makeup. Sanfte Rosé- und Beigetöne bringen den Teint zum Strahlen, lassen die Augen größer und die Lippen voller wirken.« Natur pur? Ich weiß nicht so recht. Das ist selbstredend nicht das Gesicht, das mich morgens aus dem Spiegel anblickt. Kosmetikverkäuferinnen, die mir freundlich gesonnen sind, meinen, ich könne es mit diesem Morgengesicht als Arbeitsgrundlage für den ›naked look‹ versuchen. Sind sie mir weniger wohl gesonnen, empfehlen sie mit spitzer Stimme eine Pflegeserie für die reife Haut, während ihre Mimik verrät, daß es ihrer Meinung nach für mich billiger und effektiver wäre, zum Islam überzutreten und mich zu verschleiern.

Das finde ich gerade bei Kosmetikverkäuferinnen ulkig, da sie schon von Berufs wegen das abendländische Diktat beherzigen müssen, wonach eine Frau nicht mit bloßem Gesicht auf die Straße zu gehen hat. Auch wir sollen einen Schleier anlegen, um anderen den neugierig-indiskreten Blick auf unser nacktes Gesicht zu verwehren, nur sind unsere Schleier nicht aus Stoff, sondern aus Farbe. Sie sollen unser ›privates‹ Gesicht und damit all das verbergen, was es (angeblich oder tatsächlich) über uns verraten könnte: Wie wir bisher gelebt haben, wieviel wir gelacht und geweint haben. Ob wir Kummer haben, zu viel arbeiten, zu wenig schlafen. Ob wir zu Schwermut neigen, zu Alkoholismus, zu Angst – dergleichen ist unangemessen in einer Gesellschaft, in der alle ›Sieger‹ sein sollen.

Eine ostdeutsche Filmemacherin sagte mir 1990, sie habe keine Lust auf dieses westliche Schönheitsideal, das von ihr verlange auszusehen, als sei sie immer gut drauf. Diese Beobachtung trifft den Punkt, denn es geht ja, wie wir alle wissen, nicht allein um ein attraktiv bemaltes Gesicht. Wir müssen eine positive Lebenseinstellung ausstrahlen. Nichts darf verraten, daß etwas hinter einer Maske versteckt sein könnte, dann nämlich gilt eine Frau schnell nicht mehr als attraktiv. Oberstes Gebot ist der Eindruck von *Natürlichkeit*, *Authentizität* und *Spontaneität*. Die Botschaft muß lauten: Ich habe nichts zu verstecken. Ich plane und denke nichts, was nicht alle sehen könnten. Ich bin ehrlich und aufrichtig.

Und das macht die Sache noch vertrackter: Die Maske darf nicht allzu glatt und ebenmäßig sein, ein bißchen ›Makel‹ muß durchscheinen. Makellosigkeit ist gar nicht mehr gefragt, sie gilt inzwischen als langweilig. So sucht eine deutsche Frauenzeitschrift (in Zusammenarbeit mit einer Kosmetikfirma) als Gesicht des Jahres »keine makellosen Schönheiten, sondern junge Frauen, die Power und Selbstbewußtsein ausstrahlen«.

Wir haben ja doch, so eine andere Frauenzeitschrift euphorisch, Charakter. Der zeigt sich an Eigenarten im Gesicht, an Abweichungen von den traditionellen Anforderungen an eine klassische Schönheit. Als Beweis für diese Behauptung werden dann einige jener Frauen angeführt, die als ›die schönsten Frauen der Welt‹ gelten: Claudia Schiffer (Schlupflider), Julia Roberts (wulstige Lippen) – und natürlich Cindy Crawfords weltberühmtes Muttermal. Das können Sie sich natürlich aufmalen. Und hat es, so der Artikel weiter, Brooke Shields bei ihrer Hollywood-Karriere etwa geschadet, daß sie dachbalkenbreite Augenbrauen hat? Im Gegenteil. Doch falls Sie sich an ihr ein Beispiel nehmen wollen, sollten Sie es mit dem ›Mut zur Natur‹ (so der Titel des Artikels) nicht zu weit treiben. »Was Sie für den Look wissen sollten: Ganz gleich, ob die Brauen wild nach oben oder unten wachsen, kleine Lücken müssen unbedingt ausgeglichen werden. Für rund 600 Mark kann man sich fehlende Brauenhärchen tätowieren lassen.«

So gehen nahezu alle Artikel und Ratschläge zum Thema Frauenschönheit vor: Erst wird das Unebene als Ausdruck von Persönlichkeit gelobt und gepriesen, dann folgen Ratschläge, wie es gezähmt und geglättet werden kann. Denn auch wenn die Vorher- und Nachher-Berichte vorgeben, dem einzigartigen Typ einer Frau Geltung zu verschaffen (indem sie ihr beispielsweise ›Typ-Veränderungen‹ durch ›Typ-Frisuren‹ versprechen, die ›mehr Typ, mehr Persönlichkeit, mehr Ausstrahlung‹ zur Folge haben werden), widmen sie sich im wesentlichen dem Versuch, gerade das Unverwechselbare und Einzigartige an deren Aussehen einzuebnen.

Ein Beispiel: In einem Artikel über Frisuren klagt eine Frau über dünnes Haar. Es wird in der Redaktion geschnitten und so lange gefönt, bis ihr Gesicht von üppiger Fülle umrahmt ist. Eine andere hat diese üppige Fülle bereits, ja sie hat so extrem dickes Haar, daß das Friseurteam der Zeitschrift ›eine solche Mähne noch nicht gesehen hat‹. Die nun wird geschnitten, ausgedünnt und dauergewellt, bis das Haar ebenso künstlich aufgeplustert wirkt wie das der Frau mit dem feinen Haar. So wurde aus einer Frau, die auf dem ›Vorher-Bild‹ aufmüpfig und stolz wirkte, auf dem ›Nachher-Bild‹ ein Tuttchen mit Kringellocken.

Doch ist sie wirklich so stolz und aufmüpfig, wie sie anfangs wirkte? Oder wollte sie anders werden, weil dieser Eindruck gar nicht ihrem Wesen entsprach? Sicher ist, daß die Frau auf dem ›Vorher‹-Bild Phantasien darüber, wer und wie sie ist, in ganz bestimmte, recht enge Bahnen lenkt (die mit der Realität und dieser Person nicht das geringste zu tun haben müssen), während die marktgängig Ondulierte und Geschminkte auf dem ›Nachher‹-Bild weniger über ihr (tatsächliches oder vermutetes) Wesen preiszugeben scheint.

Das paßt zu Untersuchungsergebnissen, wonach Gesichter als schön empfunden werden, die völlig symmetrisch sind und wenig Überraschung bieten – Gesichter also, die wenig eigene, unverwechselbare Züge aufweisen, wenig Persönlichkeit und wenig eigene Lebensgeschichte ausstrahlen. »Jedes Gesicht«, schreibt ein amerikanischer Romanschriftsteller, »hat mehr als eine Seele. Und die Gesichter mit den meisten Seelen sind die schönsten.« Vielleicht ist es in Wahrheit umgekehrt: Ein Gesicht ohne Ausdruck einer eigenen Seele wird als außergewöhnlich schön empfunden, weil es die Phantasie der Betrachter und Betrachterinnen nicht einengt, weil jede/r sich ein eigenes Bild von der Person machen kann.

Doch an kleinen Mängeln herrscht bei den meisten Frauen bekanntlich kein Mangel, wobei ich allerdings die Bezeichnung ›kleine Mängel‹ oder ›kleine Fehler‹ aus mehreren Gründen eigenartig finde. Können Sie sich vorstellen, daß eine Frauenzeitschrift schreibt: ›Stehen Sie zu Ihren großen Fehlern!‹? Was also sind ›kleine Fehler‹? Zweitens erinnert mich das immer fatal an ›Zweite Wahl, mit kleinen Fehlern‹ – und drittens ist natürlich *jedes* Gesicht einmalig (eineiige Zwillingen vielleicht ausgenommen).

Nun wissen wir alle, daß Nagellack, eine neue Dauerwelle und die hinreißenden schwarzen Pumps uns niemals ›schön‹ machen. Das ist nicht wirklich schlimm, denn ich vermute, daß nur wenige Frauen so spektakulär schön oder so aufsehenerregend schräg zurechtgemacht sein möchten, daß regelmäßig jedes Gespräch erstirbt, sobald sie einen Raum betreten. Die meisten Frauen wollen, wenn sie ehrlich zu sich sind, kaum mehr, als guter Durchschnitt zu sein. Das richtige Makeup und die richtige Garderobe sollen uns vor allem gepflegter, vielleicht attraktiver machen – und unauffälliger. Nur wer weder zu schön noch zu häßlich, weder zu viel noch zu wenig zurechtgemacht ist, kann die schwierige Aufgabe meistern, attraktiv zu sein, ohne allzu sehr aufzufallen. Die meisten ›brauchen‹ im Grunde kein Makeup. Sie haben genügend Selbstbewußtsein, um ohne auszukommen, sind aber pragmatisch genug, um zu wissen, daß es beispielsweise im Beruf Kräfte spart, wenn eine Frau in ihrem Aussehen nicht allzu sehr vom Standard der mitteleuropäischen Frau abweicht. Sie mögen sich im Grunde so, wie sie sind, und versichern glaubwürdig, der Tanz um das Goldene Kalb ›Schönheit und Perfektion‹ lasse sie kalt. Sie mögen die Einmaligkeit ihres Gesichts und ihres Körpers, und selbst wenn sie etwas an sich nicht so toll finden – wie den Haaransatz, die fehlende Taille oder die etwas pummeligen Knie – leben sie doch vergnügt damit und empfinden diese ›kleinen Mängel‹ nicht als wirkliche Beeinträchtigung. Im Gegenteil, sie mögen sie – oder sie bemühen sich wenigstens, sie als Teil ihrer selbst zu akzeptieren.

Nun bestätigen gerade solche Beteuerungen, was sie widerlegen sollen: Wenn wir etwas an uns – liebevoll oder nicht – als ›Fehler‹ bezeichnen, dann nur, weil in unseren Köpfen eine Vorstellung von ›perfekter‹ Schönheit herumspukt, von einer Norm, an der wir uns (bewußt oder unbewußt) messen und von der wir in bestimmten Punkten abweichen: Angeblich finden 50 % der deutschen Frauen ihren Bauch zu dick, 44 % ihren Busen zu klein, 25 % ihre Lippen zu schmal und 33 % ihre Nase mißlungen. Was das für jede einzelne Frau bedeutet, ist unklar, einige leiden sicher unter diesen ›Fehlern‹ und wünschen sich nichts sehnlicher als deren Verschwinden. Ausgerechnet die achtzehnjährige Siegerin eines bundesweiten ›Gesicht des Jahres-Wettbewerbs‹, die als erfolgreiches Model arbeitet, sagte mir, wenn sie genügend Geld hätte und sicher sein könnte, daß alles gut verliefe, würde sie an ihrem Gesicht *alles* ändern – nicht durch Makeup, sondern durch Operationen.

Den meisten Frauen bereitet es allerdings nur wenig Kummer, daß sie einem imaginären Idealbild nicht entsprechen, selbst wenn sie sich (bewußt oder unbewußt) damit vergleichen und die Abweichungen feststellen. Doch nur wenige halten es mit dem Motto der Modemacherin Sonia Rykiel: »Wenn Sie schön sind, nutzen Sie das. Wenn Sie nicht schön sind, betonen Sie es.«

Die anderen, die nicht so weit gehen und einfach nur mit konventionellen Mitteln ein wenig hübscher werden möchten, machen sich ans Kaschieren. Sie sind ihren ›kleinen Mängeln‹ nicht hilflos ausgeliefert, haben doch die Frauenzeitschriften für jedes Gesicht (was in der ihnen eigenen Logik meist gleichbedeutend ist mit ›Problem‹) geeignete Ratschläge. Ein Extra-Heft ›Schminken‹ zählt allein für Teint, Augen und Lippen 66 mögliche Probleme auf und weiß natürlich auch für jedes einen Trick, wie man den ›Mangel‹ (will sagen: einen allzu großen Ausdruck von Persönlichkeit) beseitigen kann.

Solche Artikel sollen das Selbstbewußtsein von Frauen stärken. Falls sie das wirklich tun, dann über den Umweg, es erst einmal in die Knie zu zwingen: Sie halten Frauen dazu an, sich kritisch und objektiv zu betrachten und zu bewerten – das heißt: wie ein Fremder, mit einem kalten, lieblosen Blick. Hat diese Bestandsaufnahme dann ergeben, was der Verbesserung bedarf, eilen die Zeitschriften wie rettende Engel herbei und bieten mit ihren Tips und Tricks ›Kuren‹ für die Unzufriedenheit, die sie wecken halfen – die den Frauen, das kann nicht bestritten werden, dann auch tatsächlich helfen.

Sie predigen beispielsweise, daß zuviel Farbe im Gesicht in aller Regel von Übel ist. Nein, nicht zu viel *Farbe*. Zu viel *sichtbare* Farbe, denn je offensichtlicher eine Frau geschminkt ist, um so älter sieht sie aus. Es ist gar kein Problem, eine Fünfzehnjährige fünf, ja zehn Jahre älter zu schminken. Doch wenn Makeup nicht sehr sparsam benutzt wird, hat es bei einer 30- oder 40jährigen die gleiche Wirkung, und das ist besonders mißlich, weil sich nicht wenige Frauen mit viel Lippenstift, Lidschatten oder Rouge attraktiver und auch jünger aussehend fühlen.

Dem Fetisch ›Natur‹ folgend, fordert die letzte Makeup-Revolution ein glänzendes (!) Gesicht. Ich mag es gar nicht, wenn immer gleich von Revolution die Rede ist, hier aber trifft das Wort wahrlich zu: Solange ich mich zurückerinnern kann, war die Puderdose neben dem Lippenstift das absolute, unabdingbare MUSS einer jeden Frau. Eine glänzende Nase war mindestens so verpönt wie Laufmaschen! Nun also nicht mehr. Gut. Doch ein junges Gesicht glänzt nicht, wie erwünscht, pfirsichfarben, sondern fett. Und bei den meisten Frauen über 35 glänzt gar nichts, weil die Haut trockener geworden ist. Also verhilft nur eine teure Grundierung namens ›Natural Finish Peach Glow‹ zu diesem Glanzstück. Sie ist kostspielig. Dafür aber praktisch unsichtbar. Sie wissen ja: Je weniger ein Kosmetikartikel in Ihrem Gesicht auffällt, um so mehr haben Sie dafür hingeblättert. (Und je mehr Sie dafür hingeblättert haben, um so mehr von Ihrem Geld landet praktisch im Mülleimer: Bei Kosmetika macht die Verpackung bis zu 60 % des Preises aus.)

In diese immer verwirrender werdende Lage dringt die Stimme eines bodenständigen, vernünftigen (und kostenbewußten) Visagisten: »Nur weil Sie Augen, Lippen und Wangen haben, heißt das nicht, daß Sie alles schminken müssen. Wenn Sie es nicht brauchen, lassen Sie es.« Wunderbar. Aber wer entscheidet das? Er sagt auch: »Denken Sie nicht an ›Tag‹- und ›Abend‹-Makeup. Ein klares, minimales Makeup zum Ballkleid ist sexy.« Da ist sie wieder, die Forderung nach *Nichts* im Gesicht.

Hier schließt sich der Kreis, denn kaum eine Frau sieht mit einem Tupfer Feuchtigkeitscreme und einem Hauch Wimperntusche so strahlend, ausgeruht und vital aus, wie wir aussehen sollen. Was schon bei jungen Frauen nicht einfach ist, wird mit zunehmendem Alter schwieriger. Unregelmäßigkeiten jeder Art – Pickel, Pusteln, rote Flecken, große Poren und Krähenfüße – werden immer weniger geduldet. Eine Grundierung aber soll nun die Haut nicht mehr *abdecken* und *zupappen*, sie soll nur kleine Unebenheiten ausgleichen und die Gesichtsfarbe frischer machen. Die modernen Produkte sind auch dünnflüssiger und transparenter und kaschieren immer weniger. Wer also die Illusion des ›Nichts‹ erfolgreich aufrechterhalten möchte, kann kaum noch etwas unter Makeup verschwinden lassen. Daher zieht die Forderung nach mehr Natürlichkeit paradoxerweise immer mehr Arbeit nach sich, die *vor* der dekorativen Kosmetik an Gesicht und Körper geschehen muß. Man muß mehr am ›Ausgangsmaterial‹ – d. h. Haut, Haaren, Muskeln, usw. – verändern. Einige Frauen wählen den drastischsten Fluchtweg aus dieser Misere, indem sie sich einem Schönheitschirurgen anvertrauen.

Davon wird in anderen Kapiteln die Rede sein. Hier geht es auch nicht um Veränderungen wie silikonaufgeplusterte Lippen oder die ›Permanent Makeup‹ genannte Hautpigmentierung (ich nenne sie etwas schärfer Lebensabschnitts-Tätowierung), die immer selbstverständlicher werden. Es geht mir vor allem um jene alltäglichen kleinen Korrekturen, die das Aussehen des Körpers verändern und die wir wie regelmäßige Wartungsarbeiten an uns erledigen: Feilen der Fingernägel, Abrubbeln rauher Haut, Färben/Tönen der Haare, Entfernen der Körperbehaarung. All das ist uns selbstverständlich, wir nehmen nicht mehr wahr, daß wir uns damit ein (winzig klein bißchen) verletzen. Welche Frau dächte schon an ›Manipulation‹ oder gar ›Gewalt‹, wenn sie sich ein paar Augenbrauenhärchen ausrupft?

90 % der erwachsenen Frauen in Großbritannien und den USA entfernen ihre Körperhaare, allein in England werden jährlich

einige Milliarden (!) Pfund für Enthaarungsprodukte umgesetzt. In Deutschland mögen 94 % der Frauen eine haarlose glatte Haut, auch wenn nur jede Vierte sie regelmäßig oder gelegentlich entfernt. Kosmetikerinnen berichten allerdings, in letzter Zeit sei die Nachfrage nach Enthaarungen explosiv gestiegen, und als 1994 die Pille ›Diane 35‹ unter Krebsverdacht geriet, hieß es, deren Hersteller Schering habe »explizit mit dem mangelnden Selbstbewußtsein bei Frauen geworben, die unter starkem Haarwuchs litten«.

Wir sind zwar (noch) nicht so eifrig wie die Engländerinnen, aber auch uns muten die Medien nie den Anblick von Frauenhaaren am falschen Fleck zu: Der Deostift fährt über die enthaarte Achsel (die haarlose Frau ist auch die geruchlose Frau. Sie tilgt den eigenen Körpergeruch, um sich dann mit chemischen Düften wieder anziehend zu machen). Die Reklame für spezielle Rasierapparate für Frauen zeigt nicht, wie die Werbung für Männer-Rasierapparate, ein Scherblatt, das Schneisen durch schwarz sprießende Stoppeln oder gar Haarwälder schlägt. Können Sie sich eine solche Werbung überhaupt vorstellen? Kaum. Wir sehen lediglich, wie ein Seidenstrumpf erotisch ein Barbieglattes Bein hinaufgleitet.

Nahezu ebenso unauffällig wie die verschwundenen Haare, an die keiner denkt, weil sie nicht mehr da sind, ist eine leichte Sonnenbräune. Ein gebräunter nackter Körper kommt uns weniger ›nackt‹ vor als ein bleicher, daher ist Bräune eine erste, quasi natürliche Hülle, die unsere Blöße bedeckt. Dies ist einer der Gründe, warum es trotz sprunghaft ansteigender Hautkrebszahlen so schwierig ist, auf das Sonnenbaden oder den Solariumbesuch zu verzichten. Neuere Untersuchungen bestätigen, daß bereits geringe und seltene Bestrahlungen das Hautkrebsrisiko drastisch erhöhen. Daher hämmert in den USA quasi jede Zeitschrift ihren LeserInnen unablässig ein, sich *immer*, nicht nur zum Sonnen, mit Sonnenschutzprodukten Faktor 15 einzureiben und Sonnenstudios zu meiden. Doch auf den Seiten eben dieser Zeitschriften werben sanft gebräunte Männer und

Frauen für alle möglichen Produkte, und die Models auf den Modeseiten sind auch nicht mehlwurmfarben.

Die Herstellung der ›natürlich‹ schönen Frau erschöpft sich nicht darin, an ihrem Körper etwas zu entfernen, was dort ist, aber nicht dort sein soll (wie Haare), oder darin, etwas zu erwerben, was dort sein sollte, aber nicht ist (wie Bräune). Auch die typisch weibliche Haltung, die Gesten und Bewegungen müssen eingeübt werden – ein besonders einleuchtendes Beispiel dafür scheint mir das Gehen in Stöckelschuhen zu sein.

Wer noch nie auf hohen Absätzen gelaufen ist – ob Frau, Kind oder Mann – knickt darin um, stolpert, kurz: macht eine lächerliche Figur. Hohe Absätze fordern Schritte, die weniger durch das Vorwärtsschlenkern des Beins aus der Hüfte entstehen, als vielmehr durch Vorwärtsdrehen jeweils einer Hüftseite – und *nur* der Hüfte. Weit ausgreifende Schritte mit Nachfedern in den Knien verraten die ungeübte Pumpsträgerin oder den als Frau verkleideten Mann. Der Rumpf muß wie bei einer Ballerina von den Schultern bis zum Becken gerade und reglos bleiben. Das ist schwierig und muß erlernt, ja trainiert werden. Früher wurde diese ›königliche‹ Haltung und der anmutige Gang mit einem Buch auf dem Kopf geübt. Tut das heute noch jemand? So viel ist sicher: Seit Frauen nicht mehr zögernd trippeln, sondern mit erhobenem Kopf und gesundem Selbstbewußtsein zügig voranschreiten sollen, ist diese Aufgabe schwieriger geworden: Bei aller Zielstrebigkeit sind Grazie und Liebreiz immer noch oberstes Gebot:

»Wenn die Schuhe drücken, weil die Absätze eigentlich doch zu hoch sind, wenn die Strumpfhose im Schritt rutscht, weil man die billigere genommen hat, denn kaputt sind auch die teuren meist nach einmal tragen, wenn die Spitze des hocherotischen Bodies den ganzen Tag kratzt, weil man gleich nach der Arbeit eine Verabredung mit dem neuen Verehrer hat und keine Zeit zum Umziehen ist, wenn dann auch noch der superenge Rock kneift, in dem man keine langen Schritte machen kann, wenn man es eilig hat, dann ist der Tag vor dem Abend eigentlich schon gelaufen. Nur mit Mühe gelingt dann noch das sanfte Lächeln, das Männer an Frauen so lieben.‹

Die Zeiten einer beschwerlichen Frauenkleidung, die unsere Bewegungsfreiheit einschränkt, sind also keineswegs vorüber, wie gern behauptet wird. Früher betonten Korsett und Wespentaille die weiblichen Merkmale Po und Busen und verringerten, sozusagen als Nebeneffekt, den Raum des Atems um ein Drittel. Diese Immobilität wurde dadurch gefördert, daß die Kleider bis zu zwanzig Kilo schwer und sehr raumgreifend waren. In solchen Kleidern konnte man sich vermutlich schlecht bewegen, wobei allerdings von einer Frau weder Vitalität noch Sportlichkeit erwartet wurden. Im Gegenteil, Frauen sollten sein wie Blumen – die sich ja auch nicht vom Fleck rühren, bis jemand sie pflückt (und dann verwelken läßt). Als nach dem Ersten Weltkrieg die Kleider leichter wurden und als in den späten zwanziger Jahren erstmals seit mehr als einem Jahrtausend in Europa Licht und Luft an den Frauenkörper gelassen wurden, war das eine echte Befreiung und eine ungeheure Revolution.

Doch was immer wir gewonnen haben mögen, als wir aus den Krinolinen heraussstiegen, eines haben wir mit Sicherheit geopfert: *Platz*. Platz, den Frauen mit ihren voluminösen Röcken beanspruchten. Wir scheinen in unseren heruntergehungerten Körpern und hautengen Fummeln eher bemüht, möglichst wenig Platz einzunehmen.

Zumindest können wir uns auf flachen Schuhen und in Hosen ungezwungen bewegen – was jedoch, praktisch hin, praktisch her, als ziemlich unerotisch gilt. Die Beschreibung der zum Rendezvous gekleideten Frau im Minirock allerdings zeigt deutlich, wie schwierig es nach wie vor ist, sich in *erotischen* Kleidungsstücken zu bewegen und wie sehr sie das Denken beschäftigen – damit wir in diesen Fummeln aussehen, wie wir aussehen wollen (und sollen), müssen wir neben dem, was wir gerade tun (verhandeln, dolmetschen, tippen, reden), zusätzlich immer noch an etwas denken (nach dem Essen Lippenstift erneuern), auf etwas achten (daß der Mini im Sitzen nicht bis knapp unter die Taille rutscht) oder etwas nicht tun (mit der Ferse die juckende Wade kratzen, das ist ungraziös und macht Laufmaschen).

Der Schriftsteller und Wissenschaftler Umberto Eco schreibt, ein Kleidungsstück wie Jeans, das einem die Hoden einzwänge, lasse einen anders denken. Für Frauen stellt sich das Problem selbstredend etwas anders dar, aber auch ihnen ist unmittelbar einsichtig, was er mit der Beobachtung meint, daß einengende Kleidung die Gedanken beschäftigt, Kraft kostet und Aufmerksamkeit bindet. Er erläutert, daß Philosophen lockere Kleidung tragen, wenn sie sich zum Denken niederlassen und stellt dann Überlegungen an, was unbequeme Kleidung für Frauen bedeutet hat und bedeutet:

Das Denken verabscheut das Kettenhemd. [Daher] beruht die jahrtausendealte Unterwerfung der Frau auch auf der Tatsache, daß der Frau seit jeher Rüstungen (Stöckelschuhe, Reifröcke, Büstenhalter aus Fischbein, Hüftgürtel, enggeschnürte Korsetts, usw.) auferlegt worden sind, die sie dazu trieben, die Übung des Denkens zu vernachlässigen. Die Frau ist nicht nur darum von der Mode versklavt worden, weil diese sie durch den Zwang, eine ätherische Haltung voller Anmut und erregendem Reiz zu wahren, zum Sexualobjekt gemacht hat, sondern sie ist vor allem darum versklavt worden, weil die Kleidermaschinen, die ihr aufgeschwatzt wurden, sie psychologisch zwangen, für die Äußerlichkeit zu leben. [. . .] Die Überlegung hat einigen Wert, denn sie bringt uns auf die Entdeckung, daß die Jeans, die den Frauen heute von der Mode aufgedrängt werden, scheinbar Symbol der Befreiung und der Gleichstellung mit den Männern, in Wirklichkeit eine weitere Falle der Herrschaft sind; denn sie befreien den Körper nicht, sondern unterwerfen ihn nur einer anderen Etikette und zwängen ihn in andere Rüstungen, die nicht als solche erscheinen, weil sie scheinbar nicht ›weiblich‹ sind.

Zu dieser ›nicht weiblichen‹ Kleidung gehört nicht nur die angeblich so befreiende Jeans, sondern die komplette Männermode. Männer dürfen immer noch praktisch nichts aus der Frauenmode entlehnen, während Frauen den Männerkleiderschrank quasi komplett und unverändert übernehmen können – lehren doch schon die Hosenrollen in Oper, Operette und Theater, daß eine Frau gut daran tut, sich als Mann zu verkleiden, wenn sie tatendurstig in die Welt hinausziehen will. Im Gegensatz zur Bühne aber will die behoste Frau heute nicht *wirklich* mit einem Mann verwechselt werden! Daher darf sie keinesfalls auf dezenten Tand verzichten: Perlenkette, Ohrringe, weich fallender Blusenkragen, geschmackvoll (nicht zu grell) lackierte Fingernägel, gemäßigte Pumps. Andere Berufe brauchen zusätzliche Signale: Die Kleidung von Intellektuellen hebt subtil hervor, daß sie ein bißchen über der Mode stehen und sowieso Wichtigeres zu tun haben, als sich um ihren Kleiderschrank zu kümmern, Frauen in ›kreativen‹ Berufen brauchen ein peppiges, weniger konservatives ›Outfit‹: Turnschuhe aus dem Sport, Jeans aus der Arbeitswelt, Armani-Jackett vom Geschäftsmann, Straßschmuck von der Abendgarderobe. Dieser Stilmix wirkt spontan, unverkrampft und selbstironisch. Falls er gelingt, was freilich selten der Fall ist. Jede modebewußte Frau weiß, daß der Anschein von Absichtlosigkeit die vermutlich schwierigste und arbeitsaufwendigste Art ist, sich zu kleiden (wie der Anschein eines völlig ungeschminkten Gesichts die schwierigste und arbeitsaufwendigste Art des Make-ups ist). Da es so viel verlangt, ist es nur folgerichtig, daß sich viele Designer und Frauenzeitschriften immer wieder für diesen Stil begeistern. Und vor Begeisterung beim Texten ziemlich aus der Kurve getragen werden: »High Heels zum Nadelstreifenanzug sind kein Stilbruch mehr, sondern ein Signal, daß Strenge sinnlich macht.« Daß *Strenge* sinnlich macht? Das

Strenge *sinnlich* macht? Wen? Mir fallen nur Männer ein, die zu Dominas gehen, doch deren Verhältnis zur Strenge würde ich nicht unbedingt *sinnlich* nennen.

Der kalkulierte Anschein von Beliebigkeit paßt in eine Zeit, in der Flexibilität und Anpassungsfähigkeit (bis hin zu Austauschbarkeit) erstrebenswert geworden sind: Nicht nur die Kleidung (und Augenfarbe) sollen täglich neu, anders, überraschend sein. Offenbar tendiert auch der Idealtyp Frau in die Richtung ›Stilmix‹. Eine Frau, die auf der Höhe des Zeitgeistes ist, will mit Kleidung und Makeup nicht mehr das Beste aus ihrem Typ machen. Sie *macht* sich zu einem Typ, genauer: Sie macht sich zu verschiedenen Zeiten mit Hilfe verschiedener ›Outfits‹ zu verschiedenen Typen, und sie wählt ihre Kleidung nicht mehr primär danach aus, wohin sie geht und was sie tut (große Abendrobe zur Opernpremiere, Jeans zum Wandern, Bluse und Rock fürs Büro, ein nettes Kleid für Heiligabend), sondern danach, wer sie in einer jeweiligen Situation *sein* und welches Bild sie von sich vermitteln möchte – so etwas nennt man ›Image-Management‹.

Eine Zeitschrift titelt *Neues Styling – Neuer Typ*, eine andere schreibt: »Unter jedem Gesicht schlummern mehrere andere. Jede Frau ist einzigartig und vielfältig zugleich, und Schönheit kleidet sich in unterschiedlichen Formen. Manche Frauen beherrschen die Kunst der Metamorphose besser als andere. Sie verstehen es, die verschiedenen Facetten ihrer Persönlichkeit zum Ausdruck zu bringen. Dafür nutzen sie die Farb-Palette, aber auch das subtile Spiel von Schminke, Frisur, Schmuck, Parfum, Accessoires. Alles trägt dazu bei, das Image zu verändern.« Das erinnert an die verschiedenen Seelen eines Gesichts, von denen bereits die Rede war, und Madonna umschrieb das mit dem paradox wirkenden Satz »Ich bin eine Frau, aber viele«.

Der ›Stilmix‹ *tut*, als stelle er sich außerhalb der Mode und befriedigt von den drei Anforderungen an das Aussehen – Natürlichkeit, Authentizität und Spontaneität – besonders letztere. Das scheinbare Gegenteil des Spontan-Peppigen ist die gediegene, angeblich zeitlose Mode einer Jil Sander, der es vor allem um den Eindruck von Authentizität geht. Sie vertritt eine Auffassung von Frauenmode, die bislang Männern vorbehalten war: unauffällige Eleganz. Sie soll die Aufmerksamkeit nicht ablenken, dabei Seriosität, Wohlstand, Bescheidenheit sowie das Selbstbewußtsein signalisieren, sich außerhalb modischer Trends stellen zu können – was ihre Mode natürlich nicht *wirklich* tut. Eine solche Kleiderordnung signalisiert auch Macht, Hierarchie und Distanz und galt im Grunde schon immer für das, was man ›altes Geld‹ nannte.

Ob alt oder neu – *Geld* muß man für eine solch gediegene Garderobe jedenfalls haben. Doch getreu dem elitären Motto ›Über Geld spricht man nicht‹ sind Frauenzeitschriften über die finanzielle (Schatten)Seite ihrer Kleidertips auf ganz und gar untypische Weise wortkarg. Selbst wenn sie die Preise der abgebildeten Kleidungsstücke nennen, schweigen sie sich beharrlich darüber aus, daß ein ähnlich geschnittenes Kostüm, das statt des gezeigten für 1500 Mark nur 250 Mark kostet, zwangsläufig anders (genauer gesagt: ärmlicher) aussieht. Um den in seiner versnobten Schlichtheit geradezu genialen Werbespruch eines Brillenfabrikanten zu zitieren: ›Der Unterschied zwischen billig und teuer ist, daß man ihn sieht.‹ Frauenzeitschriften richten ihr Augenmerk lieber auf vermeintlich drängendere Probleme: ›Erfolgreiche Frauen managen auch ihr Schönheitsprogramm vor allem durch perfektes Timing‹.

Englisches wie ›managen‹ und ›Timing‹ signalisiert, daß wir uns nicht in der banalen Welt der Sekretärin, Chemielaborantin und Arzthelferin bewegen, und schon gar nicht in der einer Mutter und Hausfrau. Das entscheidende Wörtchen aber ist das harmlose deutsche *auch* – es gibt zu verstehen, daß Frauen, um die es im folgenden geht, Bedeutenderes managen als ihr Aussehen. Sie wissen schon: Mercedes, beispielsweise. Oder die Deutsche Bank.

Die meisten Frauen haben mit Managern nur eines gemeinsam: Zeitmangel. Zeit ist Mangelware und daher immer ein gravierender Faktor – das entgeht selbst jenen Frauenzeitschriften nicht, bei deren Lektüre man meinen könnte, ihre Leserinnen machten nichts als Karriere, Karibik-Urlaub und hin und wieder einen ›Beauty-Tag‹. So gibt eine Zeitschrift unter der Überschrift ›Schön im Streß‹ einen 35-minütigen morgendlichen Schweinsgalopp vor, der von Elektro-Lockenwicklern über Augen-Spezialmaske bis zum Schaumfestiger fürs Deckhaar alles auf die Minute festlegt. Einmal *zurechtgemacht*, wie unsere Verschönerungsakte treffend genannt werden, muß das gepflegte Äußere unablässig kontrolliert und korrigiert werden: Der Lippenstift darf nicht auf die Zähne schmieren, das Haar nicht struppig vom Kopf stehen, der Strumpf keine Laufmasche haben, der Fingernagel nicht abgebrochen sein, und gedankenverloren auf dem geschminkten Auge rumrubbeln darf man schon gar nicht. Wer diese Beauty-Management-Pflichten zu stressig, die Kosten für die Garderobe zu hoch und alles überhaupt viel zu aufreibend findet, hat nicht die rechte Einstellung. »Karrierefrauen müssen repräsentieren können: Und das geht eben nicht mit nikotinvergilbten Fingerkuppen, psychedelischem Teint und überalterten Dauerwellen.« Das hätte ich selbst nicht schöner formulieren können – aber würde mir bitte mal jemand erklären, was ein ›psychedelischer Teint‹ ist?

Ein weiteres wichtiges Wort (neben *Natürlichkeit*) ist also *Management*: Beauty-Management, Zeit-Management, Image-Management, Wörter aus einer Welt, in der nichts dem Zufall überlassen bleibt, in der man sich keinen Leerlauf zuschulden kommen läßt, in der man alles unter Kontrolle und unter einen Hut kriegt – die Märkte der Welt und die Untergebenen. Das hat zwar mit dem Alltag von Frauen wenig zu tun, aber sie können ja das Managen und Kontrollieren schon mal an sich selbst üben.

Aber vielleicht nutzen ja die wenigen Top-Managerinnen der deutschen Wirtschaft tatsächlich »Minipausen zwischen Meeting und Konferenz für das perfekte Beauty-Management«.

Vielleicht haben sie ja wirklich immer eine Straffungsmaske im Handtäschchen, die sie nachmittags auf der Damentoilette auftragen, weil sie vom Büro direkt zur Dinner-Einladung gehen, ohne sich umzuziehen oder neu zu schminken. Andererseits – es ist ja bekanntlich Charakter gefragt, wer also interessiert sich schon für lächerliche Äußerlichkeiten? »Es geht doch mehr darum, zu sein, was man ist, und weniger darum, damit anzugeben, was man ist.« Dieser Satz kommentiert das Modefoto eines Jil Sander-Kleides für mindestens 3 000 Mark.

Jil Sander selbst posierte denn auch vor einigen Jahren für ein Pressefoto in einer normalen Blue Jeans, die sie, wie sie sagte, für 20 Dollar in New York gekauft hatte. Knapper läßt sich kaum beweisen, daß in den Kreisen, die sich ›kreativ‹ nennen, Jeans als geeignete Lösung für alle Garderobenprobleme gelten: Sie sind fast so etwas wie das klassische ›kleine Schwarze‹, denn im Zweifel sollte man lieber zu lässig als zu festlich gekleidet sein. Jeans sind das perfekte Understatement, und mit einem Kaschmir-Jackettchen für ein oder zwei Tausender ist man immer richtig angezogen.

Nicht immer – Kaschmir-Jacketts sind denkbar ungeeignet für junge Mütter, die aus gutem Grund gern Geblümtes tragen. Sie liebäugeln mitunter sogar, wie eine mehrfache Mutter in meinem Bekanntenkreis letzthin selbstironisch offenbarte, mit Pullovern aus 100 % Polyester, da diese mit den verkleckerten Kinderkleidern und Lätzchen unbeschadet in die Maschine wandern könnten. Mutter aber ist nicht der Berufsstand, dem Frauenzeitschriften in Sachen Garderobe besonders gern raten. Es ist, Sie haben es erraten, die Karrierefrau.

Die Goldenen Regeln für die berufstätige Frau, von Frauenzeitschriften immer wieder verkündet, lautet: Je höher in der Hierarchie, um so weniger Fleisch und um so ›klassischer‹ die Kleidung. Eine Frau, die ernst genommen werden möchte, sollte keinesfalls den Anschein erwecken, Sklavin der Mode zu sein (es sei denn, sie verdient ihr Geld damit, dann aber ist sie

selbstredend nicht Sklavin, sondern Trendsetterin). Ihr Aussehen muß signalisieren: Für das, was wir jetzt miteinander tun,
spielt es keine Rolle, daß du ein Mann bist und ich eine Frau.
Daher sollte sie es unterlassen, die körperlichen Unterschiede
der Geschlechter zu betonen, sie sollte versuchen, den Körper
durch geeignete Kleidung zu ›neutralisieren‹, und ihr Gesicht,
soweit möglich, zu ›entweiblichen‹.

Von dieser ›Entweiblichung‹ des Gesichts redet die amerikanische Psychologin Judith Rodin, wenn sie schreibt, daß Frauen
heute ganz anders aussehen wollen als in den fünfziger Jahren.
War damals das weiche Gesicht der jungen Elizabeth Taylor
modern, ist es dreißig oder vierzig Jahre später das kantige Gesicht des ›California-Beach-Girls‹: Eine vertikalere Stirn, aus-
geprägte Wangenknochen, tiefliegende Augen, breitere Augenbrauen, schmalere Augenlider, eine längere Nase und vollere
Lippen – kurz: herbere, ja männliche Züge. Ein New Yorker
Schönheitschirurg erzählt, Frauen kämen zu ihm und sagten,
»Ich will nicht niedlich aussehen. Ich muß mich mit diesen
Börsenheinis rumschlagen, da will ich nicht hilflos und verletz-
lich wirken.«

Es ist kein Widerspruch, daß es sich für berufstätige Frauen
gleichwohl empfiehlt, Schuhe mit wenigstens ein wenig Absatz
zu tragen – das gehört zum ›weiblichen Tand‹, der auch noch
das strengste Schneiderkostüm feminin machen soll. Jemand
hat Stöckelschuhe einmal wegen ihrer erotisierenden Wirkung
auf Männer das ›Schnürkorsett für die Füße‹ genannt, doch das
ist auch unter anderen Aspekten ein passender Vergleich: Wie
das Korsett den Frauen den Atem raubte und im Extremfall
sogar die Rippen brach, verformen Stöckelschuhe den Fuß. Sie
verschieben nicht nur die Fußknochen, sondern das ganze Ske-
lett, und sie machen den Gang wackelig. Gerade das finden
Männer, wie wir wissen, besonders erotisch. Der weltberühmte
Fotograf Helmut Newton, der nur Frauen fotografiert, hat sich
sogar zu der Behauptung verstiegen, eine Frau stehe erst auf
hohen Absätzen wirklich grade.

Trotz Newtons Nachhilfeunterricht zur weiblichen Anatomie werden Frauen (noch) nicht wie Barbie mit dem hochgeknickten Spann geboren, der in die Stöckel paßt wie Aschenbrödels Fuß in den Glasschuh. Doch obwohl das alle wissen, gehört der Stöckelschuh unabdingbar zur erotischen Frau, zu deren Herstellung ja, aller behaupteten Naturverliebtheiten zum Trotz, zahlreiche eindeutige Manipulierungen des Äußeren nötig sind: Neben Stöckelschuhen gehören platinblondes Haar ebenso zwingend zum Sexsymbol wie ein schwellender Busen (obwohl beides selten echt ist). Nicht umsonst hießen die weißblonden Hollywood-Schönen ›Wasserstoffblondinen‹, denn von Natur ist kein Mensch (außer Albinos) so blond. Die ehemals mausbraune Monroe wurde erst zum Star, als ein Visagist für sie ein spezielles Weißblond kreierte (und sie das passende Makeup, die passenden Kleider, die passenden Posen dazu gefunden hatte). Auch der Berlinerin Nadja Auermann gelang erst mit platinblonden Haaren der Durchbruch zum neuen deutschen Stern am Fotomodell-Himmel. Auermanns nahezu ausdrucksloses Gesicht ist so wandelbar und entspricht so perfekt dem ›Gesicht mit vielen Seelen‹, daß sie von einem Foto zum nächsten oft nicht wiederzuerkennen war – erst als sie sich die Haare nahezu weiß bleichen ließ, wurde sie ein Welterfolg: »Jetzt ist es unmöglich, mich nicht zu sehen.«

Festzuhalten bleibt, daß in Männersehnsüchten offenbar nicht *Natürlichkeit*, sondern *Künstlichkeit* zu den Merkmalen begehrenswerter Weiblichkeit gehört. Da ist es völlig gleichgültig, daß sie auf Befragen beteuern, sie fänden nichts schlimmer als eine ›künstliche‹ Frau – damit meinen sie immer nur zu viel Haarspray. Von diesem vernichtenden Urteil nicht betroffen ist die Fleisch gewordene Barbie, an der von der platinblonden Locke über das Kinder-Piepsstimmchen bis zu den fettabgesaugten Beinen und den solariumbraunen Füßen nichts unbearbeitet ist. Für diesen scheinbaren Widerspruch gibt es (mindestens) zwei mögliche Erklärungen. Die eine wäre, daß Männer es mögen, wenn Frauen zur Schau tragen, wie sehr ihnen daran liegt, einem Mann zu gefallen, und wieviel Mühe sie auf sich nehmen, um dieses Ziel zu erreichen. Diese Erklärung gefällt mir gut, leuchtet mir aber nicht so ein wie die zweite: Männer finden trippelnde Blondinen mit Jane Mansfield-Busen eben atemberaubend und kommen überhaupt nicht auf den Gedanken, daß etwas Derartiges in Gottes Schöpfungsakt nicht vorgesehen sein könnte.

Männer sind nämlich, was das angeht, weniger aufmerksam als Frauen. Lassen wir einen Moment Höflichkeit und Zartgefühl beiseite und reden wir Tacheles: Die meisten Männer sind blinder als Maulwürfe und lassen sich noch durch den plumpesten Bluff übertölpeln. Kennen Sie die Antwort auf die Frage, warum Männer schöne Frauen lieber mögen als kluge? Weil Männer besser gucken können als denken. Und lassen Sie mich hinzufügen: Weil sie über das, was sie sehen, auch nicht nachdenken. Die wenigsten ahnen auch nur im entferntesten, wieviel *Arbeit* eine normale Frau in ihr Aussehen investiert – die Weiber mit ihrem Schönheitskram, was soll da schon Arbeit sein?

Nun sind allerdings im Kampf der Geschlechter die Waffen bis zum heutigen Tag derart ungleich verteilt, daß solche Schwächen des Gegners nicht verspielt werden sollten: Intuitiv nutzt jede Frau, die zu Kajal und Lockenschere greift, das Wissen um diesen blinden Fleck, ja das ›Geschäft mit der Schönheit‹ lebt seit Jahrhunderten von wenig anderem. Frauen versuchen, durch Kleidung, Frisur und Farbe ihr Äußeres so zu verändern, daß sie dem Ideal ihrer Zeit entsprechen – das muß nicht die hüftschwingende Sexbombe sein. Zu anderen Zeiten war es die hehre Mutter des Nationalsozialismus, heute ist es eben die natürlich-frische, gut gelaunte Person, die recht hart im Nehmen ist.

Aber offenbar muß eine Frau sich in ihrem Aussehen heute zwischen *richtig künstlich* und (mehr oder weniger) *gefälscht natürlich* entscheiden – die meisten wählen, und zwar schon seit vielen Jahrzehnten, die zweite Möglichkeit. Daher ist der bewährteste Werbetrick der Kosmetikindustrie das scheinbar unsinnige Versprechen, niemand werde bemerken, daß man ihre Produkte gekauft und benutzt habe, was mitunter geradezu absurde Blüten treibt: »Natürliche, lange Haltbarkeit. Mit Diacolor bringt Ihr Friseur die Natürlichkeit voll zur Geltung. Die natürlichen Reflexe von Diacolor unterstreichen harmonisch ihre natürliche Haarfarbe. Natürliche und haltbare Nuancen.« Die Anzeige ist Wort für Wort horrender Unsinn!

Viele Frauen färben und tönen sich die Haare, dabei sind Rottöne angeblich am beliebtesten. Weniger beliebt ist Blondieren, denn selbst mäßig blondierte Haare brauchen etwa so viel Aufmerksamkeit wie ein Neugeborenes. Sie müssen ständig mit Packungen behandelt werden, damit sie nicht abbrechen, und um nicht ungepflegt zu wirken, muß der dunkle Haaransatz so oft vom Friseur nachgefärbt werden, daß man dabei arm (und er reich) wird. Nur wenige entscheiden sich dafür, schwarze Haarwurzeln zum ›Styling-Element‹ zu erklären, das jedem als *Absicht* ins Auge sticht, wie das in den siebziger Jahren die Punks (und in jüngster Zeit deren Schicki-Micki Neuaufguß) taten. In dem Artikel einer Naturblonden, die sich zur neuen Welle von Blondinenwitzen Gedanken machte, stieß ich letzthin auf eine eigenartige Bemerkung, die ich nicht richtig zu deuten weiß: »Ich glaube, einige blondierte Frauen zeigen dunkle Haarwurzeln oder behalten ihre dunklen Augenbrauen, weil das einerseits verdeutlicht, daß sie Frauen sind, die blond und sexuell attraktiv sein möchten, und weil es zugleich Bewunderern signalisiert, daß sie Keine Echten Blondinen und daher Nicht Blöde sind.« Sind deswegen Strähnchen so beliebt? Sie sind jedenfalls viel pflegeleichter als eine Rundum-Blondierung und sehen – Sie ahnen es: *natürlicher* aus.

Frisuren bewegen sich in einer kaum zu definierenden Grauzone zwischen Kosmetik und Kleidermode – und Frauen können zum Thema Haare offenbar nicht genug hören. Daher sind Haar-Titel (neben Diäten) für Frauenzeitschriften eine sichere Möglichkeit, die verkaufte Auflage zu erhöhen. Erstaunlicherweise wird dabei graues Haar praktisch nie auch nur *erwähnt* – ich kann mir das nur so erklären, daß alle grauhaarigen Frauen, die Frauenzeitschriften lesen, sich die Haare färben, und alle grauhaarigen Frauen, die sich die Haare nicht färben, diese Zeitschriften nicht lesen. Oder so ähnlich.

Makeup und Kleidung sind nur ein kleiner Teil dessen, womit wir unser Aussehen gestalten können. Dabei verlangt das Diktat Natürlichkeit, Authentizität und Spontaneität, daß möglichst wenig vom Aussehen einer Frau abends mit Abschminkcreme und Wattepad im Mülleimer oder mit den Klamotten auf dem Schlafzimmerstuhl landen. Es sollte, wie gefärbte Haare, ausgezupfte Brauen und gefeilte Fingernägel, länger halten.

Am besten wäre, wenn an einer Frau alles ›echt‹, also nicht abzulegen ist: wenn sie sich die Haare nicht aufwickelt, sondern Naturlocken oder eine Dauerwelle hat. Wenn sie keinen gepolsterten Wonderbra trägt, sondern unter dem Spitzenbody einen (notfalls mit Silikon gepolsterten) prallen Busen ihr eigen nennt. Wenn sie ihren Po nicht mit einem Miederhöschen verkleinert, sondern durch Diät und Sport (und falls nichts anderes mehr hilft, auch durch Fettabsaugen). Kosmetik und Kleidung verändern nur das *Erscheinungsbild* des Körpers. Eine *Veränderung* des Körpers geschieht durch Diäten, Bodybuilding und Schönheitschirurgie.

Nur unsere Augen machen da noch nicht mit – egal, welche atemberaubende Farbe wir ihnen tagsüber gegeben haben, sie liegt nach dem Abschminken bis zum nächsten Morgen im Näpfchen. Wie lange wird es dauern, bis die emsige Schönheitsindustrie diesen Mißstand beheben und einen Weg finden wird, unsere Augen auf Dauer königsblau zu machen? Und werden wir uns dann Farblinsen kaufen, weil wir davon träumen, nur einmal im Leben veilchenblaue Augen zu haben?

2. Kapitel **Hungern**

Ich wäre gern ein bißchen eßgestört.

Beim Lesen von Frauenzeitschriften stelle ich fest, daß das Ableben einer alten Bekannten zu beklagen ist, die mir und allen Frauen, die ich kenne, zwar nie lieb, aber seit Teenagerbeinen vertraut war: die fette Haut. Doch wenn man genauer hinschaut, ist sie nicht verschwunden, sie hat nur ihren Namen geändert. Jetzt heißt sie ›ölige Haut‹. Als ich das erste Mal auf diesen Begriff traf, handelte es sich um die Werbung für die neue Serie einer amerikanischen Kosmetikfirma, und ich vermutete einen schlichten (wenn auch gravierenden) Übersetzungsfehler: Unsere ›fette‹ Haut heißt auf Englisch ›oily skin‹. Dann aber fand ich diesen Übersetzungsfehler an Stellen, wo er keiner sein konnte: Artikel in Frauenzeitschriften, Werbung für andere Produkte, beim Gespräch mit einer Verkäuferin in meiner Parfümerie – was vielleicht als Übersetzungsfehler anfing, hatte so rasch und durchschlagende Karriere gemacht, daß ich zu vermuten begann, daß sich hinter der Namensänderung etwas anderes verbergen könnte: Ekel. Denn so, wie jemand mit einem lächerlichen oder zweideutigen Nachnamen einen neuen, weniger auffälligen wählen kann, segelt nun auch die fette Haut unter neuer, weniger peinlicher Flagge: ›Fett‹ ruft inzwischen so schreckliche Assoziationen hervor, daß man nicht mal mehr fette *Haut* haben möchte (von Fett an anderen Stellen zu schweigen).

Fett ist nicht nur unerwünscht, es kommt mir vor, als sei es inzwischen etwas Unaussprechliches geworden, fast wie früher Masturbation und voreheliche Geschlechtsverkehr: Fett ist und macht ungesund, Fett ist und macht unattraktiv. Die einen sagen, mit ihrer Fettschicht hielten sich Dicke Probleme vom Leib, andere sagen, sie schluckten ihre Probleme, statt sie zu lösen. Bei einer Umfrage glaubte niemand (!), daß Dicke Freude beim Sex haben. Fett wird assoziiert mit Zügellosigkeit, Willensschwäche, Häßlichkeit, Faulheit, Unzuverlässigkeit und mangelnder Intelligenz. Und englische Kinder bewerten jemanden im Rollstuhl oder mit einer amputierten Hand inzwischen als weniger behindert als einen sehr dicken Menschen.

Das ist noch nicht lange so. Die europäische Kunst zeigte dünne Menschen nahezu ausschließlich, um Not, Hunger, Elend und Krieg darzustellen. In einer Welt, in der Hunger und Krankheiten jahrhundertelang eine ständige Bedrohung waren und die Menschen jung starben (noch vor hundert Jahren war die Lebenserwartung in Deutschland nicht einmal halb so hoch wie heute), war Beleibtheit das Zeichen einer guten Ernährung, also von Wohlstand, Gesundheit und somit von Attraktivität.

In Nigeria gibt es noch heute einen Stamm, der junge Frauen vier Wochen lang in einen ›Mästraum‹ einsperrt, damit sie die üppige Figur bekommen, die als schön gilt und ihre Heiratschancen verbessern soll.

In der Nachkriegszeit waren viele Deutsche dick. Sie zeigten nach den mageren Hungerjahren buchstäblich am eigenen Leibe, daß sie überlebt hatten, daß es ihnen wieder gutging, daß sie ›wieder wer waren‹. Sie mästeten sich nicht, um *dick* zu werden (die Menschen in der Werbung und in den Filmen waren auch damals schlank), aber Dicke galten als lustig, gesellig und vertrauenswürdig. Das Ideal der schönen und verführerischen Frau war Marylin Monroe, immer noch eine verklärte Kultfigur. Es mag etwas übertrieben sein, wenn eine amerikanische Autorin schreibt, ihr praller Körper tauge heute als Vorher-Bild einer Weight-Watcher Reklame, aber sie hatte Kleidergröße 40/42! Mit ihrem gut gepolsterten Marzipankörper würde sie als Fotomodell oder Filmstar wohl nicht mehr die große Karriere machen können – das läßt sich mit Zahlen belegen: 1965 wog das typische Vogue-Model 8 % weniger als die Durchschnittsfrau in der westlichen Welt, inzwischen sind es 23 %.

Auch in der Hochglanzwelt des Musiksenders MTV, der rund um die Uhr Video-Clips sendet, sind fast alle Popstars schön und schlank und gestylt (und ungeachtet ihrer ethnischen Zugehörigkeit ziemlich weiß). Aber es gibt eine Ausnahme, und ich fand es lange erstaunlich, daß die Sänger und Sängerinnen einiger erfolgreicher schwarzer Gruppen aus den USA ausgesprochen dick sind und dies offenbar noch hervorheben. Dann las ich eine verblüffend einfache Erklärung: In den amerikanischen Slums herrscht Elend, ein dünner Körper signalisiert Armut, Sozialhilfe, Drogenabhängigkeit, Krankheiten wie Tuberkulose, AIDS und in letzter Konsequenz auch Tod. Und so hat sich mitten in den USA, jenem Land, in dem der Schlankheitswahn am erbarmungslosesten tobt, eine Insel erhalten, in der die alte Gleichung ›dick ist attraktiv‹ noch stimmt, weil Dicksein schwieriger zu erreichen ist als Dünnsein.

Doch da es in der Überflußgesellschaft, in der wir leben, meist sehr viel einfacher, geradezu deprimierend einfach ist, dick zu sein, muß der idealschöne Mensch – und insbesondere die idealschöne Frau – schlank sein. Es scheint, als diktiere das Schönheitsideal für Frauen immer das, was schwer zu erreichen ist (und woran möglichst viele Frauen scheitern) – wenn alle Hungers sterben, sollen sie prall sein, wenn sich alle überfressen, sollen sie schlank sein und bleiben. Wir haben so viel Nahrung, daß, so der Werbeslogan für einen Nachtisch aus der Tüte, ›das einzig Schwere das Aufhören ist‹. Das Produkt wirbt, wie nahezu alle Produkte, die fettreduziert sind oder gern diesen Eindruck erwecken möchten, mit dem Bild einer Frau, denn obwohl auch dicke Männer scheel angeguckt werden, trifft die Verachtung für ›überzählige‹ Pfunde Frauen am härtesten. Es ist allgemein bekannt, daß über 90 Prozent *aller* Menschen, die mit einer Diät abnehmen, wieder zunehmen. Ein französischer Ernährungswissenschaftler meinte sogar, wenn sich der Erfolg einer Diät daran bemesse, ob man das angestrebte Idealgewicht erreicht und fünf Jahre lang hält, sei es statistisch wahrscheinlicher, von Krebs zu genesen. Aber in einer Talkshow wurde das wie folgt zitiert: »90 Prozent der *Frauen*, die Diät machen, werden *rückfällig*.« Nicht nur sind hier aus ›Menschen‹ ›Frauen‹ geworden, was den falschen Eindruck vermittelt, Männer erzielten bei Diäten bessere ›Ergebnisse‹, die Frauen werden sprachlich auch als Kriminelle behandelt, die ein Verbrechen begangen haben und dann *rückfällig* werden. Der Gedanke liegt nahe, daß sie dann auch noch versuchen könnten, sich ihrer gerechten Strafe zu entziehen und außerdem der Gesellschaft zur Last fallen.

Zur Vorstellung von Kriminalität paßt, daß Dicke als ›Triebtäter‹ gelten, die ohne Kontrolle und Selbstbeherrschung ihren Freßgelüsten nachgeben, sobald sie sich schlecht fühlen – es drängt sich das Bild vom Barbaren auf, der mit fetttriefenden Händen in sich reinschaufelt und dabei schmatzt und rülpst. Eine neuere Untersuchung widerlegt dieses Triebtäterimage – manche Menschen können bei emotionalem Streß ungehemmt fressen, ohne zuzunehmen. Viele Übergewichtige essen offenbar in der Regel nicht mehr als Schlanke, sie sind nur bessere Futterverwerter, d.h., sie nehmen zu, weil sie einen niedrigeren Energiebedarf haben als Schlanke. Ob jemand dick oder dünn ist, ist zu 70 % genetisch bestimmt, und selbst bei denen, die mit einem rasanten Stoffwechsel und hageren Genen gesegnet sind, verlangsamt sich der Stoffwechsel mit zunehmendem Alter und macht das Schlanksein immer schwieriger – pro Lebensjahrzehnt nimmt man etwa drei Kilo zu. Dem wurde früher dadurch Rechnung getragen, daß die Normal- und Idealgewichtstabellen nach Alter gestaffelt waren, aber diese Zeiten sind schon lange vorüber. Die Wissenschaft tappt außerdem auch bei der Frage völlig im Dunkeln, warum manche Menschen wenig essen, ohne sich beherrschen zu müssen, und andere regelmäßig zu viel essen, weil sie nicht aufhören können.

Unbestritten schien bis vor einiger Zeit, daß Dickleibigkeit grundsätzlich und ohne Ausnahme schlecht sei, Krankheiten fördere und einen frühen Tod begünstige. Und wer krank ist, das hämmern uns immer mehr Vertreter des Gesundheitssystems ein, fällt der Gesellschaft zur Last. Darauf zielt offenbar der Vorschlag einer von der NATO finanzierten Forschungsgruppe in New York, die Regierung solle Süßigkeiten und Le bensmittel mit hohem Fettgehalt ebenso besteuern wie Zigaretten.

Nun spricht wenig dafür, daß ausgerechnet die Tabaksteuer Menschen geholfen hätte, sich auf Dauer das Rauchen abzugewöhnen. Außerdem greift ein solcher Vorschlag vor allem den Ärmsten in der Gesellschaft in die Tasche, denn ungesunde Lebensmittel sind oft auch billig. Vor allem aber ignoriert das die Tatsache, daß dick nicht gleich dick ist. Nachdem man uns lange eingebleut hat, jedes Kilo Übergewicht stelle ein Gesundheitsrisiko dar, kommt nun heraus, daß diese Erkenntnis (wie so viele medizinische ›Weisheiten‹) ausschließlich auf Untersuchungen an Männern basierte. Bei ihnen aber drängt sich Übergewicht eher apfelförmig um den Leib (Bierbauch!) und nur das ist gesundheitlich wirklich bedenklich. Anders gesagt: je dicker die Taille im Vergleich zur Hüfte, desto eher drohen gesundheitliche Schäden. Die ›Birnenform‹ hingegen – breite Hüften und starke Oberschenkel, ist für Herzkrankheiten und Diabetes weniger anfällig. Und das ist die typische Frauenfigur. Nachdem Mediziner uns jahrzehntelang eingepaukt haben, dünn sei gleich gesund und langlebig, und damit den Schlankheitswahn anheizten und legitimierten, haben sie sich nun eines besseren besonnen und appellieren an die ›Vernunft‹ (genau das taten sie natürlich auch schon bei ihren Kreuzzügen gegen 446 Gramm Übergewicht). Nun, schreiben sie, sei erwiesen, daß ständiges Diäthalten und anhaltende Gewichtsschwankungen zu Herzerkrankungen, ja Krebs führen könnten, mäßiges Übergewicht hingegen das Herz nicht zwingend belaste. Inzwischen ist auch die Vermutung laut geworden, daß das ewige Hungern andere Krankheiten, beispielsweise Osteoporose, begünstige, weil der Ernährung auf Dauer wichtige Nährstoffe fehlen. Und plötzlich gelten Brot, Kartoffeln und Nudeln, gestern noch die bösen Buben, als Segen, da sie nicht nur den Hunger stillen und Stimmungstiefs bekämpfen, sondern auch mit ihrer Stärke die Darmflora nähren, die daraus Stoffe bildet, die vor Krebserkrankungen schützen.

Doch nicht die Erkenntnisse der Ernährungswissenschaftler und Mediziner, nicht das, was sie jetzt ›Vernunft‹ nennen, bestimmt, was als schön und attraktiv gilt. Die ästhetischen Vorstellungen sind den medizinischen Erkenntnissen schon lange davongelaufen. Der schlanke, ja magere Körper wird mit ›gesund‹, vor allem aber mit ›schön‹ gleichgesetzt. Der Weisheit letzter Schluß ist für die meisten nach wie vor das Motto der Herzogin von Windsor, wonach eine Frau niemals zu reich oder zu dünn sein kann. (Da ein König ihretwegen seine Krone zurückgegeben hat, ist sie in solchen Fragen eine ernstzunehmende Autorität.) Dabei halten Frauen ihr angeblich so gesundes niedriges Gewicht nicht selten, indem sie hungern und rauchen. Die wenigsten denken bei Schweinebraten an den Herzinfarkt, den sie in zwanzig Jahren bekommen könnten. Sie denken an das Pfund, das ihre Waage am nächsten Morgen mehr anzeigen wird.

Wir mögen in Meditationssitzungen darum ringen, im Hier und Jetzt zu leben, beim Essen denken wir immer an Morgen. Die Freude am Essen wird uns durch die Kalorientabelle und die bange Frage vergällt, wieviel ich für meinen Genuß werde bezahlen müssen. Die Angst einer Frau vor den Folgen eines ungezügelten Verhaltens galt bis zur Erfindung der Anti-Baby-Pille den sexuellen Gelüsten und deren möglichen ›Folgen‹ – einer ungewollten Schwangerschaft. Nun, da Essen zur Sünde geworden ist, ist es kein Wunder, daß allenthalben fiebrig nach der ›Anti-Dick-Pille‹ gesucht wird. Alle träumen von ›Diätmedikamenten‹: Man nimmt eine Pille (nicht statt des Abendessens, sondern danach), und morgens steht der Zeiger der Waage ein bißchen weiter links. Dieser Traum war schon mit Amphetaminen geträumt worden, die aber rasch an Popularität verloren, weil sie abhängig machen.

Nun arbeitet die Forschung zum einen an Medikamenten, die die Fettabsorbierung blockieren, zum anderen an Substanzen, die auf die Muskeln so wirken, als treibe man Sport und verbrenne mehr Kalorien. Ein Artikel über solche ›Diät-Wunder-drogen‹ schließt mit der Warnung eines britischen Ernährungs-forschers, die Medikamente seien ein »bösartiges Lockmittel«: Viele Übergewichtige würden das neue Präparat als tolle Gelegenheit mißverstehen, sich endlich mal ungestraft vollzustopfen. *Ungestraft*, ein Wort, das zu den ›Rückfälligen‹ paßt, die nach einer Diät wieder zunehmen. Es geht um Selbstbeherrschung, beim Essen, im Umgang mit dem eigenen Körper, in der AIDS-Vorsorge. Die Angst der Moralhüter, man könne sich ungestraft seinen Lüsten hingeben, liefert ihnen auch immer noch die schmallippigen Argumente gegen sichere Empfängnisverhütungsmittel und rechtfertigt die Selbstgefälligkeit, mit der sie heterosexuelle Monogamie als einzigen Schutz gegen AIDS preisen. Und die beste Garantie gegen Zunehmen ist der Verzicht auf die Sinnlichkeit der oralen Befriedigung, auf liebevolles, zelebriertes Essen.

Diese lust- und lebensfeindliche Weltanschauung verdammt sinnliches Vergnügen, sie predigt, daß alles seinen Preis hat, daß man es ohne Disziplin nicht weit bringt, daß nur Verzicht Großes gebiert und daß eine Frau, die sich nachmittags auf dem Sofa lümmelt und Schokoladentorte futtert, sich offensichtlich nicht in der Gewalt hat und ganz zu Recht mit vorstehendem Bauch und dicken Oberschenkeln bestraft wird. Denn sie sündigt, und eine Frau, die *sündigt*, vergeht sich nicht mehr gegen die herrschende Sexualmoral (oder gar die Lehren der Kirche): Sie ißt. Sie ißt Eis mit Schokoladensauce, Trüffeltorte, Tortellini in Sahne, gebratene Ente, Erdnußbutter, Eier mit Speck, Gänsebraten mit Knödeln, Leberpastete auf Butterbrötchen, Bratkartoffeln, Pfannkuchen mit Sirup und Crème fraîche. Sie ißt Weihnachtsplätzchen und Schokoladenosterhasen und Mandelpralinen und tütenweise Cashewnüsse. Sie trinkt süffigen Orangenlikör, Eiskaffee mit Sahne, warmen Kakao, Berliner Weiße mit Schuß und doppelte Whiskys.
Doch im Gegensatz zu den Sünderinnen früherer Tage (und den

Bulimikerinnen, von denen noch die Rede sein wird) frönen Frauen diesen Sünden selten allein und insgeheim. Im Gegenteil. Zu Hause nimmt die figurbewußte, alleinstehende Frau Tomaten, Hüttenkäse, Knäckebrot, Obst und Mineralwasser zu sich. Kaum eine hortet für sich allein einen Vorrat an Plätzchen und Nougattrüffeln (nicht zuletzt wegen der Gefahr, sie trotz aller guten Vorsätze in Frustmomenten auf einen Schlag wegzuputzen). Dergleichen ißt sie nur in Begleitung, vor allem in Begleitung eines Mannes.

Ivana Trump schreibt in ihrem Roman *Ein Leben für die Liebe*: »Katrinka wußte längst, daß Männer zwar keine dicken Frauen mochten, es aber seltsamerweise gern hatten, wenn Frauen viel essen konnten.« Die Beobachtung ist zutreffend, doch darin liegt kein Widerspruch. Die schlichte Wahrheit ist, daß Männer nicht zu begreifen scheinen, daß beides zusammen selten möglich ist. Außerdem tun Frauen ihr Möglichstes, um sie darüber im Unklaren zu lassen – er muß ja nicht wissen, daß sie niemals auf den Gedanken käme, allein sowohl Spaghetti Carbonara *als auch* Kalbshaxe *als auch* Tiramisu zu bestellen – und dazwischen gar noch fetten Käse.

Im Grunde ist es noch verdrehter, noch wilder: Eine amerikanische Studie kam zu dem Ergebnis, daß Frauen beim ersten Rendezvous mit einem attraktiven Mann signifikant weniger essen als mit einem Mann, den sie unattraktiv finden. Und ist Ihnen einmal aufgefallen, was geschieht, wenn im Restaurant eine größere Tischrunde Nachtisch bestellt? Viele Frauen entscheiden sich erst, und nur dann, für ein Dessert, wenn klar ist, daß sie nicht die einzigen am Tisch sind. Zweimal Nachtisch zu bestellen ist allerdings für eine Frau nahezu unmöglich, ohne es zu legitimieren oder sich Kommentare anhören zu müssen. Sieht sie aus, als stopfe sie gewohnheitsmäßig zweimal Dessert in sich hinein, besteht die Peinlichkeit häufig darin, daß niemand es kommentiert. Ist sie nadeldünn, wird sie darüber zur Rede gestellt, wie sich das vereinbaren läßt. Cindy Crawford, hochbezahltes Model, sagte, sie könne mitunter nicht widerstehen, wenn ihr Mann abends zu ihr käme und – Schokoladeneis esse. Dann müsse sie auch eine Kugel haben, aber sonst werde sie nie schwach. Ihre Kollegin Claudia Schiffer behauptet zwar, keine Diät zu machen, meidet aber grundsätzlich Wurst, Käse, Eier, Milch und Fleisch, Süßigkeiten und Alkohol natürlich sowieso. In der Talkshow *Boulevard Bio* sagte ein männliches Model, er esse wegen seiner Figur nur Obst. Darauf Biolek: ›Da entgeht Ihnen einiges.‹ Knapper kann man es kaum sagen.

Ein amerikanisches Model, das anonym bleiben möchte, gibt einen anderen Einblick in die Branche: »Ich kokse, um dünn zu bleiben. Koks nimmt das Hungergefühl. Koks ist das heimliche Erfolgsrezept vieler Topmodels.«

Nachdem eine Frau der sündigen Verführung des Essens (eine Kugel Schokoladeneis) nicht widerstehen konnte, beichtet sie öffentlich oder jedenfalls vor sich selbst ihre Verfehlung, bereut, gelobt Besserung (nie wieder Schokoladeneis) und nimmt die Buße (vier Wochen Hüttenkäse und Wasser) auf sich. Nahezu alle Frauen, die ich kenne, plagen sich immer, häufig oder gelegentlich mit dem Wunsch, abzunehmen. Keine ist dick, die meisten nicht einmal mollig. Es geht nicht um fünfundzwanzig, sehr selten um zehn Kilo – es geht vielmehr um fünf, oder drei, manchmal gar nur ein einziges Kilo. Für mich ist meine grüne Sommerhose das Maß aller Hüftdinge, und wenn ich in die nicht reinpasse, dann – tja, dann was?

Wenn ich mich recht erinnere, habe ich sie mir einmal als Belohnung für ein paar abgehungerte Pfunde gekauft, sie war also teuer. Zum Glück ist sie zeitlos geschnitten, denn richtig bequem paßt sie mir, ehrlich gesagt, einmal im Jahr etwa zwei Wochen lang. Wenn ich sie also im Frühsommer anziehe, pflegt sie an den Nähten in Todesangst um Hilfe zu schreien. Dann könnte ich sagen, sie sei mir zu klein. Da es nicht das erste und wahrscheinlich nicht das letzte Mal ist, daß diese unerwünschten Pfunde es sich auf meiner Hüfte gemütlich gemacht haben, gäbe es eine schlichte Lösung für dieses Problem:

69

Ich heiße sie willkommen und kaufe eine grüne Sommerhose, die mir *jetzt* paßt (der Abschied von der alten grünen Hose ist bitter, andererseits geht sie in der Reinigung immer ein). Ja, ich kaufe mir einen ganzen Schrank voll neuer, schicker Sachen, die eine Kleidernummer größer sind. Und mache es dann genüßlich der Freundin einer Freundin nach, die ihre besonders schöne, sündteure und ewig zu enge Seidenhose zum Kunstwerk erklärte und an die Wand nagelte!

Leuchtet Ihnen die Lösung ein? Unmöglich, werden Sie sagen, es wäre viel zu teuer, wegen dieser paar Kilo den gesamten Kleiderschrank auszutauschen. Aber es ließe sich anführen, daß es eine kluge Investition in die etwas fülligere Zukunft wäre, ohne Angst vor dem Hosentest und ganz nach dem Motto: Ist die Figur erst ruiniert, lebt sich's herrlich ungeniert...

Dies ist allerdings eine Sicht der Dinge, die mir selten in den Sinn kommt. Solche ›logischen‹ Argumente sind geradezu albern, denn die Hose ist mir ja nicht grundsätzlich zu klein, sie sitzt einwandfrei, wenn ich mein ›richtiges‹ Gewicht habe (einmal im Jahr zwei Wochen). Nur gerade jetzt – jetzt paßt sie nicht. Ich könnte sogar so weit gehen zu sagen, daß mir die Hose, die ich jetzt trage und die mich ohne unliebsames Kneifen mit der Eleganz eines Zuckersackes bedeckt, eigentlich nicht paßt. Denn jetzt habe ich ein ›falsches‹ Gewicht, das bin nicht wirklich ich.

Also denke ich nicht, ›die Hose ist mir zu klein‹, ich denke seufzend: Ich bin zu dick – nicht nur für die Hose, sondern überhaupt. Unter uns gesagt, ich denke meist: Ich bin schon wieder zu dick. Und bei dieser Sicht der Dinge soll nicht die Hose an mich, sondern ich in die Hose. Daher muß nicht die Hose eine andere werden, sondern ich. Ich werde abnehmen, zwei Kilo vielleicht. Besser wären drei, dann hätte ich eine Reserve für die Völlereien, die sich immer so absehbar überraschend ergeben. Den Wunsch nach Abnehmen teile ich mit mehr als der Hälfte aller deutscher Frauen. Was ich will, ist also ganz normal. Und mit diesen bescheidenen drei Wunschkilo bin ich ein Waisenkind gegen die (statistische) Amerikanerin, die sage und schreibe 14 Kilo abnehmen möchte!

Dabei geht es offenbar nicht darum, was Frauen glauben, was Männer wollen. Ein amerikanischer Psychologe legte Frauen weibliche Körperumrisse vor und fragte sie, wie sie selbst aussehen. Sie deuteten auf einen, der meist erheblich dicker war als sie es tatsächlich waren (in der Regel überschätzen Frauen ihren Körperumfang um etwa 15 %). Auf die Frage, wie ihr Partner sie am liebsten hätte, zeigten sie auf eine viel schlankere Gestalt. Und auf die letzte Frage: »Wie würden Sie selbst gern aussehen?« wählten sie eine noch dünnere Figur.

Die Abneigung, neue Kleider oder gar eine komplette Garderobe für einen runderen Körper zu kaufen, hat noch andere Gründe als nur finanzielle: Für viele Frauen bedeutet dicker werden und der Übergang zur nächstgrößeren Kleidergröße eine Niederlage – eine Freundin erzählte mir, sie sei dicker geworden, ihre Hose kneife bedenklich. Auf die Frage, wieviel sie denn zugenommen habe, antwortete sie: »Ich hatte noch nicht den Mut, mich auf die Waage zu stellen.« Der Wechsel zu einer kleineren Größe hingegen wird als ein Sieg verbucht, der oft genug hart erkämpft ist. (Daher nähen vor allem teure Konfektionsfirmen in Kleider der Standardgröße 40 Etiketten, auf denen ›38‹ steht. Die Branche nennt das Schmeichelgrößen.) Ich gestehe es, auch ich trüge sie gern, die magische Größe 38, die nur zehn Prozent der Frauen paßt! Und schon bin ich auf Diät.

Im Grunde ist Abnehmen schrecklich einfach: Man ißt weniger, als man verbraucht. Da das aber so schrecklich schwierig ist, sind Diäten harte Arbeit und gelten unter Medizinern als anerkannter Streßfaktor. So ist es eine bittere Ironie, daß man viel eher geneigt ist, einem *dicken* Menschen die Verantwortung für seine Figur zuzuschieben – er hat etwas *getan* (er war faul und willensschwach, vor allem aber hat er hemmungslos *gegessen*), sonst sähe er nicht so aus. Schlanke hingegen sind

71

eben schlank. Punktum. Im Gegensatz zur Dicken, die für ihre Figur etwas getan haben *muß*, könnte eine Dünne ja wirklich ohne jede Mühe schlank sein. Doch nur wenige geben zu, wieviel Mühe es sie tatsächlich kostet. Wieviel Kummer, wieviel Frustration, wieviel Härte gegen sich selbst.

Denn könnte man nicht aus der Unfähigkeit, die läppischen paar Pfund auf Dauer abzunehmen, die Stimme des Körpers heraushören, der fleht ›Ich will nicht weniger werden‹? Aber wer abnehmen will und dann doch Schokoladentorte ißt, tut das nicht in dem wohligen Gefühl ›Ich höre auf meinen Körper‹. Statt dessen beschimpft sich die Diätgestreßte wegen dieses einen Stücks Kuchen als Versagerin, meint, die ganze Diät sei gescheitert – und ißt seufzend gleich noch ein zweites, denn jetzt ist es eh' schon egal.

Wir brauchen nicht die Halbfett-Industrie, die uns zu kleinen Mädchen erniedrigt, indem sie uns das Essen mit einem herablassenden ›Du darfst‹ erlaubt. Wir selbst kontrollieren uns und sortieren, was wir dürfen und was nicht. Keiner Hexe gelingt es, uns zum Knuspern an ihrem Lebkuchenhäuschen zu verführen. Wenn wir knuspern, dann an einem kalorienarmen Knäkkebrot, das sich ›Knusperbrot‹ nennt und beim Hineinbeißen an Styropor erinnert.

Eine Frauenzeitschrift rät, zur Erleichterung des Abnehmens jeden Tag unter ein Motto zu stellen: einen Trink-Tag, einen Tee-Tag, einen Quark-Tag, einen Kartoffel-Tag, usw. Langweilig wird das nie, heißt es, weil sich das Essen mit viel Phantasie wunderbar variieren lasse. Es wird nicht einmal *erwähnt*, daß es Magerquark sein muß und im Frühstücksquark weder Honig noch Konfitüre sein darf. Es steht nicht da, daß der Kartoffel-Tag ohne die köstliche Zubereitungsvariante ›fett-glänzende Kartoffelpuffer‹ auskommen muß. Auf die Motto-Variante ›Torten-Tag‹, die ja die Phantasie in hohem Maße beflügeln könnte, kommt kaum eine diätwillige Frau. All dies wird, wie gesagt, mit keiner Silbe erwähnt. Die Zeitschriftenmacher-Innen nehmen selbstverständlich (und zu Recht) an, daß wir, die Leserinnen, dergleichen wissen: Wir essen schon lange nicht mehr arglos, was und weil es uns schmeckt.

Stellen Sie sich vor, jemand will Ihnen Ihr Tiramisu mit den Worten madig machen: ›Das macht dick‹, und Sie antworten ernst, interessiert und überzeugend verblüfft: ›Warum?‹ Nein, das ist unvorstellbar. Wir wissen, was wir dürfen und was nicht, wir haben immer genau im Kopf, was in die Rubrik »du darfst« fällt. Wir sind brave Mädchen, wir schlagen nicht über die Stränge.

Aber wenn wir ›brav‹ sind, fühlen wir uns um die Genüsse des Lebens betrogen (sind aber mit uns zufrieden, ja wir sonnen uns in Selbstgefälligkeit), wenn wir ›unartig‹ sind, weil wir unsere eigenen Verbote übertreten, haben wir Schuldgefühle. Vorsätze, nie mehr Fettes und Süßes zu essen, jeden Morgen (seien wir realistisch: jeden zweiten Morgen) zu joggen und abends vor dem Fernsehapparat Stretching zu machen, halten genau so lange vor, bis sich ein darbender Körper und eine bedürftige Seele an die halbe Tafel Schokolade im Kinderzimmer erinnern, bis der Abend so turbulent ist, daß die Tagesschau ausfällt, und der Morgen so hektisch, daß man kaum die Zähne geputzt kriegt, von Joggen ganz zu schweigen. Auf unmögliche Ziele der Art ›ab morgen werde ich‹ und ›ab sofort werde ich nie mehr‹ folgen unweigerlich Niederlagen. Wo wir mit Willenskraft die Größe 38 anstreben, schlägt der Körper oft genug mit allen (und, wie es scheint: unfairen) Mitteln zurück. Gewinnen wir, nehmen wir ab, gewinnt unser Körper, nehmen wir zu – das beste, was wir erhoffen können, ist ein Waffenstillstand, ein Friedensvertrag ist nicht in Sicht.

Die Redeweise vom Krieg ist nicht so abwegig oder extrem, wie sie scheinen mag, denn es geht tatsächlich ums Überleben. Die meisten Ernährungswissenschaftler ordnen Diäten mit 1500 Kalorien und weniger pro Tag in die Kategorie Unterernährung ein. (In den Konzentrationslagern betrug die offizielle Ration mindestens 900 Kalorien.) Mit täglich 1000 oder 1200 Kalorien befindet sich der Mensch im Zustand des Halbverhungerns, der Körper reagiert auf das drohende Verhungern selbstverständlich mit Hungergefühl, wilden Gelüsten, unsteuerbaren Phantasien von Lebensmitteln, und es ist keine Charakterschwäche, sondern der reine Überlebenstrieb, wenn das Denken unablässig um Essen kreist. Wir aber überlegen, wie die nächste Mahlzeit zu umgehen ist – kann man sich noch eine Selleriestange leisten? Wieviel Kalorien hat dieses Glas Wein, wo kann ich es am Essen einsparen? Wie halte ich meine Diät durch, wenn ich zum Essen eingeladen werde?

Diäten machen es nötig, Hungergefühle zu ignorieren und Körpersignale bewußt ›abzuschalten‹. Nur nebenbei sei erwähnt, daß just jene Zeitschriften, die bei Diät-Ratschlägen seitenlang erklären, wie das am besten zu bewerkstelligen ist, praktisch im gleichen Heft die Leserinnen bestürmen, sie sollten um Himmels willen ihre Gefühle wahrnehmen, ihre Gefühle ausleben, zu ihren Gefühlen stehen, usw. usw.

Zurück zur Diät. Wer Hungergefühle übergeht, verlernt häufig auch, das Gefühl von Sättigung zu erkennen – dabei ist eines der wichtigsten Lernziele einer Ernährungsumstellung die Wahrnehmung, wann wir hungrig und wann wir satt sind. Hinzu kommt, daß die Botschaft ›satt‹ erst nach zwanzig Minuten im Gehirn ankommt – wer (wie die meisten von uns) schnell ißt, ißt leicht zuviel. Folglich regeln wir beides – Hunger und Sattsein – immer häufiger über abstraktes Wissen: Wie viele Kalorien wir heute schon zu uns genommen haben, welche Lebensmittel ›gut‹ für uns sind, welche ›schlecht‹.

Danach sind Bratkartoffeln schlecht für uns. Aber geht es bei Bratkartoffeln wirklich nur um Kalorien und um das Sattwerden? Sind sie nicht auch ein sinnlicher Augenschmaus, wenn sie gelb-glänzend mit dunkelbraunem Rand in der Pfanne liegen, sind sie nicht auch ein Genuß für Nase und Zunge? Essen ist überall auf der Welt ein geselliger und sozialer Akt – Menschen essen zusammen, teilen als äußerstes Zeichen von Gastfreundschaft mit dem Fremden die (häufig raren) Lebensmittel, und die wichtigste Person in der Tafelrunde erhält als Zeichen der Ehrerbietung die besten Stücke. Frauen sind es nicht gewöhnt, diesen Platz angeboten zu bekommen, und sie nehmen und gewähren ihn sich auch selbst selten. Zugespitzt könnte man vielleicht sagen: Sie nähren sich selbst nicht.

Im Kampf zwischen Geist und Körper sind wir Opfer und Täter in einer Person, und Feinde setzen sich nicht arglos und gesellig miteinander an einen Tisch. Es geht nicht um ein kleines Scharmützel um zwei Kilo, es geht, wie gesagt, um Krieg. Mit fester Willenskraft und gnadenloser Härte versuchen wir, unseren Körper unserem Willen zu unterwerfen, machen wir uns an die Vernichtung störender Fettröllchen. Bei der Wahl der Waffen sind wir nicht zimperlich, im Gegenteil, es wird mit allen Mitteln gekämpft: Wir verteilen körperliche Strafen wie Marterinstrumente, Aushungern, Folter, wir bedienen uns der psychologischen Kriegsführung wie Demoralisieren, Verleumden, Beschimpfen und Demütigen.
Wir sind mit uns selbst so hart und unnachsichtig, wie wir es mit Menschen, die wir gern haben, nur selten sind. Wie viele Frauen sprechen (oder denken wenigstens) mit Liebe, Nachsicht oder Mitleid über ihren Körper, den sie als mangelhaft empfinden, schamhaft verstecken, aushungern, plagen, quälen, schinden, mit kritischen, manchmal sogar haßerfüllten Blicken im Spiegel mustern. Eine Umfrage der US-amerikanischen Zeitschrift *Psychology Today* ergab, daß sich 68 Prozent aller Männer, aber nur 22 Prozent der Frauen nackt leiden mögen. Eine Ernährungswissenschaftlerin und Expertin für Eßstörungen sagte: »Die Menschen fragen sich, wieso die Welt in einem solch schlechten Zustand ist. So viel Gewalt, Umweltzerstörung, Krieg, Vernichtung, Ausbeutung, Zerstörung, Aggression, und das Versäumnis, wiederherzustellen, wiederaufzuforsten, zu erneuern. Nun, genau auf diese Weise gehen wir doch mit uns selbst um!« Darin spiegelt sich das abendländische Ringen zwischen Geist und Körper, bei dem der Kopf ständig

gegen den Körper ankämpft, der bezwungen und niedergemacht werden muß. Der Geist ist willig, aber das Fleisch ist schwach – aber was sind sie, wenn wir sie trennen? Was ist mein Körper ohne meinen Geist? Und was oder wer bin ich ohne meinen Körper?

Zeitschriften stellen sich derartige Fragen nicht. Sie bieten ständig neue Diäten an – gab es jahrelang nur im März/April die ›Bikini-Diät‹ gegen den Winterspeck, finden sich nun rund um das Jahr immer neue Aufhänger, sogar den einer Diät *nach* dem Urlaub, in dem man sich vielleicht kurzfristig nicht so recht in der Kontrolle hatte, in dem man sich vergessen und enthemmt ›gefressen‹ hat.

Heute macht man nicht mehr nur Diät, um abzunehmen, sondern vorbeugend, um nicht zuzunehmen. Das verlangt eine strikte Gewichtsüberwachung, die im Urlaub manchmal mangels Waage zu kurz kommt. Speziell dafür gibt es nun eine Miniwaage für die Reise. Sie ist 11,3 x 4,6 Zentimeter groß und kostet schlappe hundert Mark. Sie hat auch Uhr und Wecker eingebaut, damit man morgens den Joggingtermin nicht verschläft, was ratsam scheint, denn um diese Waage zu benutzen, muß man ruhig wie ein Yogi auf einem Bein, ja auf den Zehenspitzen eines Beines stehen und dabei nach unten blicken können, ohne die Balance zu verlieren. Wesentliche Teile der Diät und Gymnastik müssen allerdings abgeschlossen sein – Sichtbehinderungen in Form von Busen oder Bauch sind ohne fremde Hilfe kaum auszugleichen.

Die neuesten Vorbilder, die man uns zum Schlankwerden vorhält, dürften mit dergleichen die allergrößte Mühe haben, obwohl sie sehr viel abgenommen haben: Ich meine den Schauspieler Günther Strack (20 Kilo weniger) und den Moderator Harry Wijnvoord (15 Kilo weniger), die für das Schlankheitspulver werben, dem sie diese wundersame Verminderung verdanken. Solche bekannten Männer (gegen entsprechende Bezahlung) als Werbefiguren zu bekommen, ist in mehrfacher

Hinsicht ein geradezu genialer Schachzug: Erstens dürfte es schwierig sein, eine gleichermaßen bekannte Frau zu finden, die so extrem dick ist. Zum zweiten können die Schlankheitsmittelproduzenten endlich den Vorwurf von sich weisen, sie hackten immer auf den armen Frauen herum. Und drittens erreichen sie auf diese Weise natürlich ebenso ihre Hauptkunden: die Frauen.

Die Ernährungsexperten, die in der deutschen Medienlandschaft zu Wort kommen (es sind, wie der Zufall es fügt, fast nur Männer), raten inzwischen allen, sich nicht mehr um Faustregeln für Normal- und Idealgewicht wie ›Körpergewicht minus Hundert‹ zu kümmern. Entscheidend sei das »Wohlfühlgewicht – der Kompromiß zwischen Mich-noch-im-Spiegel-leiden und Noch-mit-Genuß-essen-Können«. Das erreiche man, indem man sich immer wieder vorhalte, daß man nicht auf der Welt sei, um so zu sein, wie andere einen wollen.
Mich ärgern solche Sprüche aus dem inzwischen angeschimmelten Kästchen der Selbsterfahrung bis zur Weißglut, und zwar aus mindestens zwei Gründen. Zum einen stellen sie völlig unkritisch Frauen mit ›Gewichtsproblemen‹ als Menschen dar, die sich nur danach richten, was andere von ihnen denken, und die keine eigenen Wert- und Schönheitsvorstellungen haben. Zum anderen, und das erbost mich besonders, geht dieses selbstgefällige Geplaudere männlicher Experten völlig an der alltäglichen Erfahrung vieler Frauen und am Kernproblem vorbei: Die am grünen (Männer)Tisch geborene Idee hat nichts, aber auch gar nichts mit der Realität zu tun, denn gerade das ist das Dilemma der Diätgeplagten – es gibt keinen Punkt auf der Skala, wo sie (gar mit Genuß!) essen könnten, was ihnen schmeckt und weiterhin zufrieden in den Spiegel blicken können. Genau *das* ist doch das Problem: Das ›Wohlfühlgewicht‹ ist unmöglich, es ist die Quadratur des Kreises.
Der Gesamtbetrag, den die westliche Welt für Diätprodukte im weiteren Sinne ausgibt, würde ausreichen, um die Hungrigen

der Welt zu ernähren. Spätestens das sollte auch Ignoranten und Skeptische überzeugen, daß es mit dem Wohlfühlgewicht nicht so einfach sein kann, wie man uns weismachen will. Und natürlich hat die Diätindustrie keinerlei Interesse daran, daß wir mit ihren Produkten auf Dauer abnehmen, weil sie sich dann selbst um ihren profitablen Markt brächte. Daher wird der Traum vom ›ungestraften Sündigen beim Essen‹ sowohl von der Werbung als auch von ratgebenden Frauenzeitschriften unermüdlich weiter ausgeschlachtet: Die Werbung für einen ›Diät-Cocktail‹ behauptet, er sei ideal für alle Frauen mit wenig Zeit und viel Hunger (Wie geschickt! Gibt es doch kaum eine Frau, die nicht in diese Kategorie gehörte). Bei diesem Cocktail nun dürften sie gleich fünfmal am Tag ›zuschlagen‹. Zuschlagen? Ja, indem sie fünfmal vier Eßlöffel Pulver mit kaltem oder heißem Wasser verrührt. Ist es das, was die (rappeldürre) englische Schriftstellerin Virginia Woolf meinte, als sie schrieb: »Man kann nicht gut denken, nicht gut lieben, nicht gut schlafen, wenn man nicht gut zu Abend gegessen hat«? Eines jedenfalls ist klar: Wer hungrig ist, ist oft nervös, schlecht gelaunt und leichter reizbar.

Aber inzwischen wissen fast alle, daß man sich nicht immer alles versagen darf – selbst Cindy Crawford ißt Schokoladeneis. Also darf man ›Verbotenes‹ (auch hier wieder diese Sache mit der Sünde) essen, aber in Maßen! Eine Frauenzeitschrift macht unter der Überschrift »Die 55 besten Schlankheitstips« verblüffende Vorschläge: Man darf die Kontrolle nicht verlieren. Die behält man erstaunlicherweise, indem man ›sich selbst beschummelt‹, ›sich überlistet‹: Das Auge ißt mit, und für das dumme Auge ist ein voller Teller ein voller Teller. Also wird den Leserinnen, allesamt erwachsene Frauen, allen Ernstes empfohlen, ihr Mittagessen mit Kuchengabeln von kleinen Tellern zu essen – das heißt dann neckisch »Spielen Sie Schneewittchen und die Sieben Zwerge«. Stillschweigend wird vorausgesetzt, daß die Leserin den kleinen Teller nicht voller macht, als sie (proportional) den großen Teller beladen hätte –

und sich nur einmal nimmt. Sicher ist, daß dieses Spiel in der Kantine oder im Familienkreis die Stimmung heben wird, vor allem, wenn die anderen nicht mitspielen. Ein anderer Rat lautet, man solle alles sehr dünn schneiden – »der Magen läßt sich betrügen«.

Also: Meine Augen sehen etwas Falsches, mein Magen, dieser Tölpel, läßt sich in die Irre führen, ich kann mich beschummeln – finden Sie das nicht beunruhigend? Sind Sie noch Herrin Ihrer Sinne? Wer in mir behält eigentlich den Überblick darüber, was ich *wirklich* tue, was *wirklich* geschieht? Wer betrügt wen? Wer weiß eigentlich noch, daß (und ob überhaupt) hier geschummelt wird? Wer verheimlicht wem was, wenn Sie dem Rat folgen, Süßigkeiten, die Sie in der Wohnung haben, (vor sich selbst) zu verstecken, um sie nicht aufzuessen? Sicher ist jedenfalls, daß Sie dabei testen können, wie es um Ihr Gedächtnis steht: Stellen Sie sich vor, der Schokoladen-Gibber fällt Sie an. Wissen Sie noch, wohin Sie vor vier Tagen die Pralinen getan haben? Wenn ja, gut für Ihre grauen Zellen. Wenn nein, gut für Ihre Figur, aber dann sind Sie möglicherweise sowieso so durcheinander, daß die paar Kilo zuviel Ihr geringstes Problem sind.

Die Zeitschrift hält noch andere Ratschläge bereit, bei denen allerdings Partner oder Familie wegen allgemeiner Erkältungs- und Jammeranfälligkeit hinderlich sind: Stellen Sie die Heizung herunter, schon bei einem Grad Raumtemperatur weniger sparen sie von ganz allein 50 Kalorien am Tag! Ein Grad? Kein Problem. Aber ziehen Sie sich keine Jacke über, Sie verbrauchen die fünfzig Kalorien nur, wenn Sie frieren. Vom Gesparten läßt sich dann richtig schlemmen: Fünfzig Kalorien – das entspricht einer Scheibe Knäckebrot oder einer Tasse Kaffee mit Milch und Zucker.

Beherzigen Sie unbedingt den klugen Rat, nichts im Kühlschrank zu haben, was dick macht. Schicken Sie Ihre Kinder zu McDonald's, das mögen sie sowieso lieber, und in der Zeit, die Sie beim Kochen gespart haben, können Sie endlich den Waldlauf machen, der sonst nie in den Terminkalender paßt. Am besten wäre natürlich ein leerer Kühlschrank. Irgend jemand hat mir einmal gesagt, ein zölibatäres Leben sei gut für die Linie. Aber das genügt nicht, auch zölibatär Lebende haben mitunter Kinder oder Freunde. Grundsätzlich gesprochen muß man leider sagen, daß andere Menschen dem Dienst am eigenen Körper in aller Regel schaden: Sie halten einen zum Essen an und von der Gymnastik ab, und sie verführen einen zu Genüssen, die ungesund und nutzlos sind. Das beste wäre ein Leben gänzlich ohne alle sozialen Kontakte, bei denen die Gefahr eines gemeinsamen Essens besteht. Dann können Sie zwar die wunderbaren Rezepte für die zehn besten Schokoladenkuchen, die Ihre Lieblings-Frauenzeitschrift nur wenige Seiten nach den zehn besten Tips zum Schlankwerden bringt, nicht ausprobieren, aber das spart Geld.

Und das werden Sie brauchen, wenn Sie dem Rat eines Hochglanzmagazins folgen: »Ohne Kasteiung beim Essen geht nichts: Besser, Sie lernen bewußt zu schlemmen. Lieber ein Dutzend Riesenaustern (100 Kalorien) als ein Hamburger (500 Kalorien).« Cindy Crawford rät davon ab, nur wegen der Figur auf das Vergnügen eines Abendessens mit Freunden zu verzichten. Sie gehe gern Sushi essen, das habe kaum Kalorien und sei köstlich. Sushi – roher Fisch – wird nur in einigen wenigen japanischen Spezialitätenrestaurants zubereitet. Da ist nur der gute Rat billig, denn eine Portion Sushi kostet mindestens vierzig, ein Dutzend Austern etwa fünfzig Mark. Die dick machenden (und ungesunden) Lebensmittel sind auch die billigsten, die kalorienarmen (und gesunden) hingegen – frisches Gemüse, fettarmes Fleisch, Meeresfrüchte, usw. – sind teuer, manche sehr teuer. Außerdem sind sie in der wünschenswerten Qualität nicht immer und überall zu bekommen, so daß ihre Beschaffung auch noch Zeit kostet. In den USA gehören die meisten Übergewichtigen der Unter-, die meisten Untergewichtigen der Oberschicht an, Barbara Krebs vom Frankfurter Zentrum für Eßstörungen sagt: »Je höher die soziale Stellung des Mannes,

desto dünner und eßgestörter die Frau« – sie nennt das den
»Nancy Reagan-Effekt«. Eine amerikanische Autorin frotzelt,
der Taillenumfang einer Frau verhalte sich umgekehrt proportional zum Einkommen ihres Mannes.

Natürlich will niemand so steckendürr sein wie Nancy Reagan
– schlank würde genügen, und das ist schwierig genug. Auf den
Stoßseufzer vieler Menschen, ›Wie werde ich schlank, ohne zu
hungern?‹, gibt es viele Antworten.

In einem Sonderheft *50 Diäten im Test* schneidet ausgerechnet
eine ›Eskimo-Diät‹ am besten ab, was mich erstaunt, da ich
Eskimos ausgesprochen knubbelig finde. Noch bizarrer sind
›Super-Schlank-Sohlen‹, das sind Einlegesohlen, bei denen
Massage-Noppen angeblich die Fußreflexpunkte der Verdau-
ungsorgane bearbeiten. Wer viel sitze, könne die Sohlen den
ganzen Tag tragen, aber, so der ausgesprochen erheiternde
Werbetext, »die Schlank-Sohlen entfalten ihre optimale Wirkung, wenn man morgens und abends jeweils zwei Stunden
stramm geht«. Wer täglich vier Stunden stramm geht, dürfte
ohne diese Sohlen auskommen. Die neben dem Text abgebildete Dame, die mit flatterndem Sommerkleidchen und hohen
Pumps eine Wendeltreppe hinabschreitet, ist allerdings für
diese sportliche Aufgabe besonders schlecht gerüstet.

Außer wenig essen und auf Wundersohlen wandeln kann man
auch versuchen, das Verzehrte schneller wieder loszuwerden.
Wenn die Monroe einen wichtigen Fototermin hatte, machte
sie kurz vorher rasch einen Einlauf – dadurch wird der Bauch
flacher. Die Operndiva Maria Callas, deren Gewicht ähnlich
extrem schwankte wie das von Elizabeth Taylor, antwortete
einmal auf die Frage, wie sie es geschafft habe, binnen eines
Jahres zweiundsechzig Pfund abzunehmen: »Ich hatte einen
Bandwurm. Jetzt habe ich keinen mehr.« Vielleicht wollte sie
damit nur lästige Reporter verblüffen, wahrscheinlicher ist, daß
sie die Wahrheit sagte. Bereits in den dreißiger Jahren waren
Kapseln mit Bandwurmeiern auf den Markt gekommen, später

wurde ein ganzer Bandwurm ins Verdauungssystem eingepflanzt, der beizeiten entfernt werden mußte, bevor er lebens-
gefährlich wurde.

›Lebensgefährliche Ernährungsgewohnheiten‹ werden heute
›Eßstörungen‹ genannt. Damit ist selten das gemeint, was man
als ›reine Freßsucht‹ bezeichnen könnte, sondern nahezu immer die Bulimie (die sogenannten Freß- und Kotzsucht), bei der
zwanghaft immense Kalorienmengen verschlungen und dann
wieder erbrochen werden, sowie die Anorexie (oder Magersucht), bei der Essen überhaupt vermieden wird. Diese Eßstörungen sind schwere Krankheiten, die in den Suchtbereich fallen. Anorexie kann zum Tod führen. Die Heilung dieser Krankheiten ist besonders schwierig, weil den Betroffenen nicht, wie
anderen Abhängigen, der Weg offensteht, die Droge zu meiden: Ohne Alkohol, Nikotin und andere, sogenannte harte
Drogen kann man hervorragend leben, nicht jedoch ohne Essen.
Ich hatte ursprünglich nicht vor, auf Eßstörungen zu sprechen
zu kommen – ich bin weder Psychotherapeutin noch Medizine-
rin, mein Thema sind die normalen Zustände, die normalen
Frauen. Doch je mehr ich zu dem Thema las, um so auffälliger
wurden Parallelen zwischen den ›normalen‹ Anforderungen an
›normale‹ Frauen einerseits und den Eßstörungen andererseits.
Wer mit Eßgestörten arbeitet, weiß, daß auch schwerste Eßstörungen mit dem scheinbar harmlosen Wunsch anfingen, abzunehmen oder nicht dicker zu werden.
Um dies zu erreichen, wurden rigide, perfektionistische Diät-
pläne befolgt. Dann konnte man irgendwann einmal dem Heißhunger auf etwas ›Verbotenes‹ nicht mehr widerstehen, es folg-
ten Selbstbeschimpfungen und Schuldgefühle sowie der erneute
Versuch der Disziplinierung durch Verbote und Kasteiung. Ein
Ernährungswissenschaftler sieht in Diäten ›Einstiegsdrogen zu
Eßstörungen‹.
Das ist flott formuliert und prägt sich ein. Vielleicht zu flott und

zu vordergründig: Nicht jeder, der nach dem Essen einen Schnaps trinkt, wird zum Alkoholiker, nicht jede Diät kippt um und wird zur Bulimie. Süchtigen geht es immer um Selbstverstümmelung und -vernichtung, eine Sucht ist Ausdruck einer Geschichte schweren seelischen Leids.

Daher konzentrieren sich Versuche, Eßstörungen zu erklären und Eßgestörten zu helfen, häufig auf individuelle Aspekte wie die Familiensituation der Betroffenen. Ich will und kann die psychischen Hintergründe von Eßstörungen ebenso wenig bestreiten wie den Sinn von Psychotherapien für Bulimikerinnen und Anorektikerinnen, und es liegt mir fern, die Schwere der Krankheiten zu bagatellisieren. Mich interessiert etwas anderes: Eßstörungen sind sogenannte ›Kulturkrankheiten‹: Krankheiten, die in einer bestimmten Kultur gehäuft auftreten und sich nicht durch Klima, Ernährung, usw. erklären lassen. Bei Eßstörungen geht es offenbar um die Frage, wie der (in aller Regel weibliche) Körper aussehen soll. Es geht um Abnehmen und Schlanksein sowie um etwas, das in unserer Kultur nicht nur beim Essen eine Rolle spielt, sondern das bei allem und immer wichtig ist: sich in der Gewalt haben, die Kontrolle nicht verlieren. Frauen wird immer noch wenig Kontrolle über ihr Leben zugestanden, aber paradoxerweise sollen sie aus eigener Kraft immer etwas werden, was sie gerade nicht sind: dünner, dicker, attraktiver, gepflegter, erfolgreicher, gelassener, selbstbewußter, unabhängiger, belesener, und so weiter, und so weiter. Eine geheilte Bulimikerin sagt: »Ich wollte nicht dünn *sein*. Ich wollte dünn *werden*, darum ging es.« Eine geheilte Anorektikerin sagt: »Ich wollte mich neu entwerfen.« Daher sind Eßstörungen *auch* ein Abbild unserer Kultur. Wenn wir uns mit den Kranken befassen, können wir also auch etwas über die Nicht-Kranken erfahren.

»[Sie] sind bemüht, sich als stark und unabhängig zu präsentieren, sind häufig ehrgeizig und um ihr Aussehen bemüht. Im Umgang und in Beziehungen mit anderen sind sie stets darauf bedacht, es dem Gegenüber leicht und recht zu machen, auch seine unausgesprochenen Absichten und Wünsche zu erahnen, um sich entgegenkommend auf sie einzustellen. Nicht selten sind sie es, denen Angehörige, Freunde oder Kollegen ihre Sorgen und ihren Kummer unterbreiten, während sie selbst den Eindruck vermitteln, alle Schwierigkeiten im Griff zu haben. Sie [...] erleben sich insgeheim als schwach, bedürftig und von anderen abhängig.« Was wie die Beschreibung einer normalen Frau klingt – sogar der Idealfrau unserer Zeit, wenn der letzte Satz fehlte –, ist die Beschreibung der typischen Bulimikerin. Viele Eßgestörte kochen gern für Freunde und Familie und sind auch darin ein getreues Abbild dessen, was diese Gesellschaft von Frauen verlangt: Andere nähren, auch wenn sie im Zweifel selbst (ver)hungern. Bei der Anorexie beträgt das Verhältnis von Frauen zu Männern angeblich 10:1.

Es heißt immer wieder, für Eßgestörte seien Nahrungsaufnahme und psychische Befindlichkeit eng miteinander verknüpft. Das ist eine ziemlich bescheuerte Feststellung, denn das gilt für *alle* Menschen überall. Feste sind rund um den Globus immer mit Essen und Trinken verbunden. Wenn wir mit netten Leuten essen, geht es uns gut, aber wir essen auch aus Langeweile, bei Kummer stopfen wir wahllos in uns hinein (oder essen gar nichts mehr). Die weichen, milden, matschigen Dinge, die ohne viel Kauen den Hals hinunterrutschen und bei düsterer Seelenlage so tröstlich sind, heißen in den USA ›soul food‹ – Essen für die Seele. Freude verlangt nach Sekt, ein Schock nach Cognac. Jeder Seelenzustand findet seine Entsprechung in etwas, das wir essen oder trinken können, Essen kann alles mögliche sein: Liebe, Medizin, Trost. Ich besitze eine Comic-Postkarte, auf der eine Frau, offenbar total wütend, mit finsterer Entschlossenheit einen Einkaufswagen schiebt. Drüber steht in großen roten Buchstaben: ›Und jetzt kauf ich für 500 Mack Schokolade.‹

Wo die Grenze zwischen ›normalem‹ und ›gestörtem‹ Essen verläuft, weiß ich nicht, vielleicht weiß das niemand. Ich habe gerade zwischen ›Kranken‹ und ›Nicht-Kranken‹ statt zwischen ›Kranken‹ und ›Gesunden‹ unterschieden, weil viele Frauen ein gestörtes Verhältnis zum Essen haben, ohne in die enge Kategorie der Eßgestörten zu fallen. »Ich wäre gern ein bißchen eßgestört«, seufzte einmal eine Frau in einem meiner Seminare. Vielleicht sind wir das schon, jedenfalls nach den Kriterien einer amerikanischen Wissenschaftlerin: 1. Man achtet auf sein Gewicht. 2. Man ißt nicht, was man will, wann man es will, in den Mengen, die man will. 3. Man macht regelmäßig Diäten, um Gewicht zu verlieren.

Der Übergang von ›normal‹ zu ›krank‹ ist schleichend, und an schwer Eßgestörten können wir sowohl die ins Extrem verzerrte Art erkennen, wie viele von uns mit sich, ihrem Körper und der gesellschaftlichen Forderung nach Schlankheit umgehen, als auch, welche Erwartungen unsere Gesellschaft an *alle* Frauen stellt. In Großbritannien denken Zweidrittel aller Frauen häufig an Essen, daran, wann sie wieder etwas essen werden, was sie dann essen werden, was sie nicht essen dürfen, und so weiter, 78 % haben deswegen mitunter Schuldgefühle. Laut neueren Umfragen aus Industrienationen essen sich 70 bis 80 Prozent aller Frauen aus Angst um die Figur nie wirklich satt. Viele empfinden Essen als schlecht und gefährlich, als etwas, das sie so oft es nur irgend geht lassen sollten. Wir lieben das Essen, aber wir hassen es auch, und unser gespaltenes Verhältnis dazu beginnt meist schon sehr früh.

Eine Untersuchung an Schülerinnen von fünften Klassen in Köln ergab, daß bereits 20 Prozent der zehnjährigen Mädchen beim Essen darauf achten, daß sie nicht zunehmen. Es gilt als erwiesen, daß Mädchen um so gefährdeter sind, je rigider ihre Mütter darauf achten, selber nicht zuzunehmen, andere Untersuchungen ergaben, daß die Mütter eßgestörter Mädchen sich ihre Tochter schlanker wünschten, und zwar unabhängig davon, wie schlank die Tochter ohnehin schon war. Die Amerikanerin Susan Bordo, die sich eingehend mit Eßstörungen befaßt hat, erinnert auch daran, daß bisher nicht ausreichend untersucht wurde, welche Rolle Hänseln und Kritik von Vätern und gleichaltrigen Jungen beim Entstehen von Eßstörungen spielen.

Solche heranwachsenden Mädchen laufen nicht nur Gefahr, in schwere Eßstörungen hineinzuschlittern und aufgrund ihrer Mangelernährung krank zu werden. Es ist bekannt, daß Frauen, die (aus welchen Gründen auch immer) unterernährt sind, kleinere Kinder zur Welt bringen. Neuere Untersuchungen deuten darauf hin, daß für das Geburtsgewicht nicht die Ernährungsweise während der Schwangerschaft entscheidend ist, sondern zum Zeitpunkt der Empfängnis! Doch wegen dieser Gefahr wird vermutlich nicht ein einziges Mädchen mit ihrer Diät aufhören: Unlängst sah ich eine Witzzeichnung, auf der ein Mädchen vor einem vollen Teller sitzt, den sie nicht anrührt. Vor ihr steht die Mutter. Das Mädchen sagt: »Ich will aber nicht groß und stark werden, ich will zierlich und begehrenswert bleiben.«

Jane Fonda war ein verzweifeltes Kind. Seit ihrem zwölften Lebensjahr war sie Bulimikerin, sie erbrach sich bis zu zwanzig Mal am Tag und wurde erst 23 Jahre später, während ihrer zweiten Schwangerschaft, wieder gesund. Sie sagt, sie habe die Wahl gehabt, Bulimikerin oder eine gute Mutter zu sein. Eine Anorektikerin begab sich in therapeutische Hände, nachdem sie sich die klassische Frage gestellt hatte, die sich alle Süchtigen stellen, die erkennen, daß sie nicht weiterwissen: ›Will ich leben oder will ich sterben?‹

Geraldine Chaplin verriet in *Brigitte* das Geheimnis ihrer guten Figur: Sie »esse wie ein Schwein, dann nehme ich Diätpillen und werde krank«. Aber sie sagte vermutlich »and then I get sick«, und das heißt: Dann übergebe ich mich. Könnte es sein, daß Geraldine Chaplin sich als Bulimikerin geoutet hat, ohne daß *Brigitte* es bemerkte? In der gleichen Serie bekannte auch Elton John, nicht nur sechs Jahre lang bulimisch gewesen zu sein, sondern auch kokain-, alkohol-, und sexuell abhängig. Dies bestätigt Untersuchungsergebnisse aus England, die von einer neuen Suchtvariante sprechen: die Multi-Impulse-Bulimie, eine Kombination von Eßstörung mit Alkohol- oder Drogenabhängigkeit.

Was auf den ersten Blick vom Leben der ›normalen‹ Frau zum Glück weit entfernt wirkt, erweist sich bei näherer Betrachtung als sehr nah an dieser ›Normalität‹: Amerikanische Wissenschaftler haben herausgefunden, daß Frauen, die Diät halten, eher von Alkohol und anderen Drogen/Medikamenten abhängig werden. Laut dieser Studie greifen Frauen, die sich ›Belohnungen‹ wie Süßigkeiten oder fettes Essen versagen, zu destruktiveren ›Belohnungen‹ wie Alkohol. Je heftiger gehungert wird, desto häufiger seien negative Begleiterscheinungen wie Zigarettenrauchen, schweres Trinken und Kontrollverluste mit nicht gewünschtem und nicht geplantem Geschlechtsverkehr. Aber auch wer nur hin und wieder eine Diät mache, trinke mehr Alkohol als Frauen, die nie Diät halten. Der alte Satz »Essen und Trinken hält Leib und Seele zusammen« mag viele gute Gründe haben, die wir erst heute richtig entdecken.

Australische Psychologen wollen herausgefunden haben, daß »Raucherinnen sich deutlich mehr Sorgen um ihr Aussehen machen als Nichtraucherinnen. Wer sich für unattraktiv hält, ist mit großer Wahrscheinlichkeit Raucherin.« Es ist eine banale Feststellung, daß Menschen, die nicht aufhören zu rauchen, ihre Gesundheit gefährden. Aber abstrakte Statistiken – auch die über Krebserkrankungen – sind weit entfernt. Man mag kaum glauben, daß sie *uns* meinen könnten. Ebenso banal ist die Feststellung, daß Menschen, die aufhören zu rauchen, zunehmen. Aber Frauen nehmen mehr zu als Männer: mindestens vier Kilo. Und diese vier Kilo sind sehr konkret, die spüre ich, im Gegensatz zu Raucherkrankheiten, sofort und in ihrer ganzen Tragweite. Und wer sich nach einem Mißerfolgserlebnis sehnt, muß nur versuchen, das Rauchen aufzugeben: Nikotin macht angeblich abhängiger als jede andere Droge, einschließlich Kokain, Heroin, Opium und Marihuana.

Rauchen ist ein sicheres Anzeichen für Streß, und daß die ewigen Entbehrungen einer Diät, der unnachsichtige Blick auf und die strikte Kontrolle über unseren Körper uns unter Streß setzen, wird sicherlich niemand bestreiten wollen. Geschieht dies im Extrem – wie bei den Eßstörungen – fallen Zeitungen, Talkshows und Therapeuten darüber her und überschlagen sich geradezu mit Fallgeschichten und Erklärungen. Aber wenn ich bedenke, wie viele ›gesunde‹ Menschen auf lieblose, um nicht zu sagen zerstörerische Weise mit sich umgehen, finde ich es schon erstaunlich, daß die Frage, welche Gründe das haben könnte, so rasch mit dem Wort ›Schlankheitswahn‹ vom Tisch gewischt und so selten ernsthaft erörtert wird.

In Gesprächen mit Bekannten und Freundinnen blitzt immer mal wieder eine Ahnung davon auf, wo die Antwort liegen könnte: die Frau, die mit fünfzig einen viel jüngeren Mann geheiratet hat und sagt, sie habe sich »einen Bauch angefressen, der ganz offenbar ihr Baby« sei. Die alleinlebende Journalistin, die immer nur dann nachts für sich allein Spaghetti kocht, wenn sie an einem schwierigen Text schreibt: »Das laugt mich aus, ich gebe so viel her, dann muß ich es wieder auffüllen.« Angeblich ist es für Eßgestörte typisch, daß sie ein Loch in sich spüren, eine Leere, die sie verzweifelt zu füllen suchen.

Jemand sagte mir einmal, wer beim Essen schlinge, schlinge auch im Kontakt mit anderen und bei anderen Dingen. Tatsächlich haben nur wenige Menschen das Gefühl (und vermitteln es anderen), nicht hinter etwas herjagen zu müssen – Essen, Kleider, Geld, Glück, Rache –, nicht mehr zu brauchen, als sie haben, nicht bedürftig zu sein. In den frühen sechziger Jahren gab es einen deutschen Schlager mit dem Refrain: »Ich will keine Schokolade, ich will lieber einen Mann.« Wie genau das vieles auf den Punkt bringen mag, erläutert ausgerechnet der Text zu einer 800-Kalorien-Diät: »Schokolade ißt man nicht nur, weil's schmeckt. Sie setzt die gleichen Stoffe im Körper frei, die auch im Zustand des Verliebtseins, überhaupt bei jeder Euphorie produziert werden. Kurzformel: Schaffen Sie sich selbst Euphorie, dann braucht Ihr Körper weniger Schokolade.« Der lapidare Rat, man solle sich selbst Euphorie schaffen, grenzt an Frechheit – als ob das Leben so einfach wäre! Aber daß Schokolade und Glücksgefühle etwas gemeinsam haben könnten, leuchtet sofort ein. Neun von zehn Schokoholics sind Frauen – mich würde es bei dem Zustand der Welt nicht wundern, wenn alle, und alle aus gutem Grund, liebes- und lebenshungrig wären. Ein amerikanischer Herzspezialist meint, ein Drittel der US-Amerikaner seien übergewichtig, weil die »Nation an einer seelischen Herzkrankheit leide – immer mehr Amerikaner suchten aus Einsamkeit und Verzweiflung Trost in üppigem Essen und Alkohol«.

In letzter Zeit kommt aus den USA (woher sonst?) die erlösende Neuigkeit, daß es mit dem alten Darben zum Glück vorbei sei – die Rede ist von der Verheißung einer ›Lust-Diät‹. Es gebe »eine ganze neue Freiheit, bei der das schlechte Gewissen wegen der vielen Kalorien wie weggeblasen sei«. Was als sensationell neue Erkenntnisse der Ernährungswissenschaftler angekündigt wird, wissen die ständig hungrigen Frauen schon lange: Die Diäten alten Stils lösen aufgrund eines Mangels an bestimmten Stoffen im Stoffwechsel seelische Verstimmungen und Tiefs aus. Eine Frau, die Diät hält, muß also nicht nur darben und ist deswegen schlecht drauf, sie muß sich auch noch ständig zusammenreißen, um den weiblichen Liebreiz nicht zu verlieren. Mit der ›neuen Genußwelle‹ werde nun alles anders, nun nehme man nicht nur ab, es kehre auch »die Lust aufs Leben, auf Abenteuer, auf Erotik und Sex zurück, denn wer Lust hat, schlägt nicht mehr vor Frust über die Stränge und braucht keine Fettpolster mehr, um die Seele zu wärmen«.
Es lohnt sich, den Artikel über die ›Lust-Diät‹ genauer unter die Lupe zu nehmen: Nun sei, heißt es, die Zeit für Scampi, Mousse und Chardonnay angebrochen – und zwar »nicht bloß, weil das alles viel besser schmeckt, sondern weil darin der ›Stoff‹ steckt, der spezielle physiologische Vorgänge im Organismus steuert, und der – gezielt eingesetzt – Laune, Lust und Leidenschaft produziert«. ›Stoff‹ läßt an Drogen wie Alkohol,

Heroin und Kokain denken, aber dieser hier ist harmlos: Es handelt sich um eine Mixtur aus bestimmten Eiweißketten, Vitaminen, Mineralstoffen und Spurenelementen, die dann seitenlang aufgezählt und erklärt werden: Niacin, Phenylalanin, B-Vitamine, Tyrosin, Methionin, Mangan, Dopamin, Noradrenalin – bei Ascorbinsäure atme ich auf, das habe ich wenigstens schon einmal gehört. Das alles klingt nach Pharmazie, und es kommt mir der Verdacht, daß es sich bei dem ›gezielt eingesetzten‹ Genuß dieser ›Mixtur‹ eigentlich um eine medizinische Behandlung in homöopatischen Mengen handelt. Mein Interesse hält sich lediglich, weil ich noch Antwort auf eine drängende Frage erhoffe: Gibt's die ›Psycho-Rohstoffe‹ Mousse und Chardonnay statt Valium und Aufputschpillen auf Krankenschein?

Offenbar nicht. Zum Abschluß widmet sich der Text ausführlich einer französischen Genußdiät und schlägt eine hinreißende Idealmahlzeit vor: Frischer marinierter Lachs, gegrillter Barsch in Fenchel mit Ratatouille, Salat und als Nachspeise Himbeeren. Verboten sind Zucker, raffiniertes Mehl, Reis, starker Kaffee, Getränke zum Essen, Alkohol. Süßes ist erlaubt, solange es kein Mehl und keinen Zucker enthält – da fällt mir spontan nichts ein. Das alles gehört in die bereits bekannte Kategorie Austern und Sushi, und daß Genuß Geld kostet, ist auch nicht gerade neu.

Grundsätzlich sehen die ›neuen‹ Diäten der 90er Jahre vor, daß man »alles essen kann, sofern es fettarm und ballaststoffreich ist« – das ist eine ziemlich eigenwillige Definition von ›alles‹. Aber inzwischen ist mir die Lust auf die neue Lust sowieso schon vergangen. Ich mag mein Essen nicht zusammenstellen müssen, als suchte ich nach einem Ersatz für eine Pillendose voller Valium, Aufputschpillen und Multivitaminpräparaten. Es hat sich trotz des Geredes von der ›Genußdiät‹ ja nichts geändert, schlimmer noch, inzwischen sollen wir beim Essen nicht nur die Kalorien im Blick behalten (denn die Vorschrift ›Eiweiß und Ballaststoffe‹ ist im Grunde nur eine neue Variante der kalorienkontrollierten Ernährung), sondern auch noch, ob wir dadurch leidenschaftlich und euphorisch werden. Die Zusammenstellung eines Essen, das gut für mich ist, werde ich in naher Zukunft nur noch mit einem abgeschlossenen Studium der Neurobiochemie und der Ernährungswissenschaft bewältigen können.

Was steckt nun hinter der offensichtlich lächerlichen Behauptung, daß wir ab sofort ›alles‹ essen dürfen und dabei noch abnehmen? Anhand eines Vergleichs, der auf den ersten Blick von dieser Frage nicht weiter entfernt sein könnte, will ich Ihnen verdeutlichen, wie ich es mir erkläre: China hält seit 1950/51 Tibet besetzt und hat vierzig Jahre lang alles unternommen, um die eigenständige tibetische Kultur, teilweise mit äußerster Brutalität, zu vernichten. Seit kurzem ist eine Lockerung eingetreten: Die buddhistischen Klöster sind wieder erlaubt, auch die traditionelle tibetische Medizin darf wieder ausgeübt und gelehrt werden. Was wie ein Ende der bisherigen Unterdrückungs- und Vernichtungspolitik wirkt, ist in Wahrheit nur möglich, weil das alte, traditionelle Tibet inzwischen fast völlig vernichtet ist. In über 40 Jahren sind fast zwei Generationen Tibeter mit der chinesischen Kultur aufgewachsen, also mit der alten tibetischen Lebensweise nicht mehr vertraut. Nun bedroht das ›Tibetische‹ das chinesische Regime nicht mehr, denn es hat seine ursprüngliche Lebenskraft verloren. Daher kann es wieder erlaubt werden. Das dient der Imagepflege des chinesischen Regimes, und das wiederum kommt den Wirtschaftskontakten und dem Tourismus zugute.
So ähnlich ist es mit dem Ideal des schlanken Körpers. Nach vierzig Jahren Schlankheitsterror sind wir diäterprobt, wir kennen unsere Kalorien- und Nährwerttabellen genau, eine Kenntnis der ›Dickmacher‹ gehört, vor allem bei Frauen, zur Allgemeinbildung. Wenn die Redakteurin einer Frauenzeitschrift sagt, die Frauen hätten keine Lust mehr auf Kalorienzählen, es langweile sie, stimmt das nur darum, weil wir gar nicht mehr

auf den Gedanken kämen, ›genießen‹ oder ›schlemmen‹ mit
›hemmungslos Mayonnaisesalat und Gänsebraten in uns hin-
einstopfen‹ zu verwechseln. Und welche Frau empfände es
noch als Kompliment, als ›üppiges Weib‹ bezeichnet zu werden? Darum kann jetzt die Diätschraube gelockert werden,
darum ist jetzt Schokolade wieder erlaubt – man muß uns nicht
mehr sagen, daß damit allerhöchstens zehn Gramm gemeint
sein können. Wir machen keine Crash-Diäten mehr, wir wissen, daß wir unsere Ernährung umstellen müssen: nicht für eine
Woche oder ein Jahr, sondern für immer.
Ich gestehe, daß der Vergleich hinkt, wie Vergleiche es eben
gern tun. Vor allem wirft er die dringende Frage auf, wer bei
dem Diätbeispiel die Rolle Chinas innehat: Wer herrscht im
Reich der Schönen und Schlanken mit so eiserner Faust, daß
sich so viele unterwerfen? Darauf ist (noch) keine Antwort
möglich, aber die Frage wird immer wieder auftauchen.

Ein weit weniger theoretisches Problem ist das meiner grünen
Sommerhose: Mit Sushi schaffe ich es finanziell nicht einmal
bis zur Monatsmitte, mit Hungern und Darben schaffe ich es
kräftemäßig nicht über den Tag. Denn wer so schlank zu sein
versucht, wie es heute vorgeschrieben ist, und daher ständig auf
Hungerdiät lebt, ist mit den lebensnotwendigen Nährstoffen
unterversorgt. Der Ausweg aus dieser Misere lautet: wenig essen
und zusätzlich Fett verbrennen, indem man sich heftig bewegt.
Nichts geht ohne Joggen, Aerobic, Krafttraining, kurz: ›Body-
shaping‹!

3. Kapitel   Schwitzen

Eine Fee gewährt einer Frau einen Wunsch.
Dünne Oberschenkel, antwortet sie.
Die Fee ist empört: »Sieh dir an, in welchem Zustand
die Welt ist – und *du* willst für dich
dünne Oberschenkel?«
Die Frau kleinlaut: »Du hast recht. Bitte dünne
Oberschenkel für alle.«

In unserem Jahrhundert hat sich das westliche Ideal der schönen Frau vom realen Frauenkörper immer weiter entfernt – der Frauenkörper soll nicht mehr weich und rund, sondern kantig und muskulös, fast männlich aussehen. Zugleich entsprach Frauenkleidung noch nie in der Geschichte so genau dem darunter verborgenen Körper wie heute – vergleichen Sie nur das Kleid aus achtzig Metern weißem, mit Silberfäden durchwirktem Seidentüll, das die Fürstin Metternich im letzten Jahrhundert zum Ball trug, mit dem paillettenbesetzten Stretchmini, den Sie an Sylvester anhatten!

Es könnte allerdings sein, daß Sie keinen paillettenbesetzten Stretchmini trugen, selbst wenn Sie es gern getan hätten: Ihre Figur ist nicht so toll, daß Sie alles tragen könnten, was Sie wollen, denn die Sachen, die Sie gern trügen, haben so wenig Spielraum zum ›Mogeln‹, daß Ihr Körper allzu deutlich würde. Welche Probleme die Fürstin Metternich mit ihrem Kleidchen gehabt haben mag – und die mögen aufgrund seines Gewichts und Volumens beträchtlich gewesen sein – *das* gehörte nicht dazu!

Eine englische Bodybuilderin hat die Unterschiede zwischen ihrem Körper und der modischen Kleidung auf nahezu Null reduziert: »Frauen sagen, ich sähe aus wie ein Mann. Und kaufen sich dann Hosenanzüge mit riesigen Schulterpolstern. Ich brauche mir diesen Look nicht zu kaufen, ich habe ihn mir antrainiert.« Sie mag in ihrem Trainingseifer etwas über das Ziel hinausgeschossen sein, denn sie hat einen Körper wie Arnold Schwarzenegger, aber im Ansatz liegt sie richtig: Obwohl die meisten von uns aus erster Hand wissen, daß kaum eine Frau mit einem V-förmigen Männerkörper geboren wird, ähnelt ein zeitgemäßer Frauenkörper in seinen Konturen den Umrissen eines Herrenanzugs.

Das ist noch nicht lange so. Früher gehörte es unbedingt zur Erotik des weiblichen Körpers, ›Kurven‹ zu haben – einen großen Busen, runde Schultern, die üppige Sinnlichkeit des Hüftschwungs, all das, was die Monroe so ungeheuer sexy machte. Natürlich wußte sie ihre Grundausstattung ins rechte Licht zu rücken, denn nur wenigen ist es vergönnt, sich so bewegen zu können. Vor allem aber hatte sie eine gute Figur. Damals. Wie Frauentrachten seit Jahrhunderten, liebten auch die fünfziger Jahre die Eieruhrfigur: viel Busen, wenig Taille, viel Hüfte. Diese Rundungen waren die erotischen Signale Nummer Eins. Sie unterschieden den weiblichen vom männlichen Körper und blinkten weithin sichtbar die Nachricht ›Frau‹. Mit diesen Pfunden haben Frauen seit jeher erotisch gewuchert, denn so ernüchternd es klingen mag: Als verführerisch galten alle Hinweise auf die Gebärfähigkeit der Frau – selbst wenn bei der Monroe kaum jemand an Schwangerschaft und Mutterschaft dachte!

Heute will eine Frau nichts weniger als ihre Hüften optisch verbreitern. Im Gegenteil, sie tut alles, damit zwischen Taille und Knie alles bleistiftgerade ist – was dem ›realen Frauenkörper‹ nicht leicht fällt: »Wie ist das Weib dem anthropologisch-medizinischen Befund nach beschaffen? Kurzbeinig, großbusig, breithüftig (gebärfreudiges Becken) mit schmalen, fallenden Schultern, rundlich, mit vorgeschobenem Bauch und eingedrücktem Kreuz.

Und wie ist die schöne Frau beschaffen? Langbeinig, schmalhüftig, kleinbusig, breitschultrig, gertenschlank.« Von ›gertenschlank‹ gibt es (eng begrenzte) Ausnahmen. Es wird zur Not geduldet, wenn eine Frau vollschlank, ja prall ist, solange nichts an ihr *wackelt*.

Hier gilt es, noch rasch ein Mißverständnis auszuräumen: Einmal pro Vierteljahr lassen sich die Redakteure vermeintlich seriöser Wochenzeitschriften und Nachrichtenmagazine zu der ebenso aufgeregten wie unzutreffenden Meldung hinreißen, der Diätterror sei vorüber, die Frauen würden wieder üppiger. Als Beweis werden Models oder unbekannte Schauspielerinnen abgebildet, denen der Busen fast aus der Korsage plumpst (falls sie überhaupt eine tragen). Und allein darauf bezieht sich auch das

›üppig‹. Die Models sind ansonsten meist nicht schlank, sondern geradezu mager, und da Hungern und Sporttreiben auch den größten Busen kleinkriegen, ist der ihre nicht immer, was er zu sein vorgibt (echt), sondern verdankt seine Fülle Kissen: im Büstenhalter (der gepolsterte ›Wonderbra‹ aus den späten Sechzigern erlebt ein rasendes Comeback) oder in der Brust (mit Silikon- oder anderen Einlagen).

Die Verdammung ›weiblicher Rundungen‹ (mit Ausnahme des Busens) und die gleichzeitige Sexualisierung von Po und Beinen ist die ungeheure (und verkannte) Körperrevolution unseres Jahrhunderts. Sie begann zwischen 1914 und 1924, zehn Jahre, in denen sich die westliche Welt und ihre Schönheitsbegriffe so rasch veränderten wie niemals zuvor. Als 1918 das Frauenwahlrecht erkämpft war, stiegen die Rocksäume für alle Frauen, um nie wieder bis auf die Fußspitzen zu fallen. Man entdeckte die Natur, ging baden und trug dazu immer weniger – was zunächst ziemlich gewagt war, denn bis ins zwanzigste Jahrhundert hinein mußten Frauenbeine verhüllt bleiben. Nur Tänzerinnen und andere Unterhaltungskünstlerinnen stellten ihre Beine öffentlich zur Schau. Wie skandalös das war, läßt sich aus der Begründung ahnen, mit der eine Journalistin 1897 für eine angemessenere Radfahrbekleidung für Frauen eintrat: »Die Frau hat ebenso viele Beine wie der Mann und bedient sich derselben, besonders beim Radfahren, in genau derselben Weise.« Daher solle man »jedem Bein seine eigene Hülle geben statt beide in eine zu stecken. Ist doch noch nie jemand auf die Idee gekommen, beide Arme in ein Futteral zu stecken.«

In den zwanziger Jahren wurde Bräune zum sichtbaren Zeichen des Wohlstands – denn wer braun war, konnte sich weite Reisen leisten. Und je mehr vom Körper gezeigt wurde, um so wichtiger wurde sein Aussehen. Das Körperideal der ›Goldenen Zwanziger‹ war schmal, fast knabenhaft (die bevorzugte Frisur hieß nicht umsonst *Bubi*kopf), Schlanksein wurde für viele Frauen ein erstrebenswertes Ziel.

97

Zur gleichen Zeit bastelte Hollywood auch die ersten weiblichen Filmstars, denen Frauen an so verschiedenen Orten wie Chicago, Madrid und Berlin gleichermaßen nacheiferten. Mit diesen Stars verlor Makeup, das bis dahin (angeblich) Frauen von zweifelhaftem Ruf vorbehalten gewesen war, seinen schlechten Ruf – der Hollywood-Film führte vor, was geschieht, wenn eine Frau durch Makeup und/oder Kleidung ihr Aussehen veränderte: Nicht nur reagiert die Umwelt völlig anders auf sie (wie dies bei Männern der Fall ist), sie wird buchstäblich zu einem anderen Menschen. Naja, vielleicht sollte man sagen: zu einer anderen Frau.

Mit diesen Filmen wurde auch das Ideal des schlanken Körpers immer populärer. In amerikanischen Filmen der späten zwanziger und frühen dreißiger Jahre ist das neue Schlankheitsideal ganz deutlich: Die Frauen in eng am Körper fließenden, oft erotisch glänzenden Kleidern sind sehr schlank – in einem Film von 1932 ärgert die Hauptdarstellerin ihre platinblonde Widersacherin mit einem zuckersüß hingeschmalzten: »Sie sehen wunderbar aus. Haben Sie zugenommen?«

Die Kindfrau der ›Goldenen Zwanziger‹ mochte schlank sein, aber verglichen mit den heutigen Hollywood-Schönen hatte sie Hüften und einen ausgeprägten Po – ihr Körper war sehr offensichtlich ein Frauenkörper. Die Figur, die wir erstrebenswert finden, galt ihnen als Strafe: »Sie haßte ihren Körper mit seinen muskulösen Schultern, seinen kleinen, kompakten Brüsten und seinen schlanken Athletenflanken.« Die Mannequins der Nachkriegsjahre waren schlank, die Tatsache, daß Dior von seinen Modellen eine (geschnürte) Taillenweite von 43 Zentimetern verlangte, ist weithin bekannt, aber die Hüften wurden durch weite Röcke betont.

Die erste Kindfrau ohne jede Rundung tauchte erst vierzig Jahre später auf – Twiggy, die zu ihren ›besten‹ Zeiten vierzig Kilo wog. 1965 wurde sie berühmt, als sie das erste Mal auf dem Cover von *Vogue* erschien – im gleichen Jahr kam die Antibabypille auf den Markt. Damals wurden die Hosen enger (selbst amerikanische Baseball-Teams ließen ihre flattrigen Trikots körpernäher nähen).

Nachdem Frauen in Hosen jahrhundertelang ein Tabu gewesen waren – noch in den dreißiger Jahren verursachten eine Marlene Dietrich oder eine Katherine Hepburn in Hosen ausgesprochene Skandale – wurden Damenhosen nun gesellschaftsfähig. Damit rückte der Po ins Blickfeld des modischen Interesses, zugleich kamen Hüfthalter aus der Mode. Damit wurde der Po erstmals zweigeteilt »statt als prall-gepolstertes Kissen sichtbar. Miederwaren wurden offenbar abgelehnt, weil sie als Symbol der Versklavung durch männliche Schönheitsnormen galten *und zugleich* als eine Form des ›Betrugs‹, als Versuch, das wabbelige Fleisch zu kaschieren *und zugleich* als unästhetische Kleidungsstücke, die Männern mißfielen. Der von engen Jeans betonte Po bedeutete sowohl Emanzipation als auch Sexualität, war ebenso eine Ablehnung männlich definierter Schönheitsnormen wie ihre Akzeptanz, ebenso Ehrlichkeit wie Schein.«

Schmalhüftige Frauen, gerade noch als ›Bohnenstange‹ verhöhnt, erlebten nur drei Jahre nach Monroes Tod köstliche Triumphe: Nun mußte der ideale Frauenpo in eine Männerhose passen – am besten in eine Levi's-Männerjeans. Ich finde es sehr verräterisch, daß jede Frau (statistisch) durchschnittlich sechzehn Jeans anprobieren muß, bis sie eine findet, die gut sitzt. Knapper läßt sich nicht beweisen, daß der Frauenkörper sich vom Männerkörper nicht mehr so sehr *unterscheiden* sollte wie möglich, sondern ihm so *ähnlich* werden sollte wie möglich: Gerade Schultern, lange Knabenbeine, ein kleiner, fester Männerpo – das gilt jetzt als aufregend weiblich.

Das könnte der Witz des Jahrhunderts sein, wenn es nicht ernst gemeint wäre und so deprimierende Folgen hätte: Jede Erinnerung an die weibliche Fruchtbarkeit, das ›gebärfreudige Becken‹ sind eher peinlich, es muß alles daran gesetzt werden, dem Ideal des *straffen und glatten* Körpers zu entsprechen. Das betrifft insbesondere den Körper unterhalb der Taille, daher stehen die

Zeitschriftenartikel, die sich der Pflege des Busens widmen, in keinem Verhältnis zur Flut von Artikeln, in denen es um die Gestaltung von Po, Bauch, Hüfte und Beinen geht – die Beine sollen optisch bis kurz unter die Achseln reichen. Mehr als deutlich präsentieren die gänzlich entblößten Hinterteile eines jeden Fernsehballetts das neue Schönheitsideal, und obwohl die durchschnittliche Frau mit diesem Körperteil in aller Regel etwas diskreter umgeht, trägt auch sie Sporttrikots, Badeanzüge und Unterwäsche mit ›hochgeschnittenen‹ Beinausschnitten, die mitunter bis zur Taille hinaufreichen und angeblich ›die Beine strecken‹. Die Körper-Zauberworte lauten: knackig, straff, schmal, glatt, fest, schlank.

Das ist insofern ungünstig, als der Frauenkörper, generell gesprochen, zum Wogen neigt. Das beginnt spätestens ab dem 30. Geburtstag, bei vielen bereits am Ende der Pubertät, daher beweist Nadja Auermann, eines der gegenwärtig bestbezahlten Fotomodelle, nur Realitätssinn, wenn sie sagt, ab einem gewissen Alter lasse sich Sport nicht mehr vermeiden. Auf die Frage, welches Alter das wohl sei, sagte sie: »Um die 20 herum sollte man anfangen.«

Denn dann kann anfangen, was auf Dauer nur zwei von zehn Frauen erspart bleibt: Der Bauch wölbt sich vor, Hüfte, Po und Oberschenkel werden wabbeliger und runder: Die Rede ist vom *weiblichen Fettgewebe*, wie es bis 1973 unappetitlich hieß – dann erfand das Modemagazin *Vogue* dankenswerterweise das Wort *Cellulite* und verlieh so diesen Wucherungen wenigstens die Würde eines medizinischen Defektes. Die Cellulite machte eine steile Karriere. Es ist eine geradezu unglaubliche Propagandaleistung, mit welcher Beharrlichkeit, Dreistigkeit und mit welchem Erfolg Werbung und Frauenzeitschriften in den letzten zwanzig oder dreißig Jahren den biologisch normalen Frauenkörper zu einer einzigen ›Problemzone‹, ja einer Abnormität der Natur umdefinierten – eine Fernsehwerbung bejubelt ein Turngerät für die Oberschenkelmuskulatur mit den Worten, es helfe, wo die Natur geschlurt habe; ein Schönheitschirurg preist in einer ganzseitigen Anzeige seine Fettabsaugdienste mit dem Hinweis an, er behandle genetisch bedingte ›Körperdisproportionen‹. Was früher ›weiblich‹ war, heißt jetzt ›gynoid‹, was nicht zufällig an negativ besetzte Worte wie ›mongoloid‹ und ›schizoid‹ erinnert. ›Problemzonen der Frau‹ ist, nebenbei bemerkt, eine sehr geschickte Wortwahl, suggeriert sie doch, *das* seien die wirklichen Probleme *aller* Frauen.

In der Frauenbibel der emanzipierten neunziger Jahre endet die Vertreibung aus dem Paradies nicht mit dem Satz: »Und sie wurden gewahr, daß sie nackt waren«, sondern mit: »Und Eva wurde gewahr, daß sie Cellulite hatte.« Die Welt ist eben einfach ungerecht zu Frauen, das bestreitet selbst die Reklameindustrie nicht mehr, wie folgender Spruch für ein ›Cellulite Control Program‹ beweist: »Das Phänomen Cellulite hat noch nie etwas von Gleichberechtigung gehört: Es betrifft fast nur Frauen.« Das ist so wahr, daß man mit Nicken kaum nachkommt, denn diese Fettablagerungen gehören zur genetischen Ausstattung ›Frau‹ wie der Bartwuchs zur genetischen Ausstattung ›Mann‹. Aber was hielten Sie von der Werbebotschaft: »Das Phänomen Bartwuchs hat noch nie etwas von Gleichberechtigung gehört: Es betrifft fast nur Männer!« Oder stellen Sie sich vor, die Titelseite einer Zeitschrift brüllte Ihnen die sensationelle Neuigkeit entgegen, »80 Prozent der deutschen Männer leiden unter Bartwuchs!« Ja, ja, Sie haben recht, das habe ich gerade erfunden, in Wirklichkeit lautet der Satz auf der Titelseite: »80 Prozent der deutschen Frauen leiden unter Cellulite.« Ich habe ihn in den letzten Jahren in mindestens einem halben Dutzend Zeitschriften gefunden, und irgendwie klingt er doch ganz normal, oder?
Die Propaganda war so erfolgreich, daß wir tatsächlich meinen, wir hätten etwas falsch gemacht, es sei unsere Schuld, wenn wir an den Oberschenkeln Dellen bekommen. Sie hat es fertiggebracht, daß keine Mühe und kein finanzielles Opfer übertrieben scheinen, um die verhaßte Cellulite loszuwerden: »Wärme,

Farblicht, ätherische Öle und durchblutungsfördernde Schröpf-
methoden, Gleichstrom und stramme Bandagen.« ›Schröpfme-
thoden‹ erinnert an die Roßkuren der Bader, ›Gleichstrom‹,
wie auch der folgende Text, an Elektroschocks in der Psy-
chiatrie:

> »Eine neue Methode ist die Elektro-Lipolyse, bei der die
> Fettzellen mit Strom praktisch weggeschmolzen werden.
> Hauchdünne Spezialnadeln werden vier bis fünf Zentimeter
> tief in die Haut geschoben. Über sie wird im Unterhaut-
> gewebe ein leichter Strom erzeugt, der ein elektrisches Feld
> aufbaut, das direkt auf die Fettzellen wirkt. Diese Behand-
> lung darf nur vom Arzt durchgeführt werden, der dazu maxi-
> mal sechs Sitzungen von je einer Stunde pro Woche braucht.
> Die Kosten liegen bei etwa 300 Mark pro Sitzung.«

Die pseudowissenschaftliche Sprache, der warnende Verweis
auf den Arzt, der Begriff ›Sitzungen‹, der an Therapie denken
läßt – alles an dieser Anzeige soll den Eindruck erwecken, daß
es sich um die Behandlung einer Krankheit, wenn nicht gar
einer schweren Krankheit handelt – und die gewollte Assozia-
tion zu Medizinischem ist wohl auch dafür verantwortlich, daß
›Orangenhaut‹, ein umgangssprachliches und anschauliches
Wort für Cellulite, völlig verschwunden ist.
Verglichen damit ist ein Body-Wrapping gegen Cellulite lustig.
Dazu wickelt eine Kosmetikerin den ganzen Körper fest in eine
Art dicke Klarsicht-Folie, woraufhin er aussieht wie einge-
schweißtes Putenfilet. In diesem Schwitzkasten schmelzen angeblich rasch einige Pfunde an den ›Problemzonen‹ – ideal kurz
vor dem Urlaub! Auch wenn es die Urlaubskasse anknabbern
wird: Für die paar Pfund braucht es zehn Sitzungen à 70 Mark.
Ich habe einmal eine solche Frischhaltemumie auf einer Kos-
metikmesse gesehen. Die Dame sah nicht glücklich aus.

Der Aufwand wird getrieben, weil es nicht mehr reicht, *schlank* zu sein. Die Schraube wurde eine Umdrehung weiter angezogen: Nun wird der weibliche Körperbau (also: die genetischen Anlagen) ignoriert, ja bekämpft. Da junge Mädchen noch keinen voll ausgebildeten weiblichen Körper haben, entsprechen sie dem Ideal am ehesten. Das wird mit jedem Lebensjahr schwieriger, denn Cellulite wird durch Schwangerschaft, Wechseljahre (auch die Einnahme der Antibabypille) begünstigt – durch alles, was eine Frau aufgrund ihrer biologischen Ausstattung im Leben ereilen kann (und meist auch ereilt). Und wer dann noch hin und wieder etwas ißt, hat sich die Knabenfigur gründlich ruiniert. Nun kann Hungern beim Kampf um die Figur zwar nie schaden, aber es genügt nicht, denn erst wer extrem untergewichtig ist, verliert diese Dellen. Wer also nicht am Rande des Hungertods leben, sondern wenigstens gelegentlich etwas essen möchte, muß zum Schlankbleiben den Fettanteil in der Ernährung auf maximal sechzig Gramm, manche Diät-Fundamentalisten meinen gar: zehn bis zwanzig Prozent senken (nie wieder Oliven, Avocado, Croissants, Döner, Cashewkerne, Schokolade, getrocknete Tomaten in Olivenöl, Gorgonzola oder Zwiebelkuchen), und sich den straffen Körper durch Bewegung und Muskelaufbau erkämpfen.

Dieser Kampf begann in den Jahren zwischen den Weltkriegen relativ harmlos mit einigen wenigen Gymnastikübungen, die gegen Speckbauch und wabbeligen Po empfohlen wurden – ich erinnere mich noch gut, daß ich mir als Teenager das dickste Buch aus dem Bücherschrank auf den Bauch legte und mit hochrotem Kopf versuchte, es durch Ein-und Ausatmen in Bewegung zu bringen. Als in den siebziger Jahren die Fitneßwelle aufschäumte, ging es noch nicht vorrangig um die Gestaltung bestimmter Körperzonen, sondern um einen schlanken Körper, um Kondition und größere Belastbarkeit. Jane Fonda pries Aerobic, die schweißtreibende (und gelenkschädigende)

Gymnastik zu schneller Musik, als Allheilmittel für alles, was eine Frau plagen mochte – von waberndem Fleisch bis zu mangelndem Selbstwertgefühl. Dabei ging sie mit solch entschiedenem Eifer und solcher Humorlosigkeit zur Sache, daß man sich ernstlich fragen mußte, welchen Dämon sie austreiben wollte. Nichte Bridget Fonda frotzelte unlängst, dieses Aerobic-Gehüpfe könne einem nicht guttun, da dabei ständig das Gehirn gegen die Schädeldecke schwappe. Doch Aerobic trainiert Ausdauer und Kreislauf, verbessert die Figur generell, und außerdem kann eine gute Kondition – ob mit Aerobic oder auf andere Weise erworben – viel zu dem ganz realen Gefühl von Stärke, Freiheit und Unabhängigkeit beitragen. Wer ins Fitneß-Studio geht, um schlank zu werden, kann durchaus erleben, daß ein kraftvollerer Körper ganz generell mehr Selbstvertrauen verleiht. Und es kann tatsächlich auch einfach *Spaß* machen: Ich habe eine Freundin, die mit Anfang Sechzig widerstrebend ins Fitneß-Studio ging, weil sie so wenig Kraft hatte, daß sie fürchtete, ihren Alltag bald nicht mehr bewältigen zu können. Inzwischen ist sie nicht nur stärker, als sie es je in ihrem Leben gewesen ist – sie *liebt* die Übung an Gewichten und erzählt davon mit leuchtenden Augen!

Aber fit *sein* genügt seit der zweiten Hälfte der Achtziger nicht mehr, jetzt soll, ja muß man fit *aussehen*. Die ›Problemzonen‹ Oberarme, Po, Bauch, Schenkel werden durch spezielle Übungen, meist mit Geräten, gefestigt, bis der Körper jenen ›sanft gemeißelten, definierten Look‹ hat, den Frauen wie Madonna in Mode brachten. Es entbehrt nicht einer gewissen Komik, daß ausgerechnet sie, die sich als Kopie der knuddelig-weichen Monroe stilisiert hat, sich mit unerbittlicher Disziplin und Verbissenheit den ›neuen, sehnig-harten Frauenkörper‹ erarbeitet hat. ›Erarbeiten‹ ist das richtige Wort, denn ein solcher Körper wird einem nicht geschenkt. Auch Jane Fonda, inzwischen angeblich von Aerobic zum viel sanfteren Yoga konvertiert, stemmt Gewichte, wie ihre muskulösen Oberarme verraten.

Diese muskulösen Frauenarme künden von einer weiteren Körperrevolution der letzten zehn, zwanzig Jahre. Sport war jahrhundertelang für Frauen tabu, nicht zuletzt, weil die Unterschiede zwischen Männer- und Frauenkörper um so deutlicher sind, desto weniger Sport eine Frau treibt. Und wenn sie schon Sport trieben, mußten sie dabei immer graziös, schön und elegant bleiben. Jetzt präsentieren Zeitschriften und Werbung Hochleistungssportlerinnen als ideale Frauen(körper). Frauenkörper werden als kämpferische Sportkörper gezeigt und gefeiert.

Es gilt allerdings immer noch als unweiblich, einer Frau das Gewichtstraining sofort anzusehen – sie muß viel Zeit in etwas investieren, das nur Wert hat, wenn es im Grunde unsichtbar ist. Sie muß eine feine Balance treffen, vergleichbar mit Putzen und Aufräumen: Man sieht, wenn es nicht gemacht ist, aber wenn man sieht, was gemacht wurde, ist es definitiv zu viel! Ist dieser Körper aber genau richtig – hat er also nicht zu viel, nicht zu wenig Muskeln – macht er zur Selbstdarstellung mehr her als Porsche und Rolex zusammen.

Wie jedes statusverleihende Produkt unserer Zeit trägt auch er einen Designernamen: ›Nautilus-Body‹ – *Nautilus* ist der Name des bekanntesten Herstellers von Fitneß-Geräten. Der Nautilus-Body ist exklusiver als ein Jil Sander-Kleid oder ein Armani-Anzug, weil er nicht zu kaufen ist, ja die finanzielle Hürde ist für viele kaum der Rede wert: Normale Fitneß-Clubs kosten 50 bis 150 Mark Mitgliedsbeitrag monatlich (natürlich gibt es exklusivere, die teurer sind, aber das muß ja nicht sein).

Heißt das, daß es beim Erwerb dieses begehrten ›Bodys‹ demokratischer zugeht als bei anderen Statusobjekten und Luxusgütern? Schließlich muß der Millionär ebenso schwitzen wie die Verkäuferin, da hilft das ganze Geld nicht. Entscheidend sind nur Disziplin, Ausdauer, Zielstrebigkeit. Und man will ja nicht aussehen wie Madonna – wer wie sie und Angehörige einiger anderer Berufe (Models, Schauspielerinnen und dergleichen) den eigenen Körper als ›Betriebskapital‹ braucht, muß ihn der diesjährigen Mode anpassen, damit er nach diesen Kriterien ohne Peinlichkeiten vorzeigbar und vermarktbar ist. Doch eine normale Frau wird von sich kaum ein derart hartes Training verlangen – sie will nur ein bißchen fitter sein. Und vor allem schlanker.

Das scheint im Fitneß-Studio erreichbar. Viele Frauen meinen, deren Trainingsangebote mit dem chronischen Zeitmangel ihres Alltags verbinden zu können: Ich bin nicht an feste Zeiten gebunden und kann daher zwischendurch rasch eine Stunde hingehen, mache nur Übungen, die ich für meine ›Problemzonen‹ und meine Kondition (oder Schlappheit) maßgeschneidert bekomme, und mühe mich nicht mit Kram ab, der ›eh nichts bringt‹. Und die Ödnis dieser einen Stunde, in der ich an Geräten keuche wie der Hamster im Rad, werde ich ja noch durchstehen (den Pailletten-Mini oder die kneifende grüne Sommerhose vor dem inneren Auge).

Aber irgend etwas kann da nicht stimmen, denn warum wären die ›Maschinenkörper‹ so begehrt und bewundert, wenn alles so einfach wäre? Es sollte einem zu denken geben, daß der Nautilus-Body trotz aller demokratischen Versprechen bei Arbeiterinnen, Verwaltungsangestellten und Verkäuferinnen ebenso häufig anzutreffen ist wie Jil Sander-Mäntel und Armani-Kostüme. Es sollte einen auch stutzig machen, daß die Stars im Film- und Modegeschäft einen persönlichen (teuren) Trainer (oder Trainerin) ins heimische Studio kommen lassen, um mit ihnen Krafttraining an Geräten und Aerobic zu machen – und zwar *täglich* und bis zu vier Stunden lang. Cindy Crawford, einer der großen Stars im Modelgeschäft, beschäftigt gar zwei Trainer. Patti Hansen, mit 35 bereits ein ›älteres‹ Model, spricht von der ›Qual der Step- oder Bodybuilding-Sessions‹, der sie sich wöchentlich drei- bis viermal unterzieht. Nicht aus Eitelkeit, und nicht, weil es ihr Beruf als Model verlangt, sondern nur, um gesund zu bleiben. Sagt sie. Und fügt kokett hinzu, sie wolle natürlich auch mit sechzig im Badeanzug noch gut aussehen.

Unter dem wabbeligen Fett, das Sie im Spiegel sehen, liegt also der stromlinienförmige Körper, den Sie sich ersehnen (sollen)! Seien sie Ihres Körpers Schmiedin, Ihr Körper ist ein Material, aus dem Sie etwas wirklich Schönes machen können. Also raus aus den Kissen! Viele (ich vermute: die meisten) Frauen, die sich kein privates Fitneß-Studio und keinen privaten Trainer leisten können, und die den Versprechen der Fitneß-Studios Glauben schenken, daß auch sie den Wunschkörper der Schönen und Reichen haben könnten, erfahren buchstäblich am eigenen Leib, was so schwierig daran ist, sich in das Ebenbild von Dynamik und Schönheit zu verwandeln. Das Teure und das Exklusive am Nautilus-Körper ist *Zeit*.

Das ist es: Man braucht dafür einfach sehr viel Zeit. Der Zeitbedarf für das ›normale‹ Training wird häufig drastisch unterschätzt – eine Stunde pro Woche ist besser als nichts, bringt aber für die Figur wenig. Wer sich mehrfach wöchentlich eine halbe Stunde intensiv bewegt, wird fitter, nicht aber schlanker, wer Fett verbrennen will, muß vier- und fünfmal wöchentlich mindestens 30-45 Minuten lang bei mittlerer bis hoher Belastung trainieren. Das ist die reine Trainingszeit, hinzu kommen die Fahrt zum Fitness-Studio, Umziehen, Duschen, usw.

Schon nach zwei Wochen Aerobic und Gerätearbeit, so eine Trainerin, sei im Befinden eine Veränderung zu spüren. Sichtbare Veränderungen dauern selbst bei guten Genen und sechs wöchentlichen Trainingsstunden mehrere Wochen. Da der weibliche Körper Fett als erstes dort einlagert, wo es am wenigsten erwünscht ist, und es dann dort festhält wie ein Bullterrier den Knochen, sei mit ›vorzeigbaren Resultaten‹ erst nach vier bis sechs Monaten zu rechnen.

Viele Frauen wissen das nicht, wenn sie in einem Fitneß-Studio Mitglied werden, und lassen nach wenigen Besuchen ihr Jahresabonnement ungenutzt verfallen, weil sie keine Zeit haben, weil es ihnen keinen Spaß macht, weil sie es zu mühsam finden, weil sie erkennen, daß sie aus gutem Grund nie Sport gemacht haben: Sie fanden und finden es ätzend.

So behalten sie nicht nur ihre Cellulite, sie bekommen ein schlechtes Gewissen, das Geld für mehrere Monate Mitgliedsbeitrag zum Fenster hinausgeworfen zu haben, sowie einen kräftigen Dämpfer für ihr Selbstbewußtsein. Sie beschuldigen sich, nicht genügend Willensstärke und Disziplin zu besitzen, um das ›durchzuziehen‹, und fühlen sich als Rundumversagerin. Statt Muskelkater bleibt ihnen auf Dauer nur Katzenjammer.

Dabei schwärmen Aerobic- und Bodybuilding-Begeisterte von dem wunderbaren Gefühl, etwas für sich zu tun und nach den Trainingsstunden den eigenen Körper richtig zu spüren. Dieses Glück bescheren natürlich auch Skilanglauf, Tennis, Marathonlauf, Zehnkampf, Tanzen und viele andere Sportarten, auch sie trainieren Kondition und Geschmeidigkeit. Manche bieten daneben die Freude, etwas mit anderen zusammen zu tun. Step- oder Bodybuilding-Sessions sind zwar gut für die Kondition, dabei aber mindestens so unkommunikativ wie Langstreckenlaufen. Und in den Gesichtern der Leute, die sich an den Geräten plagen, erkenne ich weder Vergnügen noch Spaß.

Aber um *Spaß* geht es natürlich nicht. Es geht allein darum, gezielt und mit so wenig Zeitaufwand wie irgend möglich einen bestimmten Körper herzustellen. Darin sind diese ›Sessions‹ allen anderen Sportarten überlegen: Man braucht sich, wie gesagt, nicht mit Kram aufzuhalten, ›der nichts bringt‹, denn niemand macht mehr etwas ›einfach nur so‹. Es muß sich lohnen, es muß etwas ›dabei herausschauen‹. Selbst Leute, die früher sagten, sie machten dieses oder jenes aus Spaß, nennen das heute ›endlich mal wieder etwas für sich tun‹.

›Ich tue etwas für mich‹ bedeutet: Ich bin ein beschäftigter Mensch, ich verplempere meine Zeit nicht. Ich investiere in das Kostbarste, was ich besitze: mich selbst. Da will ich nicht auf die Launen und Schwächen anderer Rücksicht nehmen müssen. Das ›ziehe ich lieber allein durch‹. Und der Gegner, den ich bezwingen muß, ist mein eigener innerer Schweinehund, der mich vom Training abhalten will.

Das alte Bibelwort »Der Geist ist willig, aber das Fleisch ist schwach« lautet in den neunziger Jahren: »Die größte Herausforderung kommt nicht von jemand anderem. Sie ist der Schmerz in deiner Lunge, das Brennen in deinen Beinen, die Stimme in dir, die schreit ich kann nicht. Aber du hörst nicht hin. Du strengst dich noch mehr an. Dann hörst du die Stimme flüstern »ich kann«. Und du entdeckst, daß der Mensch, der du zu sein glaubtest, dem Menschen nicht gewachsen ist, der du wirklich bist.« Wenn also mein Körper mir sagen will, ›Ich kann nicht mehr‹, brüllt der Spieß in mir zurück, ›Maul halten, weitermachen‹. Das ist nicht das liebevoll zugewandte Zwiegespräch, das ich bisher unter der Überschrift ›Mein Körper will mir etwas sagen, und ich lausche‹ vermutet habe – das bleibt wohl den harmonisch-sanften Yogastunden vorbehalten.

Ein weiterer Werbetext dieser Firma erläutert das Verhältnis Geist-Körper genauer: »Was ermöglicht es jemandem, einen Marathon zu laufen, eine Aerobicstunde zu beenden, den Mount Everest zu besteigen? Ausdauer. Die Kraft des Geistes über die Materie. Diese Kraft erlangt völlige Kontrolle über deinen Körper und lehrt ihn, weiterzugehen, wenn alles andere ihm sagt, er solle stehenbleiben.« Und: »Wenn du erst einmal erfaßt, wieviel Kontrolle du über deinen Körper hast, wirst du die Kraft sehen, die dir in allen Bereichen deines Lebens zur Verfügung steht.«

Mit solch psychologisch geschickt konstruierten Texten bleuen uns Werbung und Zeitschriften ein, daß beim besten Willen nicht zu verstehen ist, wieso jemand etwas derart Simples wie ein bißchen Sport nicht hinkriegt, und daß alle Gründe, es nicht zu tun, nur Ausflüchte sein können. Die Chefredakteurin eines Hochglanzmagazins empfiehlt, gerade die kleinen Schwächen sportlich in Szene zu setzen. Als Beispiel nennt sie die Introvertiert-Schöngeistige, die morgens jogge, weil nichts den Kopf so freimache wie einsame Runden im Park, die Geschwindigkeitsfanatikerin, die auf Rollerblades ins Büro komme, die Redakteurin, die dreimal in der Woche ins Ballett gehe. Und sie beschreibt die Freuden, im Englischen Garten zu reiten, weil man das ländlich-lässige Bild liebe, das man selbst abgebe – sie selbst habe zu Hause Geräte. Fitneß, so ihr Fazit, müsse Spaß machen. Kein Problem – oder?

Wir wissen es besser. Es *ist* ein Problem, in ein Leben mit Beruf, Kindern (56 % der Mütter in Deutschland sind berufstätig), Ehemann, Haushalt, Verwandten, Freundeskreis, täglicher Zeitungslektüre und einigem mehr, regelmäßige Sporttermine einzuplanen. Aber solche Schwierigkeiten werden häufig genug mit der Phrase ›Machen Sie es sich zur festen Gewohnheit, und lassen Sie sich durch nichts davon abbringen‹ vom Tisch gefegt. Ein euphorischer Bericht über eine neue Gymnastik schließt mit dem Satz: »Auf ein kleines Problem muß noch hingewiesen werden: Die meisten Frauen halten nicht durch. In der Tat verlangt (diese Gymnastik), wenn sie wirksam sein soll, viel Selbstdisziplin.«

Das ist kabarettreif. Einfach alles in Sachen Körperformung (und nicht nur da) verlangt viel Selbstdisziplin, wenn es wirksam sein soll. Doch selbst bei eiserner Selbstdisziplin hat der Tag nicht mehr als 24 Stunden. Darum werden Fitneß-Studios an Frauen reich, die für ein Jahr bezahlen und dreimal kommen (mich würde brennend interessieren, wieviel Prozent ihres Verdienstes Fitneß-Studios mit diesen ›Karteileichen‹ machen, die für mehrere Monate bezahlen, aber nahezu keine Leistungen in Anspruch nehmen), darum bleiben die Weihnachtsgeschenke der letzten Jahre – Minitrampolin und Stepper – im Schrank, und darum fühlen sich so viele Frauen mies, weil sie ihre guten Vorsätze nie einhalten.

Es gibt immer Gründe, Vorsätze beiseite zu schieben und eine Verabredung zum Sport abzusagen. Eine englische Sportschuhwerbung, die sich an Frauen richtet, rattert diese Gründe gnadenlos herunter: »Meine Waschmaschine war kaputt.« »Mein Exmann kommt zum Abendessen.« »Morgen würde mir besser passen.« »Ich muß die Kinder abholen.« »Es ist zu kalt.« »Ich habe letzte Nacht schlecht geschlafen.« Um dann bissig hinterherzuschieben: »Wie lautet Ihre Ausrede?«

Antworten wie »Ich hasse Sport«, »So etwas interessiert mich nicht« oder gar »Ich habe wirklich andere Sorgen« sind offenbar undenkbar. Es scheint inzwischen eine absurde Vorstellung zu sein, daß jemand freiwillig mit einem schlaffen Körper durch die Welt laufen könnte. Wir sind ertappt – Big Brother kennt jeden unserer Gedanken und jeden unserer jämmerlichen Versuche, unser Gesicht zu wahren. Er zitiert uns wie ein zornbebender Schuldirektor vor seine Richterbank und verhängt wegen Sportschwänzen die schwerste Strafe: lebenslange Cellulite.

Nun will die Forschung herausgefunden haben, daß ein faules Leben mit wenig Bewegung, kaum Streß und reduziertem Essen den Alterungsprozeß drastisch verzögert. Grund zum Jubel? Oder wenigstens zur Entwarnung? Mitnichten: »Lohnt es sich, mit Cellulite und Fettpolstern an den Hüften dahinzuvegetieren, nur um am Ende 90 statt 80 Jahre alt zu werden? Gegen Orangenhaut und Speck ist Sport die beste Medizin. Also: Lieber etwas kürzer leben und gut aussehen oder faul auf der Couch liegen bleiben, unansehnlich werden, aber dafür steinalt?« Da ist raus, was man schon ahnte: Mit Orangenhaut ist man zu einem freudlosen Leben verdammt. Man suhlt sich im eigenen Speck und kann nur noch dahinvegetieren.

Ich will trotzdem nicht ins Fitneß-Studio. Ich will so bleiben, wie ich bin. Außerdem halte ich es mit Oscar Wilde: »Um meine Jugend zurückzuerhalten, würde ich alles auf der Welt tun, außer Leibesübungen, früh aufstehen oder ehrbar werden.« Bleibt als letzte sportliche Großtat wirklich nur, auf einen Stuhl steigen, um mich aufzuhängen?

Meine allerletzte Chance könnte ein Psychologe in Miami sein, der sich auf eine ›Motivationstherapie‹ spezialisiert hat, deren einziges Ziel ist, Faulpelze wie mich zum Sportmachen zu bekehren. Dazu gräbt er in der Vergangenheit seiner Patienten und Patientinnen, bis er das traumatische Kindheitserlebnis aufgespürt hat, das für ihre Abneigung gegen Sport verantwortlich ist. Gab es Therapieangebote bislang nur für Fitneß-Junkies – Leute also, die von Sportmachen gar nicht mehr lassen können –, wurde nun das Spektrum von ›normalem Verhalten‹ offenbar auch nach unten abgesteckt, der individuelle Ausdruck muß im genormt mittleren Bereich bleiben. Solche ›Therapien‹ und das Denken, das dahintersteht, schaffen endgültig die Vorstellung ab (der ich, altmodisch wie ich bin, immer noch anhänge), daß Menschen *verschieden* sind und verschiedene Interessen, Neigungen und Vorzüge haben. Aber ich bin nicht verschieden, ich leide nur unter einer schweren Sportphobie. Solchen Leuten empfiehlt er, sich beim Sportmachen abzulenken, zum Beispiel dabei fernzusehen. Ich bin sein Waterloo – ich gucke auch nicht besonders gern fern.

Es ist wie die Wahl zwischen Pest und Cholera: Die Alternative zu lebenslänglich Cellulite ohne Bewährung ist lebenslänglich Fitneß-Studio und magere Putenbrust. Der Kampf um die gute Figur erinnert mich an einen Dialog aus *Alice im Wunderland:* »In unserer Gegend«, sagte Alice, »kommt man im allgemeinen woandershin, wenn man so schnell und lang läuft wie wir eben.« »Behäbige Gegend!« sagte die Königin. »Hierzulande mußt du so schnell rennen, wie du kannst, wenn du am gleichen Fleck bleiben willst.«

Doch meist reicht selbst das Rennen auf der Stelle nicht aus, denn die Phantasien, wie wir aussehen wollen und sollen, passen nicht zu unseren Genen – die Vorgaben für einen modisch schönen Frauenkörper sind inzwischen so absurd, daß angeblich nur fünf Prozent der weiblichen Bevölkerung den Knochenbau und die Körperfettveranlagung haben, sie überhaupt jemals erreichen zu können. Zum Ausgleich, könnte man zynisch spotten, bleibt jetzt aber niemand, wirklich niemand mehr von der Aufforderung ausgenommen, diesem Ideal nachzueifern. Junge wie alte Frauen sollen sich fit und jung und schlank und straff halten, Jane Fonda ist das leuchtende Beispiel, daß eine Frau auf die 60 gehen und wie 35 aussehen kann. Selbst Schwangere sowie Frauen, die gerade ein Kind zur Welt gebracht haben, geraten zunehmend unter Druck.

Eine Schwangerschaft gilt kaum noch als bedeutendes, einschneidendes Erlebnis im Leben einer Frau. Sie wird als vorübergehender Ausnahmezustand definiert, wenn nicht gar als Krise. Schwangerschaft und Entbindung sollen ohne viel Aufhebens vor sich gehen, eine Schwangere soll keine Schonung erwarten, sich nicht ›anstellen‹.

In diesen Monaten bricht der Frauenkörper auf, wird voluminös, schwer, schlaff und weich. Da dies mit dem herrschenden Schönheitsideal unvereinbar ist, zielen ärztliche Ratschläge für die Körperpflege der Schwangeren vor allem darauf ab, dauerhafte ›Deformierungen‹ durch die Schwangerschaft zu begrenzen. Brust und Bauch werden massiert, eingecremt, trainiert und gestützt, damit sich der Körper während der Schwangerschaft so wenig wie möglich verändert, die Brust nach dem Stillen »wieder so straff und schön wird wie vor der Schwangerschaft«, »unschöne Dehnungsstreifen« und ein vorgewölbter Bauch verhindert werden. Schwangere sollen »attraktiv *bleiben*«, da klingt an, daß sie keine eigene Attraktivität haben oder gar in den Monaten bis zu der Geburt bekommen können. Frauenzeitschriften meiden das Thema Schwangerschaft und alle damit einhergehenden körperlichen Veränderungen nahezu völlig, und wenn sie einen Artikel darüber bringen, lautet die vielsagende Überschrift: »Schwanger und trotzdem schön.« *Trotzdem.* Wie: Dick und trotzdem schön. Alt und trotzdem schön. Warum schreien wir eigentlich bei solchen Überschriften nicht laut auf vor Wut und Empörung?

Nach der Entbindung müssen alle Spuren dieser gewaltigen und einzigartigen körperlichen Veränderungen getilgt werden. Die ›junge Mutter‹ muß rasch ihre ›alte Figur‹ wiedererlangen, denn nach der Geburt ist sie nicht nur Mutter (mindestens) eines Kindes. Sie ist häufig auch eine berufstätige Frau, die dynamisch aussehen muß, und sie ist die Sexualpartnerin eines (ihr angetrauten oder nicht angetrauten) Mannes. Vor allem letzteres spielt eine erhebliche Rolle. Es ist eine verbreitete Meinung, daß körperliche Spuren der Schwangerschaft und des Stillens vor allem deswegen entschieden bekämpft werden müssen, weil sie zu einer sexuell anziehenden und aktiven Frau nicht passen.

So erläuterte eine dreifache Mutter ihre Brustvergrößerung damit, daß nach dem Stillen ihr Busen ihrem Selbstbild als attraktiver Frau nicht mehr entsprochen habe: »Mit meinem Silikonbusen habe ich meinen Körper nicht betrogen oder verraten, ich habe ihn mir wieder angeeignet.« Aber was sie sagt, ist auch: Dieser Mutterkörper zwingt mich in eine Rolle, die nicht zu mir paßt. Das bin nicht ich. Ich bin gern Mutter dreier Kinder, aber ein Teil von mir ist unverändert geblieben. Ich will nicht von der sexuell attraktiven Frau in die Rolle »Mutter« wechseln müssen, ich will beides sein.

Das ist nicht nur verständlich, es ist das Recht einer jeden Frau. Etwas grundlegend anderes ist es jedoch, wenn dergleichen als *Pflicht* einer jeden Frau definiert wird: Da angeblich ein Mutterkörper Männer abturnt, darf keine Frau nach ›Mutter‹ aussehen, egal, wie viele Kinder sie hat. Eine Schwangerschaft verändere angeblich nichts an einem Frauenkörper, was nicht rückgängig gemacht werden könne – auch wenn das nach dem zweiten und dritten Kind schwieriger sei als nach dem ersten. Keine Frau sollte auf Verständnis hoffen, wenn sie versucht, ihre 10 (oder 20 oder 30) Pfund vermeintliches Übergewicht mit zwei oder drei Kindern zu entschuldigen. Wenn sie sich nicht darum bemühe, ihrem Mann eine attraktive Geliebte zu bleiben, habe sie es nur sich selbst zuzuschreiben, wenn er sich an der sehnigen Flanke einer anderen tröste. Sie lasse sich eben gehen. Was kann man da anderes erwarten. Der arme Ehemann! Die Mutter seiner Kinder sieht aus, als sei sie Mutter von Kindern . . .

Und es gibt einen weiteren, wenn auch reichlich zynischen

Grund: Beziehungen (mit oder ohne Trauschein) halten nicht mehr ewig. Eine gebundene Frau kann nicht wissen, ob sie ihren Körper nicht noch für eine weitere Partnersuche braucht.

Die amerikanische Vorzeigefrau in Sachen Schwangerschaft ist die Schauspielerin Demi Moore. Sie präsentierte ihren hochschwangeren, athletisch trainierten Körper auf dem Umschlag des Magazins Vanity Fair – nackt, die Brust züchtig verdeckt. Obwohl das Bild auf eigenartige Weise keusch wirkt, löste es im puritanischen Amerika einen ungeheuren Skandal aus, weil es die Trennung von Frauen in sexuelle Wesen einerseits und mütterliche (d.h.: asexuelle) Wesen andererseits verletzt. Moore sagte, es hätte nicht viel gefehlt, und das Titelbild wäre als pornographisch bezeichnet worden.
Seit der Geburt des Kindes (es war ihr zweites) trainiert sie täglich drei, manche Artikel sagen: vier Stunden. Einen Monat vor der Geburt des dritten Kindes erklärte sie in einer Live-Talkshow, sie werde jetzt zeigen, was Schwangere alles können, sprang auf und machte – vor den Augen der Nation und des fassungslosen Talkmasters – quer über die Bühne mehrere Flic-Flacs, einen davon als Überschlag ohne Hände.

Die deutsche Zeitschrift Marie Claire hatte schon zwei Jahre vor Vanity Fair den Schritt gewagt, eine Hochschwangere auf dem Titel abzubilden – das Fotomodell Yasmin le Bon. In dem langen Artikel, der ihr gewidmet war, wurde mehrfach betont, die im achten Monat Schwangere habe während des Fototermins »nicht gejammert oder aufgrund ihrer Schwangerschaft Sonderwünsche angemeldet« – auch hier wieder die Pflichtübung der pflegeleichten Schwangeren. Die Umstandsmode, die sie auf den Fotos trägt, ist so sexy, daß es einem fast die Sprache verschlägt: ein bodenlanges, glänzendes Kleid aus hauchdünnem Stoff. Stretchbody mit Netzstrümpfen. Ein winziges Minikleid. Und als Höhepunkt eine offene Lederweste, die den nackten Bauch auf provozierend erotische Weise zeigt. Der Anfang war gemacht: Seither lassen sich immer mehr Schauspielerinnen und Sängerinnen am Ende ihrer Schwangerschaft quasi unbekleidet fotografieren. Nachdem Schwangerschaften jahrzehnte-, ja jahrhundertelang durch Kleidung betreten kaschiert werden, darf der Bauch endlich selbstverständlich und stolz präsentiert werden. Das kann niemand bedauern.

Die entscheidende Frage ist allerdings, ob diese wirkliche Befreiung – eine Schwangere kann tragen, wonach ihr der Sinn steht, und wenn das nichts ist außer Stretchbody mit Netzstrümpfen, geht das nur sie selbst etwas an – in einen neuen Zwang umkippen wird: Eine Schwangere, die keinen Stretchbody mit Netzstrümpfen tragen will oder kann, ist nicht attraktiv.

Mit diesen ersten (noch skandalumwitterten) Beispielen einer ›nackten‹ Umstandsmode ist die letzte Bastion einer Kleidung gefallen, die den Körper zu einem Geheimnis machte, und mit der manches optisch ›weggemogelt‹ werden konnte. Jetzt ist mit Bodys, knappsten Shorts und transparenten Röcken der Punkt erreicht, wo Kleidung wenig mehr ist als erotisch verhülltes Unbekleidetsein. Und gelegentlich leider eine beträchtliche ästhetische Zumutung.

Aber die ›normale‹ Frau trägt im Alltag weder schwarze halblange Spitzenunterhosen zu Lederjacken noch Miniröcke von der Breite eines Rollkragens mit nabelfreien Trikothemdchen und Barbie-Pantoletten. Natürlich kann sie den eingangs erwähnten paillettenbesetzten Stretchmini anziehen, wenn sie das möchte, und es bleibt auch ihr überlassen, ob sie ihren Rock lieber kurz unterm Schritt oder am Knöchel enden läßt, ob sie rosa lieber als braun und College-Schuhe lieber als Pumps trägt, ob sie sich wie Nina Hagen oder Hannelore Kohl zurechtmachen möchte. Dies hat zu der verbreiteten Auffassung geführt, es gebe keine allgemein verbindliche Mode mehr, jede Frau könne tragen, was sie wolle.

Ganz falsch. Es gibt kein Modediktat für *Kleider* mehr. Das

Modediktat betrifft den *Körper*. Unter dem Stoff darf der Körper einer Frau sich nicht mehr wölben und nicht mehr wackeln als bei einer Schaufensterpuppe: gar nicht. Geräumige Kleidung mogelt nicht ein paar Pfunde weg, wie Zeitschriften uns glauben machen wollen, sondern plakatiert sozusagen, daß eine Frau ein paar Pfunde wegzumogeln wünscht. Unmodern ist im Zweifel nicht mehr der Rock, den sie trägt, sondern der Körper, den sie hat – wenn sie den ›Nautilus-Body‹ hat, kann sie tatsächlich anziehen, was sie will. Sie ist immer modern. Hat sie ihn nicht, kann sie anziehen, was sie will, denn dann ist es eh schon egal.

Übertreibe ich? Ja, ich übertreibe. Trage ich zu dick auf? Ja, ich trage zu dick auf. Aber wenn Sie mich fragen: nur ein wenig.

4. Kapitel Schnippeln

15 Gramm Silikon auf jedes Jochbein,
das gibt dem Gesicht Rasse.

Kleider, sagte im letzten Jahrhundert ein deutscher Dichter, sind die Waffen, womit die Schönen streiten, und die sie, gleich den Soldaten, dann nur von sich werfen, wenn sie überwunden sind. Wenn das stimmt, ist es mit unserer Macht nicht weit her, denn es gab in den letzten zwei- oder dreitausend Jahren in Europa vermutlich keine Epoche, zu der sich Frauen – in der Öffentlichkeit, aber auch im privaten Bereich – so weit ausziehen konnten, ja *mußten* wie heute.

Es ist schwer vorstellbar, daß im letzten Jahrhundert allein der Anblick eines bestrumpften Frauenknöchels Männer rasend gemacht haben soll, auch wenn es (jedenfalls mir) einleuchtet: Je weniger vom Frauenkörper preisgegeben wird, um so erotisierender wirkt noch das kleinste bißchen Haut, um so lebhafter können sich die Gedanken um das ranken, was man(n) nur in der Phantasie sehen kann.

Mit jeder Kleiderschicht, die in unserem Jahrhundert fiel, fiel eine weitere Möglichkeit, Illusionen zu schaffen und aufrechtzuerhalten. Es reduzierten sich zugleich die Möglichkeiten, den Körper mit mechanischen Hilfsmitteln optisch zu modellieren: Formende und stützende Mieder für Busen, Taille, Bauch, Hüfte und Oberschenkel sind vom Markt verschwunden, denn zum ersten Mal in der Geschichte bezieht sich das Schönheitsideal nicht auf den bekleideten, sondern den unbekleideten Körper – Messungen an alten Kleidern haben ergeben, daß die schmalen Taillen des 19. Jahrhunderts, die mit Hilfe des Korsetts erreicht wurden, heute eher Durchschnitt sind – dabei liegt es mir fern, dem Korsett und der vermutlich überaus beschwerlichen Frauenmode früherer Jahrhunderte ein Loblied zu singen!

Doch statt die Schnüre am Korsett enger zu ziehen, muß man sich um des flachen Bauchs willen jetzt selbst am Riemen reißen, da die Korsage nicht unter, sondern statt Bluse getragen wird und nichts mehr hält, was nicht jeder sehen darf und soll. Vorbei auch die Zeiten, als Mode mit ihren (aufregenden, pfiffigen, witzigen) Extremen jungen Frauen vorbehalten blieb, als es verpönt war, wenn eine Frau über 35 sich ebenso schrill und aufreizend kleidete wie die ›jungen Dinger‹, als Schönsein noch nicht zu den Pflichten einer Ehefrau, Hausfrau und Mutter gehörte und niemand von einer Frau erwartete, in Figur und Sportlichkeit mit ihrer achtzehnjährigen Tochter zu konkurrieren.

Doch auch nicht alle Achtzehnjährigen sind gleich gut für eine Mode gerüstet, die noch die kleinste Körperfalte und Körperwölbung offenbart. Es ist nicht mehr tabu, so knapp bekleidet das Haus zu verlassen, daß sich andere Frauengenerationen in der Hochzeitsnacht geschämt hätten. Ja es ist nicht einmal mehr tabu, sich jedem, der zufällig guckt, quasi oder tatsächlich nackt zu präsentieren: Selbst in einem einteiligen Badeanzug sind wir ja praktisch unbekleidet.

Doch wie es im Leben so geht, wenn ein Tabu fällt, ist das nächste schon in den Startlöchern. Jetzt ist es verpönt, sich *nicht* auszuziehen. Wer nicht bei praktisch jeder Gelegenheit bereit ist, gut gelaunt und heiter die Kleider von sich zu werfen, kommt leicht in den Ruf, verklemmt und spießig zu sein. Es ist nicht mehr peinlich, sich vor anderen auszuziehen, aber es ist schrecklich peinlich, dann nicht gut auszusehen.

Viele Frauen sind zutiefst deprimiert, weil es ihnen nicht gelingt, dem herrschenden Körperideal gerecht zu werden. Es deprimiert sie und es erfüllt sie mit Scham. Diese Scham bezieht sich auf das Aussehen des Körpers, genauer gesagt, auf das, was sie als seine Mängel empfinden: Fettröllchen, zu wenig Taille, zu viel Hüfte, Krampfadern, usw. Das ist besonders hart, da zu allem Überfluß auch Scham verpönt ist und als prüde und unmodern gilt. Scham ist, überspitzt gesagt, geradezu ein Tabu: Wer sich heute noch schämt, sollte sich schämen!

So zieht sich die Schlinge zu: Man schämt sich, weil man schlaff, fett, unproportioniert ist. Allein die Vorstellung, sich vor anderen ausziehen zu müssen, löst weitere Scham und Panik aus, weil dann ›die Wahrheit‹ an den Tag käme, die man bis-

lang trickreich – also: mit unredlichen Mitteln – verborgen
hatte. Dazu gesellt sich die zusätzliche Scham, derartigen ne-
bensächlichen Äußerlichkeiten und dummen Eitelkeiten so
viel Gewicht beizumessen. Und wer aus ›blöder Eitelkeit‹ alle
Rezepturen durchprobiert, die Frauenzeitschriften bereithalten,
schämt sich zuzugeben, wieviel Anstrengung, Geld und Kummer in diese Versuche der ›Nachbesserung‹ gehen und tut es
nicht selten insgeheim.

Eine Freundin von mir macht gelegentlich Trink-Diäten,
weiß aber natürlich, daß das nicht die ›korrekte‹ Art ist, abzunehmen. Es wäre ihr so peinlich, wenn Bekannte sie zufällig
beim Kauf dieses Pulvers ertappten, daß sie nur deswegen in
eine Apotheke in einem anderen Stadtteil fährt. Eine andere
Frau, die gerade 20 Kilo abgenommen hatte, erzählte, sie habe
sich ihres Übergewichts so geschämt und anfangs so sehr ge-
fürchtet, mit ihrer Schlankheitskur zu scheitern, daß sie vor
ihrem Mann und ihren Kindern aufgestanden sei, damit diese
nicht merkten, daß sie frühmorgens heimlich Gymnastik
machte.

In einer deutschen Zeitschrift berichtete eine junge Frau:
»Stundenlang stand ich vor dem Spiegel, um auszuprobieren,
wie ich die Reithosen kaschieren könnte. Am besten ging das
mit Schlabberpullis. Doch irgendwann kam der Moment der
Wahrheit. Das war, als ich mit meinem Freund schlafen wollte.
Ich genierte mich entsetzlich, weil ich meine Figur so häßlich
fand. Außerdem kam ich mir vor wie eine Betrügerin, weil ich
meinen Makel bislang mit geschickter Kleidung ganz gut vor
ihm verborgen hatte.«

Die Zwanzigjährige, die dies sagt, spricht aus, was viele empfinden: Sie schämt sich ihrer Nacktheit, aber nicht auf gleiche
Weise, wie Frauen das früher in solchen Momenten taten. Es
geht nicht mehr um Nacktsein. Es geht um die Angst, dann in
einem imaginären Schönheitswettbewerb nicht mithalten zu
können.

Bei Diskussionen über Modefimmel, Diäten, Fitneßwahn, Schönheitsoperationen und so weiter vertritt immer mindestens ein Teilnehmer (oder eine Teilnehmerin) die sogenannte Stimme der Vernunft: Eine Frau solle ihren Körper annehmen, wie er ist, und sich nicht nach äußeren Schönheitsvorstellungen richten; ein Mann, der eine Frau wegen ihres kleinen Busens nicht attraktiv finde, sei es nicht wert, daß frau auch nur einen Gedanken an ihn verschwende; nicht die Beine einer Frau machten sie als Person aus, sondern ihre Seele und ihr Charakter; es sei doch zum Glück gar nicht so wichtig, wie sie aussehe, weil ihr als tüchtiger, emanzipierter Frau die Welt offenstehe – oder, von Moralhütern beiderlei Geschlechts als letzte und absolut vernichtende Waffe geschwungen: Es könne wohl mit ihrem selbständigen Denken und ihrer Emanzipation nicht weit her sein, wenn ›das bißchen Knubbel am Hintern‹ sie so unglücklich mache.

Ach ja? Und was, wenn es sie trotzdem unglücklich macht? Die zitierte Frau mit ihren Reithosen ist erst zwanzig Jahre alt und hatte, wie sie sagt, bereits seit Jahren verzweifelt versucht, ihre ›unförmigen‹ Oberschenkel mit Diäten und Sport loszuwerden. Wieviel entgangene Lebensfreude, wieviel tägliche Versagung, kurz: Wieviel *Kummer* steckt in den Worten ›seit Jahren verzweifelt‹? Ist es nicht so, daß eine Frau, die sich unattraktiv *fühlt*, meist auch unattraktiv *ist*? Ihr Kummer ist ohne Zweifel eine direkte Reaktion auf das herrschende Schönheitsideal – ohne die Bilder unnatürlich schlanker Frauen, von denen wir alle täglich überflutet werden, wäre sie wohl kaum auf den Gedanken gekommen, daß ihre Oberschenkel zu dick sind. Aber macht das den Kummer weniger echt, weniger wahr, weniger schmerzlich? Ist es wirklich so abwegig, daß sie von der Schönheitschirurgie als dem kürzesten Weg träumte, sich selbst besser annehmen zu können? Und daß sie sagt, seit sie eine Schönheitsoperation gewagt habe und sich das Fett absaugen ließ, sei sie glücklich?

Ich führe keine Statistiken, doch wer auch nur gelegentlich

eine Frauenzeitschrift in die Hand nimmt, wird bemerkt haben, daß zum einen Artikel über Schönheitsoperationen in den letzten Jahren sprunghaft angestiegen sind, und daß sie solche Eingriffe zum anderen immer beiläufiger als Alternative zu anderen kosmetischen Möglichkeiten erwähnen. Ein besonders krasses Beispiel fand ich in der Juni-Ausgabe einer italienischen Zeitschrift: Beim Kauf des neuen Badeanzuges, heißt es da, erinnere man sich mit Zornesfalten an die guten Vorsätze zum Jahreswechsel, Diät zu halten und Gymnastik zu machen. Jetzt dränge die Zeit – in Italien beginnt die Feriensaison traditionell am 15. August, daher empfiehlt der Artikel chirurgische Eingriffe wie Fettabsaugen und Bruststraffungen, dank derer man in wenigen Wochen doch noch eine gute Bikinifigur machen könne. Das Fettabsaugen an Po und Oberschenkel wurde erst Anfang der Achtziger entwickelt, noch 1989 erklärte eine deutsche Frauenzeitschrift ihren Leserinnen recht umständlich, was ›Fettabsaugen‹ bedeutet – heute ist es die häufigste Operation nach Lifting und Nasenkorrekturen! Ein Chirurg sagt, er wolle den Hintern einer Frau zum Lächeln bringen, ein anderer mit Sinn für Schwulst nennt das Fettabsaugen am Po ›Diamanten schleifen‹ – es sei ein ganz wunderbarer Eingriff, da er auch die Beine am Übergang von Oberschenkel und Po um einige Zentimeter länger erscheinen lasse. Das ist in der Tat mehr, als alle andere Methoden der Körpergestaltung bewirken können, und es ist nicht zu bestreiten, daß Schönheitsoperationen da unschlagbar sind, wo ›traditionelle‹ Mittel wie Kleidung, Kosmetik, Diät und Sport versagen. Sie begradigen Nasen, straffen Hamsterbacken, Truthahnhälse und Bäuche, zaubern einen Busen, der auch dann noch Spitze ist, wenn der Spitzenbüstenhalter bereits am Boden liegt – Titel eines Artikels über Bruststraffung: ›Ein neuer innerer BH‹. Ein anderer Artikel, auf dem Umschlag mit den Worten ›Schönheitschirurgie immer sanfter, immer einfacher, immer preiswerter‹ angepriesen, faßt Erfahrungsberichte über Fettabsaugen mit den Worten zusammen: »Der Bauch war weg, und die Haut war glatt.« Bringt das nicht den Traum vieler Menschen auf die knappste Formel? Der Traum kann auch lauten: Jetzt ist der Busen groß (oder klein), die Nase gerade, die Falten weg, ich mußte mich dafür nicht einmal plagen und alles sieht ganz *natürlich* aus!

Denn die Zeiten sind vorüber, als Geliftete sich durch unentwegtes, etwas schmallippiges Lächeln und sehr reduzierte Mimik verrieten. Gut ausgeführte ›Korrekturen‹ sind oft so geschickt gemacht, daß sie auch die Folge eines neuen Makeups, einer neuen Diät, einer anderen Beleuchtung oder eines erholsamen Urlaubs sein könnten. Die Schönheitschirurgie kann inzwischen mehr, als nach dem Barbie-Schnittmuster stupsnasige, hochbusige Püppchen herzustellen, wie die amerikanische Schauspielerin Roseanne Arnold beweist.

Arnold wurde durch den Film *Die Teufelin* bekannt, in dem sie neben Meryl Streep die Hauptrolle spielte. In den USA hat sie eine eigene Vorabendserie, die ihren Namen – *Roseanne* – trägt. Darin spielt sie eine normale Frau mit Mann und Kindern – *normal* heißt nicht zuletzt ausgesprochen *dick*. Nun sollte sich niemand dazu hinreißen lassen, dies als Beweis dafür anzuführen, daß in Hollywood endlich auch eine Dicke Karriere machen kann, indem sie sich so vor die Kamera stellt, wie sie ist. Ein bißchen mehr gehört schon dazu: Arnold selbst räumt freimütig ein Gesichtslifting, eine Brustverkleinerung und eine Verschmälerung der Nase ein. Ausschlaggebend für letzteres war ein Visagist, der ihr die Nase so hübsch schminkte, daß sie es sich ›in echt‹ machen ließ. Außerdem wird gemunkelt, sie habe sich die Augenlider straffen und das Kinn neu modellieren lassen.

Hollywood war immer schon extrem, werden Sie sagen. Wie könnte ich dem widersprechen? Aber sind Sie wirklich sicher, daß Ihre liebste deutsche Fernsehschauspielerin, die mit sechzig aussieht wie eine energiestrotzende Mittvierzigerin, das ausschließlich ihrer vegetarischen Ernährung verdankt? Das Großartige (und Erschreckende) an gelungenen Schönheitsoperationen ist ja gerade, daß niemand auch nur auf den Gedanken kommt, etwas könne ›nicht echt‹ sein. Alle sollen das gute Aussehen bemerken, niemand soll ahnen, wie es zustande kam. Selbst wenn Sie wissen oder ahnen sollten, daß besagte Schauspielerin sich liften ließ: Ist das wirklich *real*? Hat dieses Wissen nicht etwas ungeheuer Abstraktes? Und ist Ihnen gegenwärtig, daß mehr ›gemacht‹ sein könnte als das, was Sie wissen? Denken Sie auch an vergleichsweise Banales wie die teuer überkronten Zähne? An weniger Banales wie Silikon in Kinn, Wangenknochen und Lippen? Oder an die Hautabschleifungen zur Glättung der Gesichtshaut? Bei einer *gelungenen* Operation (das *gelungen* kann ich nicht häufig genug betonen) sind das einzig Verräterische alte Fotos.

Lassen wir einen Moment lang Lifting, Silikonbusen und Fettabsaugen beiseite, die vielleicht viele Frauen theoretisch, aber nur wenige praktisch beschäftigen. Reden wir von Banalerem: Von Operationen, die vor allem aus medizinischen Erwägungen vorgenommen werden und doch (auch) kosmetische Gründe haben. Ein Beispiel sind schmerzhafte Entzündungen und Verformungen des Fußballens. Das ist eine typische ›Frauenkrankheit‹, da sie vor allem durch zu enge Schuhe verursacht wird. Orthopäden drängen aus medizinischen Gründen auf eine Operation, die kompliziert, schmerzhaft und langwierig ist: Aufgrund des veränderten Knochengefüges der Füße verschiebt sich die Statik des gesamten Skeletts. Doch offenbar *kann* das auch eine ›Schönheitsoperation‹ sein: Als ich selbst wegen eines entzündeten Ballens beim Orthopäden saß, fragte er mich, noch bevor er meine Füße gesehen hatte: »Und nun wollen Sie sich die Füße operieren lassen, damit Sie wieder modische Schuhe tragen können?« Ich war verblüfft – es kamen tatsächlich Frauen mit diesem Ansinnen zu ihm, um wieder in jene Schuhe hineinzupassen, denen sie die schmerzhaften Deformationen verdanken.

Die Ballen mögen ein etwas gewagtes Beispiel für die Grauzone zwischen Medizin und Schönheitschirurgie sein. Eine andere

Sparte der Medizin jedoch behandelt praktisch *alle* Patienten in dieser ›Grauzone‹: die Zahnmedizin. Überrascht Sie das? Nun, können Sie sich vorstellen, daß im öffentlichen Leben jemand mit schlechten Zähnen Karriere macht? Nicht nur in Berufen wie Schauspieler und Schauspielerin, Models oder Stewardessen, für die das Aussehen eine ausschlaggebende Rolle spielt, sondern auch Berufe, in denen es angeblich *nur* auf andere Qualitäten ankommt, wie Moderatoren und Moderatorinnen, Fernsehsprecher und Fernsehsprecherinnen, Politiker und Politikerinnen – Ilona Christen mit schiefen Zähnen? Helmut Kohl zahnlos? Absurd. Sie selbst mit schiefen Zähnen? Naja, lieber nicht, aber das mag noch angehen. Sie selbst zahnlos? Undenkbar! Zu den unabdingbaren Voraussetzungen des guten, ja auch nur des akzeptablen Aussehens gehört ein gesund aussehendes Gebiß. Das gilt für das berufliche wie das private Leben. Es verblüfft mich, wie viele Kinder Zahnspangen tragen müssen, weil sie angeblich ein mangelhaftes Gebiß haben, und ich vermute – Sie ahnen es bereits –, daß die Sorge der Eltern um das gute Aussehen ihres Kindes häufig eine mindestens ebenso wichtige Rolle spielt. Denn nicht nur schlechte Zähne, sondern auch ein unregelmäßiges Gebiß (das durchaus gesund sein kann), sind heute ein sicheres Zeichen für ein soziales Außenseiterdasein.

Vielleicht kommt es Ihnen dennoch eigenartig vor, daß ich *Zähne* im Zusammenhang mit Schönheitsoperationen erwähne. Aber stellen Sie sich bitte vor, Sie schlagen sich einen Schneidezahn aus. Medizinisch würde es völlig genügen, wenn der Zahnarzt *irgend etwas* in die Lücke hineinpfriemelte, damit Sie beißen und kauen können. Schließlich geht es nur um Gesundheit und Funktionstüchtigkeit des Gebisses. Aber da könnte Ihnen ganz schnell das Lachen vergehen. In manchen Gesellschaften galt und gilt es, wie Sie vermutlich wissen, als Zeichen von Wohlstand, *alle* Zähne, auch die Schneidezähne, zu vergolden. Bei uns hingegen zahlen die Kassen für die sichtbaren Zähne auch teure Porzellankronen, weil für das westliche

Auge jeder andere Ersatz entstellend wirkt. Die Kunst des Zahnarztes besteht, wie die des Schönheitschirurgen, nicht zuletzt darin, daß seine Arbeit (von kleinsten Reparaturen bis zum kompletten Zahnersatz) völlig unbemerkt bleibt. Das aber sind keine medizinischen, sondern rein *kosmetische* Überlegungen.

Sie brauchen nur einer süß vom Titelbild lächelnden Claudia Schiffer mit dem schwarzen Kuli einen Schneidezahn zu ziehen, um zu sehen, wie drastisch Zähne das Aussehen prägen. In Deutschland wirbt eine ›Klinik für kosmetische und ganzheitliche Zahnmedizin‹ mit zwei Fotos einer jungen Frau, die sich nur durch ihre Zähne unterscheiden: Auf einem ist ein ›Zahnersatz‹ in das Bild hineinretuschiert. Das ist so unrealistisch miserabel und so offensichtlich gemacht, daß sich die Frage erübrigt, durch welchen Schicksalsschlag eine hübsche junge Person von höchstens 21 Jahren alle Zähne verloren haben könnte. Auf dem zweiten hat sie so tolle Zähne und so makelloses Zahnfleisch, daß es vermutlich ihr eigenes, ebenfalls retuschiertes Gebiß ist. Der Werbetext lautet: »Die schönstmögliche Ausgestaltung einer Zahnrestauration kann jetzt bei uns nach einem von Dr. X entwickelten Verfahren vorher am Computerbildschirm individuell geplant, besichtigt und besprochen werden. Die erarbeitete Vorgabe wird dann von einem Spezialistenteam verwirklicht.«

Die Idee, das Aussehen durch Manipulationen an den Zähnen zu verändern, ist nicht neu, auch wenn sie mitunter ganz andere Wege nahm als heute. Im Japan des elften Jahrhunderts galten weiße Zähne als abstoßend, so daß – was wir uns kaum vorstellen können – Hofdamen ihre Zähne schwärzten. Ebenso bizarr wirkt der Einfall, sich Backenzähne ziehen zu lassen, um die hohen Wangenknochen und die eleganten, schmal-einfallenden Gesichtskonturen einer Marlene Dietrich zu bekommen. Würden Sie das tun? Wohl kaum. Aber winken Sie nicht voreilig ab, denn eine Frau hat es mit spektakulärem Erfolg getan: Marlene Dietrich. Diese Information, schon lange als Gerücht bekannt und nach ihrem Tod von ihrer Tochter Maria Riva bestätigt, hat mir die Freude an Dietrichs Gesicht etwas vergällt – die Illusion von Schönheit und Makellosigkeit bezieht gedanklich auch jene Körperpartien ein, die nicht zu sehen sind. Wie Backenzähne.

Hollywood, werden Sie sagen, war immer schon extrem. Und ich sage wieder: Stimmt. Zudem fände sich heute kein Zahnarzt mehr bereit, etwas Derartiges zu machen. Heute ließe sich die Dietrich durch einen Schnitt im Mundinneren oder im unteren Augenlid Kunststoffkissen oder Hartplastikschalen aufs Jochbein schieben, und schon hätte sie die tollsten Konturen der Welt. Nun, nicht *der* Welt, denn auch Sie und ich können jetzt diese hohen Wangenknochen haben. Und was *jeder* haben kann, ist so exklusiv nicht mehr.

Immer mehr Menschen – nicht nur SchauspielerInnen und nicht nur in den USA – lassen sich chirurgisch aufpeppen. Wenn man den Gazetten glauben will, sind sogar nahezu alle amerikanischen Film- und Fernsehschauspieler chirurgisch geschönt: Nase ein wenig kürzer, Busen ein wenig größer, Tränensäcke entfernt, Lid gestrafft, Wangenknochen aufgepolstert, meist gerade so viel, daß die Veränderung eher spürbar als sichtbar ist. Bis vor kurzem wurden solche Operationen noch hartnäckiger verschwiegen als Nebeneinkünfte bei der Steuererklärung – so hieß es jahrzehntelang, Dietrichs Wangenkonturen seien eine Kombination aus Natur, Makeup und einer sehr raffinierten Beleuchtungstechnik. Doch in den letzten Jahren sind in den USA chirurgische Aussehenskorrekturen, wie die Operationen oft dezent genannt werden, nahezu alltäglich geworden. Der Tellerwäscher-zum-Millionär-Lieblingslüge der Amerikaner, der Ideologie des ›jeder ist, was er aus sich macht‹ folgend, plaudern immer mehr Leute des öffentlichen Lebens beiläufig darüber, daß und was an ihnen ›gemacht‹ wurde – die amerikanische Autorin Nora Scott Kinzer meint, daß Schönheitsoperationen die perfekte Verbindung von Schönheitsideal und der protestantischen Lebensauffassung seien, die besagt, daß nur der zu Recht etwas bekommt, der zuvor leidet: »Der Patient glaubt offenbar, wenn er (oder sie) unter dem Skalpell leidet, dem Chirurgen ein Vermögen hinblättert, die nachoperativen Schmerzen und Ängste erträgt, dann hat er (sie) sich das Geschenk von Schönheit rechtmäßig verdient. Leide, und du wirst belohnt werden.«

Die Society-Dame Ira von Fürstenberg sagte in einer deutschen Talkshow, in ihrem Alter sei sie selbstverständlich (!) geliftet: »Früher hat man sich einen Nerz gekauft, heute kauft man sich einen Lift.« In ihren Kreisen wird dergleichen geradezu zwingend, denn je mehr Leute sich die Hakennase begradigen und die Tränensäcke straffen lassen, um so häßlicher und älter wirken die wenigen noch verbliebenen Unoperierten. Und obwohl scheinbar offen darüber gesprochen wird, lügen natürlich alle, daß sich die Balken biegen, getreu dem Motto: Ich gebe das Lifting zu, und verschweige die Nase und den Busen.

In Würde altern? Dazu stehen, wie man ist? Das ist jedenfalls nicht das, was man bisher darunter verstand. Aber warum sollte es nicht statthaft sein, sich das Gesicht durch ein Lifting zu verjüngen, wenn es als normal gilt, sich ein Gebiß, an dem der Zahn der Zeit genagt hat, mit Porzellankronen zu verjüngen? Bei einer Umfrage in Italien jedenfalls sagte knapp die Hälfte der befragten Männer und Frauen, sie würden sich einer kosmetischen Operation unterziehen, wenn sie es sich leisten könnten. Die Gründe für solche Gedanken sind banal und daher leicht nachvollziehbar: Sie wollen entweder einen Fehler korrigieren, der sie im Umgang mit anderen unsicher macht, oder sie wollen ein verflossenes Bild von sich zurückholen. Sie wollen sich und anderen besser gefallen. Sie wollen sich das Leben ein wenig erleichtern.

Wenn also eine Frau nicht mehr unter Leute gehen mag, weil sie, egal, wie sie sich fühlt, ständig müde und grau aussieht, wenn eine andere labberige Pullover trägt und einen krummen

Rücken macht, damit es nicht auffällt, daß sie fast keinen Busen hat – ist dann der Gang zum Psychotherapeuten die einzige Problemlösung? Muß sie ihr Schicksal tapfer, ja stolz annehmen lernen? In China bekommen Kinder angeblich einen ›Milchnamen‹, bis sie alt genug sind, sich einen eigenen Namen zu wählen – warum soll man sich nicht ein eigenes Gesicht wählen dürfen? Sollen wir nicht mit aller Entschiedenheit gegen seelische und geistige Schwachpunkte angehen? Und ist die Forderung nicht ziemlich überholt und moralinsauer, daß wir lernen müssen, ausgerechnet körperliche Schwachpunkte zu dulden, ja zu *mögen*? Zumal es andere Möglichkeiten gibt, und zumal die Möglichkeiten der körperlichen Veränderung leichter und schneller durchführbar sind als die der psychischen? Als Cindy Crawford, das Fotomodell mit einem Jahresumsatz von sieben Millionen Dollar, gefragt wurde, worauf sie am stolzesten sei, sagte sie: »Auf meinen Körper. Denn den habe ich durch Gymnastik und Sport selbst gestaltet, den habe ich nicht, wie meine Augen oder mein Gesicht, geschenkt bekommen.« Warum soll das nur für Cindy Crawford oder nur für bestimmte Arten von Veränderungen gelten? Ist es nicht eine geradezu geniale Lösung, mit Makeup, Diäten und Sport *direkt* am Körper zu arbeiten – oder eben, wenn all das nicht (mehr) hilft, arbeiten *zu lassen*?

So jedenfalls argumentieren Schönheitschirurgen, die ihre Arbeit gern als ›Psychotherapie mit dem Skalpell‹ bezeichnen, und deren Weltsicht denkbar schlicht ist: Wer mit etwas an seinem Körper nicht zufrieden ist, soll nicht peinvoll um ›Selbstakzeptanz‹ ringen. Darum gehe es bei ihren Klienten und Klientinnen keineswegs. Sie seien glückliche, erfolgreiche und in seelischer Harmonie lebende Menschen, die eben nur . . . (Hakennase, Hängebusen, Stirnfalten, Zutreffendes bitte ankreuzen) an sich nicht sehen wollten. Daher sei es eine kluge Lösung, sich den momentanen Körper, der von minderer Machart sei, zum Wunschkörper umschneidern zu lassen. Zur Untermauerung ihrer Behauptungen erwähnen sie gern mit mildem Lächeln zahllose dankbare Patienten (und vor allem Patientinnen), die dank ärztlicher Kunstfertigkeit (womit sie meist ihre eigene meinen) strahlend glücklich geworden seien.

Dabei, sagen sie, legen sie strenge Kriterien an, wem sie das Geschenk ihrer Kunstfertigkeit und ihres hohen ästhetischen Empfindens überhaupt angedeihen lassen. Sie operieren selbstredend nicht alle, die dies wünschen, sagen sie. Und erzählen erstaunliche Geschichten, wen sie warum unters Messer nehmen und wen nicht: Ein Chirurg, der mir im Gespräch beweisen wollte, wie verantwortungsvoll er arbeite, führte allen Ernstes an, unlängst habe eine Frau sich von ihm Rippen entfernen lassen wollen, um eine schlankere Taille zu bekommen. Er habe sie fortgeschickt, und das, wie er selbstzufrieden hinzufügte und zweimal wiederholte, obwohl er an ihr sehr viel Geld hätte verdienen können.

Beinhart werden sie auch, sobald eine Frau darauf spekuliert, mit ihrer Hilfe einen arglosen Geschlechtsgenossen zu hintergehen. Wenn Chirurgen von den unrealistischen Erwartungen reden, die manche Menschen an ›kosmetische Eingriffe‹ haben, und sich zugleich brüsten, wie verantwortungsvoll sie ihre Klientel sieben, kommen alle schnurstracks auf die Frau in mittleren Jahren zu sprechen, die mit einem steileren Busen ihren abtrünnigen Mann ins Ehebett zurückzulocken hofft. Diese Begründung ödet Chirurgen derart an, daß eine operationswillige Frauen sie *niemals* anführen sollte, selbst wenn es die Wahrheit ist. Eine Journalistin, die über Schönheitschirurgie schreiben wollte, gab sich als betrogene Ehefrau aus und trug mehreren Chirurgen eben diesen Wunsch vor. Von einem erhielt sie die geradezu schockierend ehrliche (und sadistische) Antwort: »Geben Sie solche Hoffnung auf. Wir Männer sind Schweine, wir wollen Frischfleisch.«

Weniger rüde, abfällig, erzieherisch und mit sehr viel mehr Gespür für die Ungerechtigkeiten des Lebens sprechen Chirurgen mittleren Alters über Männer mittleren Alters, die sich Falten, Hängebacken, Truthahnhälse glattziehen lassen wollen: Für einen Mann, der erfolgreich sein (und bleiben) wolle, sei heute ein dynamisches Aussehen unabdingbar. Natürlich seien das nebensächliche Äußerlichkeiten, doch da die Welt nun einmal oberflächlich sei und nach dem äußeren Schein urteile, sei man gut beraten, die Spielregeln zum eigenen Vorteil zu nutzen. Eine ›Personality-Stylistin‹ empfiehlt dem welkenden Herrn als erste Schritte zur Schadensbegrenzung »Terrakotta-Puder für den gebräunten Teint, ebenso wie das Farbspray, mit dem kahle Stellen auf dem Schädel zugesprüht werden und die farbigen Kontaktlinsen für stahlblauen Blick«. Läßt sich ein solcher Mann Oberlid und Tränensäcke, Wangen und Hals straffen, wertet sie das als kluge, pragmatische Entscheidung im Karrierekampf gegen nachdrängende jüngere Männer (jüngere Frauen werden als Grund, ob beruflich oder privat, nie angeführt).

Je länger man Schönheitschirurgen zuhört, um so mehr verfestigt sich der Eindruck, daß es bei Männern lediglich darum geht, nach einer Operation wieder so vital, schlagkräftig und kampfbereit *auszusehen*, wie sie es in Wirklichkeit *sind*, um so den Platz, der ihnen im Leben zusteht, besser verteidigen zu können. Wie in der Werbung: Auch dort werden Männer als Sieger, Helden, Unbezwingbare umworben. Ein treffendes Beispiel ist der un-säg-liche Werbetext für das Männerparfum *Background* von Jil Sander, den ich Ihnen hier in voller Länge angedeihen lasse: »Der Mann ist der Gestalter seiner Welt. Denn es ist sein Wissen um die Kraft der Vergangenheit, aus dem heraus er die Visionen des Morgen formt. Unbezähmbar mit wachem Instinkt. Machtvoll durch sein Wesen. Überwältigend in seiner erotischen Präsenz. Von Jil Sander übertragen in eine Duftkomposition von erregender sensueller Tiefe. Kühn, kraftvoll und kompromißlos. BACKGROUND – ein Duft, der Zeichen setzt. Wie der Mann, für den er erschaffen wurde.«

Frauen hingegen werden nicht als unbezähmbare Machtmenschen umworben. Im Gegenteil: Bei ihnen schürt die Werbung offen oder verdeckt Ängste, abgelehnt zu werden, nicht zu genügen, nicht die zu sein, die sie sein sollten. Sie konfrontiert sie immer wieder mit ihren Mängeln – ob Falten oder der Unfähigkeit, für die Schwiegermutter Kaffee zu kochen –, und verspricht mit ihren Produkten Abhilfe, dank derer sich das Leben der betreffenden Frau umgehend zum Besseren verändert – vor allem werden alle sie lieben.

Hören wir die Worte eines Chirurgen mit tiefer Menschenkenntnis: »Eine mit ihrem Äußeren stets unzufriedene Frau wird ihre Mißstimmung auch in ihren Alltag tragen. Das wird sich auf ihre Mitmenschen auswirken, diese werden sich ihrerseits wieder Gedanken über die mißmutige, vielleicht auch unfreundliche, oft ungerechte Frau machen und es sie spüren lassen. Nach einem Facelift tritt dann eine Ausgeglichenheit ein. Ihr Wunsch, schöner auszusehen, ist in Erfüllung gegangen. Sie zeigt ein freundliches, offenes Auftreten, kommuniziert selbstbewußt mit ihrer Umgebung und wird als nette, lebensbejahende, fröhliche Frau integriert, was ihr wiederum Auftrieb gibt. Eine Spirale, ›die sich selbst ernährt‹.«

Wie bewegend: Eine unattraktive Frau leidet, ja ist seelisch krank, und wird nicht geliebt. Daher ist eine Schönheitsoperation bei ihr nicht *auch*, nicht *vielleicht*, nicht *manchmal*, sondern *vor allem* eine psychotherapeutische Behandlung. Denn solange das Frauchen nur hübsch ist, ist ihre kleine Welt in Ordnung.

Was an diesem ärgerlichen Zitat stimmt, ist, daß unser Befinden durch unser Aussehen beeinflußt wird (und umgekehrt, natürlich). Und es stimmt auch, daß wir mit einer Veränderung unseres Aussehens, und sei es nur mit einem knallroten Lippenstift und einer pinkfarbenen Bluse, die Reaktion anderer auf uns positiv lenken wollen. Vielleicht wollen wir sie sogar ein bißchen täuschen. Aber wieviel ›Mogeln‹ ist normal und erlaubt? Wo ziehen Sie selbst die Grenze? Was würden Sie gelten lassen – bei sich und bei anderen?

- Tages- und Nachtcremes, Reinigungsmilch, usw.
- Wimperntusche, Rouge, Lippenstift
- Dauerwelle
- Haare tönen oder färben

- Entfernen der Körperbehaarung
- Training im Fitneß-Studio für eine gute Figur
- Gewichtsüberwachung und kontrolliertes Essen, um nicht zuzunehmen.
- Zähne überkronen
- Zähne bleichen
- Bräunungscremes/Sonnenstudios
- Entfernung eines Muttermals aus *kosmetischen* Gründen
- Verödung von Besenreisern aus *kosmetischen* Gründen
- Veränderung der Augenfarbe durch Kontaktlinsen
- Vergrößerung der Lippen durch Einspritzen von Silikon
- Das ›Anlegen‹ abstehender Ohren
- Verkleinerung eines zu großen, Vergrößerung eines zu kleinen Busens (Wer entscheidet, was zu groß und zu klein ist?)
- Verkleinerung einer Hakennase
- Aufpolstern der Wangenknochen durch Silikonkissen
- Liften

Ich kenne meine eigenen Grenzen: Es soll kein Schweiß, es darf kein Blut fließen. Genauer gesagt, nicht mehr, denn ich habe für meine Schönheit bereits auf dem Operationstisch gelegen. Als ich zwölf Jahre alt war, wurden mir die Ohren angelegt. Ob ich das als Erwachsene hätte machen lassen, wenn ich selbst die Entscheidung hätte fällen müssen? Ich weiß es nicht. Ich weiß nur, daß ich noch heute zusammenzucke, wenn ein Friseur aus Versehen mit dem Kamm meine Ohren etwas unsanft berührt. Und daß ein Ohr etwas enger am Kopf anliegt als das andere.

Hat es mir das Leben erleichtert, hat es mich attraktiver und selbstbewußter gemacht? Keine Ahnung. Wie sähe ich mit meinen ›alten‹ Ohren aus? Wenn ich sie mir vor dem Spiegel zum Spaß nach vorne klappe, finde ich mich ein bißchen fremd. Und eigenartigerweise jünger – sollte ich sie mir zurückkopieren lassen? Wie sehe ich nun *in Wirklichkeit* aus: So, wie ich mit den angeborenen Segelohren aussähe, oder so, wie ich mit den operierten Ohren aussehe? Finden Sie die Frage konfus? Lauren

Hutton, hochbezahltes Model und Schauspielerin, die mit 50 Jahren zum Hit der Modeschauen und Kosmetikreklamen wurde, lehnt für sich selbst eine Schönheitsoperation mit genau diesem Argument ab: »Wenn ich mich jetzt liften lasse, weiß ich ja später nicht, wie ich in Wirklichkeit aussehen würde.«

Wie sieht Michael Jackson *in Wirklichkeit* aus? Ist sein heutiges Gesicht sein *wahres* Gesicht? Die meisten Menschen würden diese Frage vermutlich spontan verneinen, weil er so oft operiert wurde. Aber auf die Frage, was (oder gar wo) denn nun sein ›wahres‹ Gesicht sei, folgt Ratlosigkeit: Er hat doch nur dieses eine. Und noch eine Frage: Wenn Michael Jackson mit seinem ›neuen‹ Gesicht ›nicht echt‹ ist – gilt dies auch für Ihren Nachbarn, der nur dank einer Spenderniere noch am Leben ist? Oder für einen Menschen, dessen Gemütsverfassung ›nicht echt‹ ist, weil er ständig Psychopharmaka nimmt?

Sind Schönheitsoperationen vielleicht überhaupt ein Betrugsversuch? Machen sie den Körper zu einer Mogelpackung? Worin aber bestünde der Betrug: in der Veränderung oder darin, die Veränderung zu verheimlichen? Das Verheimlichen mag moralisch gesehen unaufrichtig sein, aber es ist nicht viel unaufrichtiger als eine jugendlich-straffe Figur, für die man täglich unsinnig hungert und eine alles andere als spontane Disziplin im Sportstudio wahren muß.

Ein amerikanischer Chirurg erklärte unverblümt und ohne nach Geschlecht zu unterscheiden, er ermögliche es Menschen, sich zu betrügen, denn die Schönheitschirurgie sei immer und ausschließlich für Verlierer – ein brutaler Satz, in dem dennoch mehr als nur das sprichwörtliche Körnchen Wahrheit stecken mag: In den USA verdient bereits jeder 3. Patient eines Schönheitschirurgen weniger als 25 000 Dollar pro Jahr – nicht viel, wenn man bedenkt, daß die meisten Eingriffe 3 000 Dollar und mehr kosten.

Die spitze Bemerkung, Schönheitschirurgie sei für Verlierer, könnte auch ein Hinweis sein, warum es bei aller Skepsis so schwer ist, Schönheitsoperationen zu kritisieren: Sie geschehen aus freien Stücken, und die freie Entscheidung ist für die westliche Welt, für uns alle also, ein hoher, unantastbarer Wert. Zum zweiten fördern Operationen die Chancengleichheit und dienen dem Fortkommen: Wie's drinnen aussieht, braucht man draußen nicht zu sehen, daher kann man an sich tilgen, was dem geforderten Ideal nicht entspricht und einen möglicherweise am Erfolg hindert. Desweiteren signalisiert jemand, der sich operieren lassen will, daß er/sie erstens einen Mangel an sich erkannt hat und ihn zweitens zu beheben gedenkt, und auch das ist nur von Vorteil, denn wir werten es immer als positiv, wenn jemand an sich ›arbeiten‹ und sich (zum Besseren) verändern will.

Wer an sich arbeitet, offenbart auch (und sei es nur vor sich selbst), daß er/sie nicht so arrogant und anmaßend ist, sich für perfekt und wunderbar genug zu halten, um ohne besondere Anstrengung liebenswert und attraktiv zu sein. Sich verändern heißt, sein Schicksal selbst bestimmen, sich nicht treiben lassen, sich nicht widerspruchslos mit einer Situation abfinden, die einem schadet. Wer Sorgen hat, so die herrschende ›Gut-Drauf-Sein-Philosophie‹, hat etwas falsch gemacht und sein Leben nicht richtig gemanagt – ist ein ›Verlierer‹. Falten, Ringe unter den Augen und ein schlaffes, müdes Aussehen sind unerwünschte Lebensspuren, die von Kämpfen künden, von schweren Zeiten, vielleicht von Niederlagen – kurz: davon, daß das Leben nicht immer leicht war und ist. Auf den plattesten Nenner gebracht lautet die Gleichung: strahlendes Gesicht, strahlendes Leben. Graues Gesicht, graues Leben.

Lebensspuren sind Gebrauchsspuren, die ausgelöscht werden müssen. Unser Körper ähnelt inzwischen einer Ware, für die ähnliche Gesetze gelten wie für Fachwerkhäuser, Art deco-Sessel oder Bücher: Etwas darf alt sein, aber es darf keine Gebrauchsspuren aufweisen. Eine Möbelfirma wirbt für ›altdeutsche‹ Wohnzimmergarnituren mit dem Satz: »Wenn von der guten alten Zeit nur das Gute übrigbleibt.« Das ›Gute‹ sind Lachfalten (besser noch: Lachfältchen), die niemand sich vom

Chirurgen wegziehen lassen will. In dem Sprachschwulst, für den Schönheitschirurgen offenbar ziemlich anfällig sind, lautet das dann so: »Man darf das Fenster zur Seele nicht verändern. Eliminiert werden nicht die Fältchen, sondern der träge, trübe Aspekt des Alterns, die Spuren von Individualität und Erfahrung, das veredelnde Element der Zeit, bleiben erhalten.« Die bösen Sorgenfalten der schlechten alten Zeit müssen fort – und dafür gibt es zum Glück Schönheitschirurgen, die das faltige Gesicht aufpolstern wie einen alten Ohrensessel. In einer Talkshow erläuterte ein ziemlich dämlicher Visagist ganz ernsthaft, Falten seien schön, Runzeln aber unästhetisch, man müsse sie wegmachen, sich bereits innerlich dagegen wehren.

Wer sich einem Schönheitschirurgen anvertraut, hofft, daß sich mit den Veränderungen im Gesicht oder am Körper auch am eigenen Leben etwas ändern wird. Wer hofft, daß etwas *anders* wird, hofft immer auch, daß es *besser* wird, wobei ›sich verändern‹ selbstredend auch heißen kann, sich einer Veränderung entgegenstemmen und nicht altern wollen. Manchmal werden solche Hoffnungen offen geäußert, manchmal sind sie so verborgen, daß sie selbst den Betroffenen kaum bewußt sind.

Wer Macht hat, *wirkliche* Macht, braucht kein Lifting. Darauf sollte jemand den bekannten deutschen Schönheitschirurgen aufmerksam machen, der sich in einem Interview über das Aussehen deutscher Politiker mokierte: Wenn er im Fernsehen Männer des öffentlichen Lebens mit Tränensäcken, tiefen Falten, Hängebäckchen usw. sehe, frage er sich, ob sie nicht wüßten, daß man das entfernen kann. Das sei doch, fährt er fort, ›wie ein Fleck auf einer weißen Bluse‹, die gebe man doch auch in die Reinigung. Das Beispiel hinkt ein wenig, und zwar nicht nur, weil die betreffenden Herren ihre Blusen nicht zur Reinigung bringen, sondern jemand haben, der (die?) ihnen die Hemden gewaschen und gebügelt in den Schrank stapelt. Es hinkt vor allem, weil man bei einem Lifting nicht nur Bluse, sondern auch Fleck ist, und weil man bei der ›Reinigung‹ persönlich dabei sein muß. Ein Facelifting ist nicht der kleine Eingriff, zu dem ihn solch launige Bemerkungen banalisieren. Es ist eine große Operation von mehrstündiger Dauer, bei der nicht nur die Haut gestrafft wird, sondern bei der alle Gewebeschichten völlig vom Schädelknochen abgehoben werden, bis dieser quasi freiliegt. Dann wird von den abgelösten Gewebepartien am Rand alles ›Überflüssige‹ abgeschnitten, bevor sie hinter dem Haaransatz auf der Kopfhaut wieder angenäht werden. Der Eingriff kann dazu führen, daß ein Gesicht nicht nur straffer aussieht, sondern anders, mitunter deutlich anders. Bei Männern kann es geschehen, daß die Narbe, die von einem Ohr zum anderen läuft, eines Tages nicht mehr von Haaren bedeckt wird – wenn nämlich keine Haare mehr da sind.

Ein anderer Chirurg (dem wir die schon erwähnte Schnipp-Schnapp-Kur für mißmutige Damen verdanken), schreibt: »Eine alte Dame mit dem Wunsch: Ich verspüre eine innere Verpflichtung, mich meiner Umwelt gegenüber ästhetisch zu erhalten, ist eine ideale Kandidatin, ihr Äußeres durch ein Facelift zu verbessern.« Er sieht offenbar ›alte Damen‹ (wie alt muß eine Frau sein, um bei ihm als ›alt‹ zu gelten?) als eine Art optische Umweltverschmutzung und findet daher ihren Wunsch, sich als Altlast quasi zu ›entsorgen‹, äußerst löblich. Ein Kollege wird noch deutlicher: »Die ästhetisch-plastische Operation kann keine Wunder machen, sie kann nur die Situation deutlich verbessern, so daß aus einem unästhetisch alternden Gesicht ein ästhetisch alterndes Gesicht wird.«

Es wäre kein Problem, mit solchen gedankenlosen, anmaßenden, eitlen und dummdreisten Sprüchen von Schönheitschirurgen ein ganzes Buch zu füllen. Dabei stehen die seriösen Chirurgen, die ruhig ihrer Arbeit nachgehen, leider im Schatten der vielen unseriösen Geldmacher, die mit Talkshow-Auftritten und ganzseitigen Anzeigen für sich werben. Deren Unfähigkeit, kritisch zu denken (und die eigenen Motive kritisch zu überprüfen), wäre nicht so schlimm, solange sie gut operieren – ich sehe Chirurgen als hochspezialisierte Handwerker, die sehr viel Verantwortung tragen und dafür gut bezahlt werden. Fataler-

140

weise aber verstehen sich die meisten Schönheitschirurgen nicht als Handwerker, sondern als Künstler. Wer für seine Klinik mit den Worten ›Bildhauerei am Körper‹ wirbt, gibt zu verstehen, daß er sich als Schöpfer sieht, sozusagen als Stellvertreter Gottes, der Menschen (Frauen) nach *seinem* Bilde formt. Das wirkt sich selbstverständlich darauf aus, wie er (und seine Kollegen) mit den Frauen umgehen, die sich täglich an ihn wenden und sich ihm ausliefern.

Nicht erstaunlich ist hingegen, daß diese Ärzte mit einem Fahnderblick nach Unregelmäßigkeiten und Abnutzungserscheinungen am Menschen durch die Welt spazieren – alle Berufstätigen entwickeln einen geschärften Blick für jene Dinge, mit denen sie täglich umgehen, und davon sind Schönheitschirurgen (und Chirurginnen) nicht ausgenommen. Sie können den Blick, mit dem sie Gesichter und Körper ansehen und bewerten, nicht beliebig an- und ausknipsen – sie könnten und sollten sich meiner Meinung nach allerdings Rechenschaft darüber ablegen, daß sie es tun und auf welche Weise sie es tun. Wie und wie schnell ein solcher Blick entsteht, konnte ich an mir selbst beobachten, als ich einen Vortrag über Schönheitsoperationen vorbereitete.

Während ich Berge von Aufsätzen las und zahllose Vorher/Nachher-Bilder studierte, begann ich, meine Mitmenschen mit anderen Augen zu sehen: »Hübsches Mädchen, wenn die Nase kleiner wäre.« »Der Typ da hinten sähe viel besser aus, wenn man das Schwabbelkinn wegsaugen würde.« »Ob diese Frau an Lifting denkt, wenn sie in den Spiegel guckt?« Ich war entsetzt über solche Gedanken und konnte sie doch eine Zeitlang nicht aufgeben. Sie dachten sich sozusagen allein und hörten erst auf, als ich meinen Text geschrieben hatte. Aber ich kann immer noch mit ziemlicher Sicherheit sagen, was ein Schönheitschirurg an einem Gesicht, an einer Figur verändern würde.

Was sie gar nicht leiden können, sind, wie gesagt, Altersspuren. Halten wir uns nicht mit der schwierigen (wenn auch sehr interessanten) Frage auf, was ein unästhetisch und was ein äs-

141

thetisch alterndes Gesicht ist – schon die Frage, was als ›alterndes Gesicht‹ zu gelten hat, läßt sich kaum beantworten: Angeblich ist in den USA das Alter der Frauen, die sich liften lassen, von 55 auf 40 gesunken. Eine mäßig erfolgreiche Schauspielerin trötete in einer Fitneß-Zeitschrift, nun, mit 47, sei es höchste Zeit für ihren ersten Eingriff (eine Lidstraffung), und sie hoffe, so alt zu werden, daß am Ende *alles* an ihr geliftet sei. Wie ich schon sagte: Zu diesem Thema lügen alle wie gedruckt. Ihrem straffen Gesicht nach zu urteilen, hat sie mindestens ein ›MiniLifting‹ hinter sich. Sie sieht einfach zu jung aus, um echt zu sein!

Sind die weit über 1000 Frauen ›echt‹, denen ein Münchner Operateur die perfekte Nase mit einem 110 Grad-Winkel zwischen Oberlippe und Nase ins Gesicht modelliert haben soll? Sollte sich das neue Näschen nicht harmonisch einfügen (wer wird schon mit dem Gesicht für eine derart makellose Nase geboren?), kann er ›zur Optimierung der Gesamtoptik‹ ein ›Profil-Design‹ machen: 15 Gramm Silikon auf jedes Jochbein (»Das gibt dem Gesicht Rasse«), die Augenlider kürzen und den Mund vergrößern, ein wenig Silikon ins Kinn – nur eine Frage des Geldes. Da erstaunt es, wenn er bei einem anderen Interview klagt, die Worte ›Bodycontouring‹ und ›Bodysculpturing‹ weckten bei Patienten oft völlig falsche Vorstellungen. Man müsse zufrieden sein, bestehende Mängel auf einen normalen guten Standard zu reduzieren – sollte seine 110 GradNase der ›normale gute Standard‹ sein?

Was aber ist eigentlich der normale gute Standard, oder wenigstens ein ›normales‹ Aussehen? Kaum jemand würde bestreiten wollen, daß entstellende Merkmale das psychische Wohlbefinden eines Menschen auf unzumutbare Weise belasten können. Krankenkassen bezahlen zahnärztliche Korrekturen und chirurgische Eingriffe, wenn ein Gutachten bestätigt, daß sie für das psychische Wohlbefinden des/der Betreffenden unabdingbar sind. Bei Menschen, deren Aussehen durch Unfälle zerstört ist, besteht über die Notwendigkeit operativer Eingriffe keine Uneinigkeit – aber ›entstellend‹ kann schon *viel* weniger sein: Denken Sie nur, wie mies sich Claudia Schiffer fühlen würde, wenn sie eines morgens *wirklich* zahnlückig aufwachte! Stellen Sie sich vor, wie *Sie* sich fühlen würden! Mit dem Aussehen verhält es sich natürlich wie mit allem im Leben: Was eine/r gelassen hinnimmt, raubt der/dem anderen die Lebensfreude, aber wer sehr stark unter einem körperlichen Makel leidet, ist psychisch sicherlich kein gesunder Mensch. Die junge Frau, die von dem Kummer über ihre Oberschenkel berichtete, empfand sich mit diesen Beinen als entstellt. Die Operation, sagte sie, habe einen neuen Menschen aus ihr gemacht.

Könnte das für uns alle gelten? Eine Veränderung des Äußeren verändert auch die seelische Befindlichkeit: Schon etwas relativ Banales wie ein mißlungener Haarschnitt kann nahezu depressiv machen, ein neuer Pullover in einer ungewohnten Farbe kann aufmuntern. Um wieviel mehr muß dies für Veränderungen gelten, die uns von einem Aspekt unseres Aussehens befreien, den wir als Schicksalsschlag empfinden. Vielleicht brauchen wir keine mühsamen Selbstverwirklichungsseminare und keine langjährige Therapie, um glücklich zu werden. Wenn uns das Gesicht, das wir von unseren ungeliebten Eltern bekommen haben, ständig an sie erinnert – warum sollten wir nicht versuchen, mit der Nase, die wir vom Vater geerbt haben, auch die Last loszuwerden, die er Zeit unseres Lebens für uns war? Ist es nicht eine verführerische Vorstellung, in knapp vier Wochen und zum Preis eines Mittelklasseautos ein neuer Mensch werden zu können? So viel kostet der Psychologe auch, dabei ist die Veränderung langwieriger und in ihrem Ausgang weniger kalkulierbar als beim Chirurgen. Ich bezweifele allerdings, daß das psychische Ergebnis einer Operation tatsächlich kalkulierbar ist.

Chirurgen behaupten immer wieder, nahezu 100 % der Patienten seien zufrieden. Das mag wahr sein oder nicht, es läßt sich kaum überprüfen, auch wenn ich persönlich solcher Eigenwerbung mißtraue. Aber es können sich sehr subtile Gefühle und Gedanken einstellen, auf die jemand nicht vorbereitet war: Zu tun, als sei eine Schönheitsoperation eine ›Psychotherapie mit dem Skalpell‹, die keine anderen als positive Auswirkungen haben kann, ist leichtfertig, ja unverantwortlich, denn selbst wenn der Eingriff medizinisch gelungen und zufriedenstellend durchgeführt wurde, können auf den/die Operierte/n einige unliebsame Überraschungen warten. Ein Mensch läßt sich operieren und sieht danach anders aus als vorher – natürlich, das war der Sinn der Mühe. Vielleicht ist das veränderte Gesicht schöner als vor dem Eingriff, aber es ist nicht das, das einem über die Jahre vertraut geworden ist und das bislang nicht nur alle anderen, sondern das man auch selbst mit der eigenen Person gleichsetzte. Ist es wahr, daß sie/er gar nicht an den Eingriff erinnert werden möchte? Ist es wahr, daß bei einem gelungenen Eingriff, die/der Operierte sogar vergessen kann, daß jemals etwas geschehen ist? Warum sollte man das wollen?

Und wen sieht die/der Geliftete im Spiegel? Fragt sie/er sich jemals, was mit dem Gesicht der letzten Jahre geschehen ist? Wenn jemand sich zehn Jahre Falten wegbügeln läßt, ist dieser Mensch dann äußerlich wieder so alt, wie er sich innerlich fühlt? Oder hat er sich um zehn Jahre seines Lebens betrogen? Eine Schauspielerin, die sich die schlaffen Augenlider kürzen ließ, bekannte bekümmert: »Ich vergleiche meine neuen Augen immer mit Fotos von früher. Sie sind jetzt runder und größer, aber auch dümmer.«

Das klingt nicht zufrieden. Aber wenn das ebenmäßige Gesicht oder die bessere Figur aus dem Operationssaal einer Frau Erfolg in Beruf und Liebe bescheren – fragt sie sich dann, ob der neue Liebhaber sie auch begehrte, wenn sie aussähe wie zuvor? Wenn er ihren Busen schön findet, ohne zu wissen, daß er ›nicht echt‹ ist – meint er dann ›sie‹? Warum fühlte sich die bereits mehrfach zitierte Frau beim ›Mogeln‹ mit den großen Pullis wie eine Betrügerin, nicht aber mit den Oberschenkeln, die doch gar nicht ›echt‹ sind, sondern für viele tausend Mark gekauft? Fragt sie sich manchmal, ob ihr Freund bei ihr geblieben wäre, wenn sie sich nicht hätte operieren lassen? Wird ihr irgendwann der

Gedanke kommen, er liebe sie ›nur wegen ihrer Figur‹, wird sie dann an seiner Liebe zweifeln? Wird sie, falls er sie jemals zu verlassen droht, in Erwägung ziehen, sich durch eine weitere Operation für ihn wieder attraktiv zu machen?

Die Situation ist vertrackt: »Eine Frau, die den Mann mit Verkleidungen betrügt, muß damit rechnen, daß auch dieser sie mit seinen Gefühlen betrügt. Läßt die Frau die Maske fallen und entblößt den Körper, dann entblößt auch der Mann seine echten Gefühle, d. h. das Vorhandensein wahrer Liebe, bzw. ihr Fehlen. Zugleich sind echte Gefühle solche, die vom Körper absehen und sich nach innen, auf den Charakter richten.« Und weiter: »Damit einher geht die Hoffnung, daß das wahre Ich, der weibliche Mensch, auch gesehen werde, der Blick *nach innen* gerichtet wird, auf den Charakter.«

Aber eine Schönheitsoperation ist keine Verkleidung, keine Maske – das, was durch sie entstanden ist, ist echt in dem Sinn, daß es nicht mehr abzulegen ist. Und doch wollen wir nicht wegen der schönen blauen Augen geliebt werden, die wir uns morgens als Farblinsen einsetzen, nicht wegen der seidenweichen, glatten Haut, die wir wöchentlich peelen und enthaaren müssen, nicht wegen eines Busens, der seine Standkraft und Fülle dem umstrittenen Silikon verdankt. Doch wenn wir unseren Körper verändern, verfolgen wir damit zwei Ziele, die sich auf vertrackte Weise widersprechen. Eines lautet: »An meinem Körper kannst du sehen, wie toll ich bin.« Das zweite: »Es ist nicht wichtig, wie ich aussehe. Es ist wichtig, was für ein Mensch ich bin. Liebe mich um meiner selbst willen.«

Aber dieses ›Ich‹ ist der Mensch, dem es wichtig war und ist, auf eine bestimmte Weise auszusehen, der dafür bestimmte Dinge getan hat – anders gesagt: Es sagt *natürlich* etwas über den Charakter eines Menschen aus, wie er mit seinem Körper umgeht, wie er sich kleidet, wie er sich präsentiert. Und überhaupt: Wer könnte dieses ›Ich‹ ohne Körper sein? Das mag eine Frage für Pfarrer, Gurus oder Psychotherapeuten sein. Ich weiß darauf keine Antwort. Sicher scheint mir nur, daß wir dieses

›Ich‹ in zwei (Körper-Geist), manchmal sogar in drei (Körper-Geist-Seele) Teile spalten, und daß bei dieser Aufteilung dem Körper immer mehr die Funktion einer Plakatwand für die ›inneren Werte‹ zukommt – eine Frau, die sich siebzehnmal hat operieren lassen, bringt diese Auffassung auf den Punkt, wenn sie sagt: »Ich bin das Buch, mein Gesicht ist der Umschlag.«
Eine amerikanische Chirurgin sagte, Frauen, die zu ihr kämen, hätten *immer* ein Bild dabei, wie die Veränderung werden solle. Natürlich nicht *irgendein* Bild von *irgend jemandem*. Deuteten Sie auf Hella von Sinnen, würde sie Ihnen vermutlich eine psychotherapeutische Beratung empfehlen. Nicht, weil Hella von Sinnen außergewöhnlich unansehnlich wäre. Sie entspricht einfach nicht dem, was ›angesagt‹ ist. Auch ein Foto von Barbra Streisand dürfte Sie bei kaum einem Chirurgen ans Ziel bringen, obwohl sie doch richtig berühmt ist. Meryl Streep? Schon besser, aber ihr Gesicht ist zu ungewöhnlich. Es hat zu viel Persönlichkeit, um als Vorbild zu taugen. Die Ärztin berichtete, die Frauen brächten Fotos von großbusigen Models, und die meisten Männer zahlten für die Brustvergrößerung ihrer Ehefrau unter der Bedingung, daß aus einem B-Körbchen ein C-Körbchen werde. Bei Gesichtsoperationen sei das häufigste Vorbild Cindy Crawford.
Das ist Amerika, werden Sie sagen. Und Sie haben völlig recht. In Europa wollen alle aussehen wie Claudia Schiffer.

5. Kapitel   **Gucken**

Die Lektüre einer Modezeitschrift hat etwas
von der Lektüre eines Science-fiction-Romans.
Auf jeder zweiten Seite erscheinen unnatürliche
Wesen: Amazonen, etwa ein Meter achtzig groß
und achtzehn Zentimeter breit, die merkwürdigerweise einen üppigen Busen ihr eigen nennen,
der außerdem von den Gesetzen der
Schwerkraft ausgenommen ist.

Eine Frau versucht mehrfach, eine Jüngere zu ermorden – und zwar aus keinem anderen Grund als dem, weil diese schöner ist als sie. Von Haß verzehrt und mit großer Heimtücke trachtet sie ihrer Widersacherin nach dem Leben, obwohl diese vor dem Zorn der Älteren flieht und sich quasi im Untergrund versteckt hält. Die Ältere spürt sie mehrfach auf, die junge Frau überlebt nur aufgrund glücklicher Fügungen und heiratet kurz darauf ihren Märchenprinzen.

Können Sie sich vorstellen, daß ein Zeitungsbericht über diese sensationelle Fehde, über die Eheschließung der knapp dem Tode Entronnenen sowie die schreckliche Bestrafung der Mörderin ohne Fotos aller Beteiligten auskäme? Alles in diesem Drama dreht sich um die Schönheit zweier Frauen, und wir sollen uns mit *Worten* zufriedengeben? Würden Sie nicht gern wissen, wie die beiden Frauen *wirklich* aussahen? Ob der Zauberspiegel die Wahrheit sagte und Schneewittchen wirklich tausendmal schöner war als ihre Stiefmutter?

Wo früher Beschreibungen und im äußersten Fall eine Zeichnung ausreichen mußten, um die Phantasie zu beflügeln, ist unsere Phantasie bereits mit zahllosen Bildern gefüttert – und giert ständig nach neuen: Würden wir nicht darauf bestehen, selbst in Augenschein zu nehmen, ob und womit Schneewittchen die Frau Königin in den Schatten stellte? Fänden wir Schneewittchen schöner? Fänden wir sie überhaupt schön? Sicher erschiene sie uns blaß, wenn nicht gar kränklich, denn ›Schneeweißchen‹ war ja weiß wie Schnee. Aber ihre Nase, ihre Augen, ihr Kinn – wir wissen nichts. Wir können ebenso wenig wie die böse Königin mit einem Foto zum Chirurgen gehen und sagen: »Machen Sie mir eine Nase wie die von Schneewittchen.« Es sei denn, wir nähmen Walt Disneys Zeichentrickfigur.

Frau Königin ginge heute vielleicht mit einem Bild von Cathérine Deneuve zum Chirurgen, jedenfalls käme sie nicht mehr in die Verlegenheit, jemanden zu ermorden, weil sie damit nie zu Ende käme: Es gibt in Hollywood zu viele Blondinen und in den

Magazinen zu viele gazellenbeinige Models. Und alle haben sich die Schneewittchen-Nase bereits gekauft:

Die Modefotografin Ellen von Unwerth erzählte, bei der Arbeit mit einem Mannequin in Los Angeles habe sie eine Winzigkeit in deren Gesicht kritisiert. »Kein Problem«, sagte der Freund, »das lassen wir sofort operieren.« Die Fotografin war entsetzt: »Um Himmels willen, nein! Sie ist wunderschön, hat einen tollen Busen und eine wunderbare Nase!« »Alles schon operiert«, sagte der Freund. Das Mädchen war achtzehn.

Darüber schütteln Sie vermutlich ebenso den Kopf wie ich. Dabei wird niemand bestreiten wollen, daß ein gutes Aussehen heute für jede Karriere wichtig ist – um wieviel mehr im Showgeschäft, zu dem Models in besonderem Maße gehören. Ihr Körper ist ihr Beruf, ihr Aussehen ihr wichtigstes Kapital, noch die kleinste Macke senkt ihre Chancen – auch die finanziellen. Die sind beträchtlich, wie Modelagenturbesitzerin Eileen Ford enthüllt: »Einer Anfängerin winkt ein Dreijahresvertrag, der mit einer viertel Million Dollar dotiert ist. Besser als Babysitting, nicht wahr?«

Modelling ist einer von nur zwei Berufen, in denen Frauen durchgängig mehr Geld verdienen als Männer. (Der zweite ist Prostitution. Es ist also für Frauen lukrativer, auf die eine oder andere Weise ihren Körper zu verkaufen, als eine langjährige Ausbildung zu machen oder zu studieren.) Die Honorare für die wenigen ganz Großen beginnen bei 20 000 Dollar am Tag für Werbung, mehrjährige Verträge mit Mode- und Kosmetikfirmen bringen sehr, sehr viel Geld: Cindy Crawford bekommt für fünf Jahre Revlon-Werbung 7 Millionen Dollar, die Firma Monteil soll Tatjana Patitz für einen Dreijahresvertrag 10 Millionen Dollar gezahlt haben.

Würden Sie sich bei der Aussicht auf solche Summen nicht doch die Nase an der Spitze ein ganz klein wenig kürzen lassen? Vielleicht ja, vielleicht nein, aber eines ist sicher: Man kommt ins Grübeln. Es wird verständlich, warum ein junges Mädchen in der Hoffnung auf Ruhm und Reichtum zielstrebig zum Chirurgen geht. Ein Italiener meinte bissig, im italienischen Fernsehen hätten so viele »silikonierte« Frauen Karriere gemacht, daß man Schönheitsoperationen besteuern solle. Ebenso gut ließe sich der Standpunkt vertreten, daß für Menschen in der Öffentlichkeit (vor allem Frauen und ganz besonders Models) eine Schönheitsoperation eine berufliche Investition, ja fast eine Art ›Weiterbildung‹ ist und daher steuerlich absetzbar sein müßte. Mein Steuerberater hat mich allerdings darüber aufgeklärt, auch Models und Schauspielerinnen könnten eine Nasenkorrektur nicht als Geschäftskosten von der Steuer absetzen, da eine Nase nicht nur beruflich, sondern auch privat genutzt werde.

Jede berufstätige Frau muß an sich arbeiten: Wir lernen doch auch eine Fremdsprache oder machen Verkaufsschulungen. In allen Berufssparten ist es selbstverständlich, daß man sich bemüht, sich weiterentwickelt, daß Leistung honoriert wird. Dies gilt auch für das Geschäft mit der Schönheit. Hier aber besteht die Anstrengung in besonderem Maße darin, eben diese Anstrengungen zu vertuschen. Wer mag schon daran denken, daß viele Models kokainabhängig wurden, weil sie mit dieser Droge angeblich quasi ohne jede Ernährung immer ›gut drauf‹ sind. Wer mag schon glauben, wenn ein ehemaliges Model sagt, nach der Kritik, sie zeige beim Lachen zu viel Zahnfleisch, habe sie vor dem Spiegel ›stundenlang geübt, wie man lacht, ohne das verfluchte Zahnfleisch zu zeigen‹. Was ein Model tut, muß einfach wirken, sie muß den Schein des Mühelos-Natürlichen unter allen Umständen wahren und auf Fotos aussehen, als seien ihr die Probleme fremd, mit denen wir Normalsterblichen zu kämpfen haben – Sie wissen schon: Lächerlichkeiten wie einen Pickel am Kinn, verschwollene Augen am Morgen, einen eingerissenen Fingernagel (und keine Feile in der Handtasche) oder der absolute Tageskiller: eine Strumpfhose, die im Schritt ein ganz klein wenig zu kurz ist.

Es ist ihr Beruf, auszusehen, als stellten sie sich ohne große Vorbereitung und in sprühender Laune einfach so vor die Kamera. Der Fotograf macht rasch mal ›Klick‹, dann gehen sie zusammen essen. Übrigens offenbar selten mehr als das: Models und Fotografen scheinen sich selten ineinander zu verlieben. Erstaunlich, aber vielleicht sind sie nur genervt voneinander, denn für Zufall ist in ihrer Zusammenarbeit keine Sekunde und keinen Millimeter Platz. Alles ist einstudiert und erarbeitet. Von ›Klick und Tschüß‹ kann keine Rede sein: Selbst für ein recht biederes Produkt wie den Otto-Katalog wird ein einziges Motiv bis zu 180mal fotografiert.

An die sorgsam gepflegte Mär von der Mühelosigkeit mußte ich denken, als ich las, das hochbezahlte Model Kate Moss habe ein ›überwältigend spontanes Lachen‹ und sei ›herausfordernd unprofessionell‹. Schwerlich. Keine schafft es bis zu Moss' Einkommensstufe, die nicht vor der Kamera und auf dem Laufsteg eiserne Disziplin wahrt, ja wie eine Maschine funktionieren kann. Das sind selbstredend Qualitäten, die von sehr vielen berufstätigen Frauen verlangt werden, ohne daß sie auch nur im entferntesten so viel verdienten. Wenn ein Model mit einer Tagesgage von mindestens 25 000 Dollar jammert, »Die Leute denken immer, wir verdienen unser Geld im Schlaf. Dabei ist unsereins ständig am Rackern«, mag das wahr sein, aber das rechte Mitleid will sich bei mir dennoch nicht einstellen.

Zum Rackern gehört, sich als Produkt in Höchstform zu bringen und zu halten: Crawford macht Bodybuilding, Evangelista färbt sich die Haare, und alle hungern unentwegt. Dergleichen erfährt man in der Magazinspalte: XY verrät ihre Schönheitsgeheimnisse. Aber wer (wie ich) jahraus, jahrein diese Gazetten liest, bemerkt früher oder später etwas Eigenartiges: Große und kleine Film- und Popstars, von Demi Moore über Sylvester Stallone bis zu Elizabeth Taylor und Nadja Tiller, geben (mehr oder weniger bereitwillig) über ihre Schönheitsoperationen Auskunft. Aber mir ist in all den Jahren noch nie – noch nie – ein Model begegnet, das sich als operiert ›geoutet‹ hätte.

Woran mag das liegen? Ich muß spekulieren: Da Schauspie-lerInnen (angeblich) nur für ihre schauspielerischen Talente bezahlt werden, können sie offenbar leichter zugeben, daß sie die Verpackung um dieses Talent attraktiver gestalten müssen. Das Talent eines Models besteht darin, perfekte Verpackung zu *sein*. Der Schein des Angeboren-Natürlichen muß gewahrt bleiben, es darf offenbar nicht der Verdacht aufkommen, als sei diese Verpackung ein vom Chirurgen zusammengesetztes Puzzle.

Natürlich sind viele, vielleicht sogar die meisten operiert, und wir sehen im Laufe einer Woche, eines Monats zahllose Bilder dieser ›alles schon operiert‹-Mädchen. Sie sind meist jung, ihre Gesichtszüge sind von berückender Gleichmäßigkeit. Außer-dem sind sie, wie multikulturell sich die Produkte auch geben mögen, für die sie werben, meist weiß oder jedenfalls »fremd-ländisch mit europäischer Ausstrahlung«, wie die Vertreterin einer deutschen Modelagentur es delikat formuliert. Sollten wir auf den Gedanken kommen, uns mit den hellhäutigen und blonden Fotoschönheiten zu vergleichen, müßten wir trübsin-nig werden, denn keine Gymnastik, kein Makeup, keine Diät und keine Fönlotion können etwas auch nur annähernd so Per-fektes zustande bringen. Linda Evangelista, eine der ganz Gro-ßen im Geschäft, auf die Frage, ob sie ein Ideal sei, das für Frauen schwer zu erreichen sei: »Wenn Frauen sich an meinen Fotos orientieren, wird das sicher problematisch. *Ich* orientiere mich nicht an meinen Fotos. So sehe ich in Wirklichkeit nicht aus.« Vielleicht sollte der Gesetzgeber regeln, daß auf dem Ti-telblatt jeder Frauenzeitschrift fettgedruckt der Satz stehen muß: »Das allein zu Hause nachmachen zu wollen gefährdet die Gesundheit. Zu Risiken und Nebenwirkungen fragen Sie Ihren Arzt oder Apotheker!«

Doch wenn eine Ameisenschar von ›Verschönerern‹ auf mich losgelassen würde und ihren Job an mir ausübte, wenn ein pro-fessioneller Modefotograf mit Assistenten mich ausleuchtete und ein paar hundert Mal fotografierte, und wenn dann noch

153

ein Retuscheur über die Fotos herfiele, sähe ich sicher auf einigen auch nicht aus wie ›in Wirklichkeit‹ (sondern eher wie Frankensteins Großmutter), aber dieses und jenes Foto würde mir sicherlich so schmeicheln, daß ich mich kaum wiedererkennen würde. Natürlich fände ich mich auf diesen – und nicht auf den Frankenstein-Bildern – besonders gut und typisch getroffen. Wenn ich sie mir lange genug ansähe, könnte ich irgendwann zu der Überzeugung kommen, daß ich *immer* so aussehe: *Das* bin ich und nicht das verkrumpelte Gesicht im morgendlichen Spiegel!

Dieses ungestylte Morgengesicht meint Cindy Crawford natürlich, wenn sie sagt, sie sähe morgens nicht aus wie Cindy Crawford. Ein altes Foto von ihr aus einem Highschool-Jahrbuch wirft die Frage auf, ob sie vor einigen Jahren noch weniger aussah wie Cindy Crawford: Vielleicht ist sie ungünstig getroffen, aber man könnte meinen, sie hätte damals eine etwas ausgeprägtere Nase gehabt. Alles schon operiert? Mag sein. Als ›Makel‹ jedenfalls ist ihr nichts als das legendäre Muttermal am Mund geblieben – solche gut plazierten Muttermale heißen nicht umsonst ›Schönheitsfleck‹, und die Monroe hatte auch eins. Crawfords ist inzwischen so berühmt, daß sie eine entsprechende Interviewfrage mit der gereizten Bemerkung konterte, es werde sicherlich bald eine eigene Fernsehshow bekommen.

›Gravierende Makel‹ dieser Art sind wohl gemeint, wenn der Musiksender MTV, die Zeitschrift ELLE und die berühmte Modelagentur Ford beim Modelwettbewerb 1994 Frauen suchen, die ›das Wesen moderner Schönheit verkörpern‹: »Sie soll frisch, natürlich und selbstbewußt sein. Die natürliche Schönheit unserer Zeit ist nicht unbedingt gleichbedeutend mit Perfektion, aber die Siegerin muß starke, individuelle Züge haben.« Die individuellen Züge der 16- bis 21-Jährigen dürfen sich in der vorgeschriebenen Kleidergröße 36 und der Mindestgröße von 1,73 m austoben – bei so viel Spielraum gibt vermutlich der folgende Text einen besseren Eindruck von den Geschöpfen, die gesucht werden: »Die Lektüre einer Modezeitschrift hat etwas von der Lektüre eines Science-fiction-Romans. Auf jeder zweiten Seite erscheinen unnatürliche Wesen: Amazonen, etwa ein Meter achtzig groß und achtzehn Zentimeter breit, die merkwürdigerweise einen großen Busen ihr eigen nennen, der von den Gesetzen der Schwerkraft ausgenommen ist.« Sie sind, heißt es weiter, keine ›richtigen Menschen‹, sondern genetische Irrtümer: Bewohnerinnen des Planeten Barbie, allesamt perfekt wie griechische Statuen. Dieser spöttische Text erschien ausgerechnet im Modemagazin *Vogue*, in dessen eifersüchtig verteidigter Macht es steht, über Aufenthaltsgenehmigung und Einbürgerung auf dem Planeten Barbie zu entscheiden.

Hätten sie Schneewittchen aufgenommen? Die *Mona Lisa*? Die als zeitlose Schönheit gepriesene *Venus* auf dem Gemälde von Botticelli? Ließen sie Orlan ein? Wer Orlan ist? Eine französische Performance-Künstlerin, die, wie ich finde, bizarrste Blüte, die die Schönheitschirurgie bislang getrieben hat – bizarrer als Michael Jackson und Cher zusammen. Ihr Kunstprojekt erstreckt sich über mehrere Jahre, wird vom französischen Kulturminister finanziert, heißt ›Die Reinkarnation der Heiligen Orlan‹ und soll Schönheit und Schönheitsoperationen kritisieren. Das Projekt besteht darin, daß sie ihr eigenes Gesicht zu einer Kombination aus Mona Lisas Stirn, dem Kinn der Botticelli-Venus sowie Schnipseln einiger anderer Frauen aus der europäischen Kunstgeschichte zusammenflicken läßt, die im Rufe großer Schönheit stehen: Die Augen der *Diana* auf dem Gemälde der Schule von Fontainebleau, die Lippen der *Europa* des Malers Moreau, die Nase von Gérards *Psyche*.

Ihre siebte Operation wurde live aus New York in einige Galerien rund um den Globus übertragen. Die Künstlerin war bei Bewußtsein und beantwortete Fragen per Fax. Sollten Sie dies wünschen, können Sie bei ihrer New Yorker Galerie ein Video dieser Performance kaufen, dort gibt es auch Reliquien der Hl.

Orlan: rituelle Behälter mit abgeschnippelten Fleischstück-
chen.

Verkörpert Orlan ›das Wesen moderner Schönheit‹? Was ist
denn überhaupt *moderne* Schönheit im Unterschied zu *unmo-
derner* Schönheit? Galt Schönheit nicht früher einmal als zeitlos und unwandelbar? Ist Botticellis *Venus* das angestaubt-über-
holte Schönheitsideal aus einem Guß, an der nur das Kinn
wirklich perfekt ist? Wäre dann die Selfmadeschönheit Orlan
die Verkörperung der *modernen* Schönheit, die als Skalpell-
puzzle nichts mehr dem Zufall und der Gnade des Schicksals
überläßt? Ich weiß es nicht. Manchmal verschlägt es selbst mir
die Sprache.

Nun ließe sich für das Orlan-Projekt zumindest ins Feld führen,
daß sie sich die gefeiertsten Frauenbilder der europäischen
Kunstgeschichte ausgesucht hat. Sie mag übertrieben haben,
aber eigentlich ist es doch erstaunlich, daß sich nicht mehr
Frauen bei ihren chirurgischen Veränderungswünschen an
Idealbildern abendländischer Schönheit orientieren, die seit
Jahrhunderten gelten, statt an Claudia Schiffer, die den Test
der Zeit noch nicht bestanden hat.
Ein ähnliches Problem hatte man im New Yorker Metropolitan
Museum of Art zu lösen, als man »ein zeitloses Gesicht suchte,
das sowohl zu den aufwendigen Kostümen des 18. Jahrhunderts,
zum Dandy-Look des 19. als auch zu den unterschiedlichen
Kreationen unseres Jahrhunderts paßt«. Die Wahl fiel auf das
Model Christy Turlington, von der die amerikanische Designe-
rin Donna Karan sagt, sie sei ›wie ein Chamäleon‹. Dies ist als
hohes Lob gemeint, denn einem Model schadet zu viel ›Persönlichkeit‹ mehr als daß sie ihr nutzt. Sie sollen wandelbar und
nicht zu eindeutig festgelegt sein. Sie existieren, um angesehen
zu werden, und sollen zugleich als ideales Nichts die Kleider
besser zur Geltung bringen.
Diese Anforderungen stimmen mit den Ergebnissen aller Untersuchungen überein, die je herauszufinden versuchten, worin

›Schönheit‹ eigentlich besteht: Als schönstes Gesicht wurde immer das ausgesiebt, das keinerlei Überraschungen barg, das möglichst wenig eigene, unverwechselbare Züge aufweist – man könnte sagen: das *durchschnittlichste* Gesicht, wenn nicht gerade dieses Gesicht so ungewöhnlich und so selten wäre.

Nun sind die klassischen Merkmale von Schönheit – Ebenmaß, harmonische Proportionen, Einzigartigkeit, Jugendlichkeit und insbesondere *Seltenheit* – nicht mehr jenen Begünstigten vorbehalten, die als Lieblinge der Götter zur Welt kamen. Die schöne Nase, der schöne Bauch sind zu erschwinglichen Preisen für alle zu haben. Doch die Behauptung, daß Frauen schon immer und überall Schönheitsidealen nachgeeifert haben, bekommt eine andere Bedeutung.

Dabei ist diese Behauptung, egal, wie häufig sie wiederholt wird, egal, wie häufig sie in Diskussionen über Jugendwahn, Schlankheitswahn, Schönheitswahn, Fitneßwahn, Eßstörungen als Argument angeführt wird, historisch mindestens gewagt, mit größter Wahrscheinlichkeit aber schlicht falsch. Als Beweis werden besonders gern Kunstwerke des Abendlandes angeführt, beispielsweise die berühmten Botticelli-Gemälde *Geburt der Venus* und *Frühling* vom Ende des 15. Jahrhunderts. Wer das tut, irrt gleich zweifach: Denn erstens war der Anblick solcher Gemälde sehr wenigen vorbehalten, daher konnte sich zweitens nahezu niemand an ihnen orientieren.

Es ist zutreffend, daß die Dargestellten Schönheitsideale waren. Aber sie waren eben genau das: *Ideale*. Wenn wir ›Ideal‹ sagen, meinen wir meist ›erstrebenswertes Vorbild‹. Ursprünglich aber bezeichnete *Ideal* etwas Vollkommenes, etwas Unerreichbares. Schönheitsideale sollten etwas Unpersönliches symbolisieren und verherrlichen, und das konnte, je nach Epoche, Gottes Schöpfung sein, die Schönheit des Menschen oder etwas anderes. Daher hießen die Frauengestalten nicht *Linda* und *Claudia*, wie unsere Ideale, sondern *Venus* und *Frühling*.

Selbst wenn die Gemälde oder Statuen, wie bei Porträts, eine reale Persönlichkeit zeigten, waren diese häufig idealisiert. Wir denken gleich an Unehrlichkeit, vielleicht sogar Betrug, wenn ein Mensch auf einem Gemälde viel schöner aussieht als in Wirklichkeit. Ein Bild kann (soll?) schmeicheln (auch wir vernichten Fotos, auf denen wir uns ›unglücklich getroffen‹ finden), aber es soll nicht *lügen*. Genau das aber war in der Malerei früherer Jahrhunderte durchaus üblich: Es galt als unschicklich, auffallende Entstellungen eines Menschen zu malen und damit für die Ewigkeit festzuhalten. Und man nannte das nicht lügen, sondern idealisieren.

Was und wer auch immer auf diesen Kunstwerken abgebildet gewesen sein mag – die meisten Bilder und Statuen befanden sich in Privatbesitz, blieben also einer Handvoll Privilegierter vorbehalten. Botticellis *Geburt der Venus* war, ebenso wie sein *Frühling*, im Besitz der berühmten Medici-Familie in Florenz. Es ist unwahrscheinlich, daß die wenigen Frauen, die solche Kunstwerke sehen konnten, ihre äußere Aufmachung, ihr Gesicht oder gar ihren Körper, der sowieso unter aufwendiger Kleidung verborgen blieb, mit solchen Bildern verglichen haben sollen, wie Frauen sich heute mit den Bildern von Frauenkörpern vergleichen.

Gemessen an unserem Jahrhundert waren vergangene Jahrhunderte selbst für reiche Kunstsammler bilderarm. Bevor es öffentliche Museen gab und bevor die Fotografie Gemälde, Statuen, usw. beliebig reproduzieren und verbreiten konnte, gab es im Alltag der meisten Menschen nahezu keine Bilder – also auch keine Abbildungen des menschlichen Körpers. Die meisten kannten daher nur eine Art von Frauenabbildung: Statuen und Gemälde der Muttergottes und der weiblichen Heiligen. Sie sind häufig grazil und hellhäutig dargestellt. Das gehörte zu ihrer überirdischen, ›idealen‹ Schönheit, denn Frauen, die körperlich hart arbeiteten, konnten nicht so aussehen.

Jede Dorfkapelle und jede Kathedrale hatten eigene Madonnendarstellungen, nicht zwei waren völlig gleich. Halten *Sie* es für wahrscheinlich, daß diese ›Kunst-Körper‹ für ganze Dörfer,

Städte oder gar Landstriche zum einzigen Schönheitsideal wurden, dem die meisten Frauen nachzueifern versuchten? Glauben Sie, daß solche Darstellungen einen Einfluß darauf hatten, wie die Kirchgängerinnen Tag für Tag ihren Körper wahrnahmen? Ich kenne leider keine einzige historische Studie, die sich mit diesen Fragen befaßt – aber ich halte es für völlig, gänzlich und absolut ausgeschlossen. Und da Gemälde, Fresken, Statuen ein sehr langes Leben haben, hatte sich ein oder zwei Jahrhunderte nach ihrer Herstellung wohl selbst auf dem tiefsten Land die Vorstellung von Schönheit ein wenig gewandelt.

Heute geht dieser Wandel von einer Saison zur nächsten – angeblich. Tatsächlich geht er in Wellen von einigen Jahren, in denen jeweils ein neuer Typ als ›moderne Schönheit‹ gefeiert wird: Die alten Wunschkörper werden abgeräumt, die neuen serviert – ein Schicksal, das angeblich auch die Bewohnerinnen des Planeten Barbie ereilt hat: In den achtziger und frühen neunziger Jahre entfernten sich die Körper der Models so weit von dem einer durchschnittlichen Frau und wurden derart stromlinienförmig, daß jede Steigerung ausgeschlossen schien – das Rohmaterial Frauenkörper konnte nicht noch mehr zurechtgetrimmt werden und dabei auch nur halbwegs glaubwürdig bleiben. Kein ›Mensch wie du und ich‹ konnte auch nur fünf Minuten lang so aussehen. Die erreichte Künstlichkeit war für die BetrachterInnen ebenso ermüdend wie deprimierend. Außerdem verkörperten die gestählten Amazonen ein aggressives und dominierendes Frauenbild, das sich (zumindest in den Medien) überlebt hatte. Man brauchte einen neuen Typ, der Reiz der Barbies hatte sich erschöpft.
Die Marschrichtung in Sachen Frauenideal lautete offenbar: Es mußte abgetakelt werden, die Frau mußte wieder zahmer werden. Doch statt den Kreis der Frauen, die das propagierte Schönheitsideal erfüllen können, auszuweiten, wurde er zunächst weiter eingeschränkt: Jetzt feierte man das ›Mädchen‹ –

Girlie –, das nicht so bedrohlich war wie die Karrierefrau der achtziger Jahre, die allerdings auch eher eine Medien- als eine reale Vorstandsetagenerscheinung war. Die Neue konkurriert nicht mit dem Mann, weil sie für Berufserfahrung viel zu jung ist, von Karriere ganz zu schweigen. Sie ist auch zu jung für verunsichernde Ansprüche. Eigentlich sehen die Mädchen nicht aus, als würden sie jemals erwachsen werden (wollen).

Sie sind jung und mager, auffallend hellhäutig, jedenfalls nie sonnengebräunt. Sie werden Waifs genannt – ›waif‹ ist das Wort für jemanden, vor allem ein verwahrlostes, verlassenes Kind, der weder ein Zuhause noch Freunde hat, zum anderen bezeichnet es etwas Herrenloses, das man findet. Während einige dieser Waifs völlig verstört aussehen, präsentieren sich andere muffig, frech und ungekämmt -- im Extrem wie ausgemergelte Drogenabhängige mit verklebtem Haar, die gelernt haben, auf der Straße zu überleben. Einige sehen aus wie ordinär aufgetakelte Lolitas, andere wie ungeschlechtliche Kinder, und sie werden bevorzugt auf eine Weise fotografiert, die zwei klassische männliche Sexualphantasien bedient: Schulmädchen und Hure.

Mit den Waifs verschwand die Altersstufe ›Teenager‹ nahezu völlig aus den Medienbildern. Die Grenze zwischen weiblichem Kind und Frau verschwimmt zunehmend – vielleicht wäre es also richtiger zu sagen, daß alle Altersstufen *außer* dem Teenager verschwinden. Es taucht ein Frauenbild wieder auf, das mit den siebziger Jahren und der Frauenbewegung untergegangen schien und dem nur wenige Frauen nachweinen: Die Frau als hilfsbedürftiges, weltfremdes, verwirrtes Kind. Mir ist unklar, wer so aussehen kann (und will) – mit Sicherheit keine Frau, die älter ist als (höchstens) achtzehn. Einige immer mädchenhaft, ja kindlich wirkende Frauen, beispielsweise Mia Farrow, ausgenommen.

Auch wenn wenig wahrscheinlich war, daß eine Frau mit dem Kombi-Pack Hungern, Sport und Schönheitsoperation wirklich die geforderte Amazonenfigur bekommen würde, schien es doch zumindest theoretisch erreichbar. Es gab Hoffnung, solange man sich wirklich bemühte, und weniger Kampfbereite konnten sich dem halb amüsierten, halb wehmütigen Tagtraum hingeben, welche Wunder ein solches Programm wirken könnte, wenn ... Das neue ›Schnittmuster‹ ließ solche Illusionen nicht mehr zu: Mit den Waifs schien für die meisten Frauen endgültig jeder Versuch zum Scheitern verurteilt, dem herrschenden Schönheitsideal zu entsprechen.

Eine Freundin, mit der ich darüber sprach, meinte lakonisch: »Auch eine Befreiung, oder?« Aber erstaunlicherweise hatten die Waifs in den frühen Neunzigern einen derart explosiven Erfolg, daß selbst ›alte‹ Models wie Evangelista, Schiffer, Crawford gezwungen waren, von ihrem Image der unantastbar Perfekten – das wunderbare amerikanische Wort dafür lautet *glamazone*, aus *glamour* und *amazone* – abzulassen und ›natürlich‹ zu werden: Eine Werbekampagne des Designers Versace, die in Zeitschriften rund um den Erdball erschien, präsentiert eine scheinbar ungeschminkte Evangelista mit spindeldürren nackten Beinen und – halten Sie die Luft an – dunklen Augenringen. Wer hätte gedacht, daß eine Frauenzeitschrift uns das einmal als *begehrenswert* präsentieren würde! Die Fotos zeigen Evangelista, die schallend lacht, wütend mit einer Jacke um sich schlägt, x-beinig dasteht wie ein Kind, sie wirken fast wie Schnappschüsse.
Hat die Werbeindustrie endlich Vernunft angenommen? Hat sie endlich die unrealistischen Modepüppchen auf den Müll geworfen, zeigt sie uns endlich, wie wirkliche Frauen wirklich aussehen? Wohl kaum. Die Versace-Werbung wäre mit ›richtigen Menschen‹ (sprich: uns) gar nicht, mit einem anderen Model nur bedingt möglich. Sie lebt davon, daß es die Augenringe einer Frau sind, die als eine der schönsten Frauen der Welt gilt, und daß alle, die mit dieser Werbung erreicht werden sollen, das *wissen*. Models sind heute keine anonymen Körper mehr. Sie sind Stars, über die (angeblich) alles bekannt ist. Sie verkörpern und verkaufen mit ihren Fotos nicht nur einen Mode-

typ, sondern einen Lebensstil. Linda Evangelista hat, wie alle anderen Models ihrer Einkommensstufe, ein öffentliches Bild von sich geschaffen, in dem sie das ist, was eine Frau heute sein muß: völlig natürlich, völlig authentisch, selbstbewußt, ökologisch engagiert, mit Wichtigerem als ihrem Aussehen oder gar Makeup befaßt. Nur wenn sie dieses Image glaubhaft vermittelt, kann sie weiter im Geschäft bleiben und Geld verdienen, denn in den Neunziger Jahren sind Aufrichtigkeit und Authentizität angeblich wichtiger als Schönheit – was natürlich nicht stimmt. Dennoch: Evangelistas Rechnung ging offenbar auf, denn kurz darauf zog die Jil Sander-Werbung nach. Für deren Kleider erscheint nun die raffiniert auf Natur geschminkte Evangelista mit Pickeln (!) im Gesicht. Modejournalistinnen, die gestern noch die Reize des Unangepaßt-Häßlichen priesen, bejubeln die Rückkehr der ›echten‹ Frau:

Die zu einem Nichts weggezupften Augenbrauen, grüne und schwarzrote Nägel, kreischende Lippen und eigenartig umschattete Augen – sie müssen fort, zusammen mit den kurzrasierten Haaren und flachen Brüsten. Die übertriebene, fast männliche Schlichtheit und Strenge wird durch eine weiblichere, natürlichere Mode ersetzt.

Und:

Frauen lieben es, sich zurechtzumachen. Endlich kommt ihnen der Trend wieder entgegen, mit allen Details, die dazugehören: verführerisch glänzendes Lippenrot, geheimnisvoller Wimpernaufschlag unter raffiniert schattierten Lidern. Eine Ära der neuen Klassik hat begonnen: Hosenanzüge sehen nicht mehr wie geflissentliche Kopien des Männeranzugs aus – Frauen haben schließlich Busen und Schwung in den Hüften. Es ist schön, wieder als Frau gefeiert zu werden.

Das erste Zitat stammt von 1931, das zweite von 1994.

Die Abkehr von den Barbies ging einher mit dem Ruf nach
›echten‹ Menschen in der Werbefotografie. Natürlich sind
Models Menschen aus Fleisch und Blut und nicht Plastik, nun
aber präsentieren einige Firmen ›richtig echte‹ Menschen.
Wie heikel solche Kampagnen sind, zeigt sich daran, daß sich
fast nur exklusive und teure Designer dieses Understatement
leisten, sowie daran, daß ›normale‹ Menschen für sie meist
nur ›keine Berufsmodels‹ bedeutet: Oder finden Sie Cathérine
Deneuve, Sharon Stone und Andie MacDowell ebenso ›normal‹ wie die Kassiererin in Ihrem Supermarkt? Nur amerikanische Sportfirmen wie *Nike* und *Reebok* werben konsequent mit
Sportbegeisterten, die weder professionelle Models noch Be-
rufssportlerinnen sind. Ansonsten sind die normalen Leute auf
dem Laufsteg und in der Werbung wenig mehr als ein Gag für
eine Saison.
Aber deren Auftauchen hat zu der voreiligen Schlußfolgerung
geführt, nun hielten endlich normale und normal gebaute
Frauen Einzug in die Mode. Dieser Irrglaube wird durch den
Umstand befestigt, daß allenthalben Models beschäftigt werden, die besser genährt wirken. In Wahrheit sind sie das meist
nicht, die optische Illusion der Fülle verdankt sich häufig einem
Silikonbusen. Zudem sind sie nur im Vergleich zu den Waifs
rundlicher, was wirklich kein Problem ist, das ist fast jedes
zehnjährige Kind. ›Runderer Körper‹ ist auch nicht gleichbedeutend mit ›normal‹ oder ›durchschnittlich‹ – die Körper dieser ›runderen Frauen‹ sind ebenso unrealistisch und von der
›normalen‹ Frau ebenso weit entfernt wie die Waifs und die als
Zirkuspferdchen aufgezäumten Amazonen. Angesichts dieser
Wahlmöglichkeiten ziehen Frauen die ›Amazonen‹ für den persönlichen Gebrauch vor – die alte Modelgarde Crawford, Evangelista, Schiffer, usw. Mit deren Fotos gehen sie zum Schönheitschirurgen. Und wir sind wieder angekommen, wo wir gerade schon waren: alles schon operiert.

Hierin liegt ein großes Problem der höchstbezahlten Models, aber auch der Madonnas und Demi Moores, der Elizabeth Taylors, Roseanne Arnolds und Paul Newmans, kurz gesagt, all derer, die ihr Geld (auch) mit ihrem Aussehen und ihrer Schönheit verdienen: Wenn alle aussehen können wie die junge (oder gern auch die fünfzigjährige) Cathérine Deneuve, verliert das Makellose an Reiz. Was ist noch schön, wenn *alle* schön sind – oder jedenfalls schön gemacht? Ein ebenmäßiges Gesicht und harmonische Züge sind kein Gottesgeschenk mehr. Auch die Heiterkeit des Herzens ist nicht mehr vonnöten, denn selbst der Ausdruck guter Laune ist käuflich: Operativ hochgezogene Mundwinkel lassen jede Frau (und jeden Mann) viel freundlicher aussehen.

Bei so viel Stromlinienform in Aussehen und Gemüt wird das Unebene und Muffige interessanter, als es je war, zur perfekten Imagekontrolle gehört der Eindruck des Unkontrolliert-Spontanen und des Fehlens jeder Eitelkeit: Lindas (scheinbare) Wut ignoriert die Forderung nach Guter Laune Bis Zum Umfallen, ihre Augenringe sind ihre persönlichen, ganz individuellen Augenringe. Sie hat sie sich angelebt, niemand kann sie sich beim Chirurgen nachmachen lassen – oder sind Visagisten inzwischen so raffiniert, dunkle Schatten aufzuschminken?

Es ist leicht vorherzusehen, daß im Fernsehen immer mehr Frauen vorrücken werden, die nicht (jedenfalls nicht im herkömmlichen Sinn) schön sind, solange sie etwas Ungewöhnliches zu bieten haben (sei es, daß sie schrill sind, herzensgut, geschmacklos oder was auch immer). Sie beleben die Gesichterlandschaft und bieten Zuschauern die ungewohnte Chance, sich mit dem Aussehen eines Menschen identifizieren zu können, der in den Medien viel Geld verdient. Bei 30 und mehr Programmen, die rund um die Uhr senden, könnte sich der Vorrat an Frauen erschöpfen, die zum einen wie brav gekämmte Hollandmädchen und kugeläugige Barbie-Puppen aussehen (wollen), und zum anderen noch Talent und Intelligenz haben. Ich bin aber sicher, daß die Augenringe in der Werbung und die

Hella-von-Sinnens im Fernsehen Ausnahmen bleiben werden. Ob Moderatorinnen, Nachrichtensprecherinnen und Talk-show-Frauen, ob die Werbe-Hausfrau mit Schürze, die Werbe-superfrau im Karrierekostümchen oder der Werbevamp im sexy Abendkleid – alle passen in den Trend zum Schönen, Jungen, Glatten, Blonden. Ich denke, die Journalistin irrt (nicht nur, was Mode angeht), wenn sie schreibt: »Die Mode der jungen neunziger Jahre wendet sich gegen die Faszination von Fassade, Schein und Glamour, die sie in einer heftigen Absetzbewegung dem vergangenen Jahrzehnt zuschreibt, sie scheint sich abzuwenden vom Fegefeuer der Eitelkeit, das in den achtziger Jahren loderte. Sie pflegt statt dessen den Gestus einer neuen Bescheidenheit, Aufrichtigkeit und Selbstbeschränkung.« ›Den Gestus pflegen‹ ist ein aufgeblähtes Wort für ›tun als ob‹. Und ›so tun als ob‹ ist nur ein anderer Ausdruck für Fassade und Schein.

Der Beruf der ›schönen‹ Models ist es, Fassade und Schein zu sein und nicht, Hakennase und abgekaute Fingernägel vorzuführen. Sie sollen das jeweilige Schönheitsideal verkörpern, und ihre Züge dürfen keinesfalls so ›stark und individuell‹ sein, daß sie übertönen, was mit ihrer Perfektion verkauft werden soll. Die Bluse, die mich kleidet wie eine nasse Papierserviette, muß an ihnen wie eine Pariser Creation aussehen. Es heißt, Claudia Schiffer habe als Fotomodell im nur mäßig aufregenden *Quelle*-Katalog jeder Seite, auf der sie zu sehen war, einen Traumumsatz von über einer Million Mark verschafft. Ähnelte sie auf diesen Bildern allerdings allzu sehr uns und unserer besten Freundin, wäre das fatal. Dann würden wir das, was sie anpreist, nicht in der Hoffnung kaufen, daß ein wenig von ihrem Glanz auf uns abfällt – oder?
Models tun ihre Arbeit wie ich die meine, aber während kaum jemand von ihnen erwartet, ein Buch zu übersetzen oder einen Aufsatz zu schreiben, wird von mir erwartet, auszusehen wie sie oder mich zumindest darum zu bemühen, also auch ihre Arbeit

zu tun. Das verstimmt mich etwas. Es verstimmt mich auch, wenn mir eine Zeitschrift unter dem verheißungsvollen Aufmacher »Christy Turlington, die schönste Frau der Welt, verriet uns ihr Beauty-Rezept« Dämlichkeiten aufbinden will wie: Sie schminke sich kaum, trage ihre Haare immer gleich, schwimme täglich, lasse sich regelmäßig massieren und gehe auch gern zu McDonald's, weil es ihr egal sei, ob sie zunehme, sie sei schließlich eine Frau. Eine durchaus erstaunliche Begründung, zeichnet es doch Frauen in unserem Kulturkreis aus, daß es ihnen in aller Regel *nicht* egal ist, ob sie zunehmen. Geradezu idiotisch wird der Satz, wenn er Christy Turlington charakterisieren soll, denn sie ist eines der berühmtesten und bestbezahlten Models der Welt. Ihr soll es *egal* sein, ob sie zunimmt? Da schlägt man sich doch juchzend auf die cellulitegedellten Schenkel!

Schiffer sagte in einem Interview, ein Model dürfe natürlich nie zunehmen, Modelagenturbesitzerin Eileen Ford zählt ›ein paar Gramm (!) Übergewicht‹ zu den unverzeihlichen Sünden eines Models. Dabei ist ›Übergewicht‹ durchaus relativ. Es ist kein Zufall, daß bei Artikeln über Models grundsätzlich die Körpergröße, häufig auch Umfang von Busen, Taille und Hüfte genannt werden, aber fast nie das Gewicht – Linda Evangelista, eines der teuersten und berühmtesten Fotomodelle unserer Tage, verweigert die Antwort auf die Frage nach ihrem Gewicht mit einem kategorischen »No comment. Unter gar keinen Umständen.« Da wir genau wissen, wieviel wir selbst wiegen, könnte es uns schockieren zu hören, daß ein *Vogue*-Model von 1 Meter 80 selten mehr als 55 Kilo wiegt. Je teurer die Frauenzeitschrift, um so dünner die Frauen – auch hierin zeigt sich der »Nancy Reagan-Effekt«, von dem im Diät-Kapitel die Rede war.

Nicht zuletzt aus diesem Grund gelten Zeitschriften wie *Vogue* oder *Madame* als Gipfel der Unterdrückung der Frau, als Symbol ihrer Verniedlichung zu einem hübschen und teuren

Schmuckgegenstand. Wer die Modebilder betrachtet, ist denn auch erschlagen von so viel überzogenem ›Styling‹ – ich kenne kaum eine Frau, die so schrill (bei vielen Fotos muß man sagen: absurd) aussehen möchte. Aber jede Frau kann davon träumen, einmal im Leben (nur einmal, aber auch wenigstens einmal) ein solches Wahnsinnskleid, eine solche Frisur, ein solches Makeup zu tragen, um richtig auf die Pauke zu hauen, um verrückt, schrill, um ein unerhörter Skandal zu sein, um zu genießen, wie die Spießer aus den Latschen kippen, der Ex vor Gram und Reue verpufft, die Streberin von Kollegin in ihrem blöden grauen Kostümchen verschwindet. Das Betrachten solcher Modefotos kann überaus lustvoll sein, wenn man sich von der Vorstellung freimacht, es handele sich auch nur bei einem einzigen Foto um ernstgemeinte Modevorschläge: Sie gewinnen ungemein an Reiz, sobald Sie sie in die Kategorie *Kunst* einordnen.

Doch wenn wir nach Vor-Bildern suchen, schauen wir lieber in andere Zeitschriften: Wieviel alltagstauglicher sind die netten Fotomodelle in *Brigitte*, *Freundin* und *Für Sie*! Sie sehen aus wie ungewöhnlich hübsche, aber doch normale Frauen, sind schlank, aber nicht dürr, haben eine deutliche, aber nicht provozierende Oberweite. Und im Gegensatz zu den bizarren Modefotos der teuren Magazine sind sie ansprechend fotografiert, ganz zwanglos, es könnten fast Schnappschüsse sein. So natürlich und frisch sähe man selbst gern aus, und das könnte man sicher auch, wenn man sich ein bißchen mehr Mühe gäbe! Wenn man ein bißchen mehr Zeit in die Hautpflege investierte, wenn man die Haare auf diese raffiniert-lässige Art feststeckte (und sie dann weiter als bis vor die Badezimmertür hielten), wenn man den Lidschatten in diesem Braun weiter zur Braue hin auftrüge. Wenn man die Garderobe besser plante und sich beim Einkaufen weniger zu Spontankäufen hinreißen ließe. Wenn man den altrosa Schal hätte, wenn man nicht Fingernägel hätte wie ein Automechaniker – wenn dieses und wenn jenes.

Unterstrichen wird der Eindruck eigener Unzulänglichkeit durch regelmäßige Beiträge der Sparte ›Machen Sie das Beste aus Ihrem Typ‹, in denen das Pummelchen mit Brille und Pikkeln zum sprichwörtlichen Schwan wird – wobei der anzustrebende ›Typ‹ nicht im luftleeren Raum existert. Zum einen gibt es eine begrenzte Anzahl möglicher Typsparten: sportlich, weiblich, sachlich, beispielsweise, oder ›Winter, Sommer, Herbst und Frühjahr‹. In eine diese Sparten wird man – ganz individuell – eingeordnet. Darüber sollte sich niemand (auch ich nicht) lustig machen, denn in einer Zeit, in der angeblich alles möglich ist, verleihen solche Orientierungshilfen tatsächlich Sicherheit.

Andererseits machen solche Berichte mich trübsinnig, weil sie zeigen, wie sehr unser Schönheitsideal durch die Medien standardisiert wurde und wie eng das Spektrum von ›Schönheit‹ heute ist: Selbst wenn eine Frau aussähe wie die junge Sofia Loren persönlich, wäre das derzeit ›Beste aus ihrem Typ‹ nicht deren mediterrane, laszive Sinnlichkeit, sondern das patente dunkelhaarige Mädchen von nebenan. Eine herzige Sissy-Romy ist so unzeitgemäß, daß sie als Ergebnis einer ›typgerechten Umwandlung‹ völlig unvorstellbar ist.

Brigitte, die die gleichnamige Serie etwa 1958 aus der Taufe hob und viele Jahre als festen Bestandteil des Heftes führte, bringt die Serie nicht mehr unter diesem Titel, weil die Leserinnen das platte ›vorher langweilig, hinterher aufregend‹ nicht mehr mögen. Deren Interesse an einer solchen Beratung ist freilich unvermindert groß, und *Brigitte* bringt, wie nahezu alle Zeitschriften, die einen ähnlichen Leserinnenkreis erreichen wollen, regelmäßig solche Artikel (wenn auch unter anderen Überschriften).

Sieht man von Berichten über ferne Länder und tapfere Menschen ab, sind die Vorher-Bilder dieser Rubriken die einzigen Fotos »echter« Frauen, die einem in Frauenzeitschriften zugemutet werden. Sie haben oft den Liebreiz eines Automatenpaßbilds: Die Frauen sind unvorteilhaft zurechtgemacht, lächeln befangen in die Kamera, halten den Kopf nicht geneigt, sondern bloß schief, usw. Die »Nachher-Bilder« zeigen sie mit anderer Kleidung, neuer Frisur und neuem Makeup, aber sie sind auch völlig anders fotografiert: aufwendig ausgeleuchtet, der Hintergrund ist farblich abgestimmt, der Blick ist frontal und selbstbewußt – diese Bilder sind das ausgeklügelte Werk von Profis vor und hinter der Kamera, und das ist für den Gesamteffekt mindestens ebenso wichtig wie Frisur und Makeup, um die es angeblich nur geht.

Eine englische Firma namens ›Makeover-Service‹ vermarktet genau das: Frauen werden von Profis geschminkt, frisiert, in ungewöhnliche (sexy) Kleider gesteckt und dann nach allen Regeln (und Tricks) der Fotografierkunst abgelichtet – die ganze Prozedur kostet mehrere hundert Mark und ist ein Renner. Die Frauen lernen angeblich auch, sich vorteilhaft zu schminken, anzuziehen, usw., das wichtigste aber sind die Fotos, auf denen sie dank Weichzeichner, Aufhellung, usw. allesamt aussehen wie *Denver*-Schauspielerinnen auf Jobsuche. Ich wüßte gern, was die Fotografierten mit diesen Bildern machen – ob sie sie als Ansporn neben den Spiegel tackern, verschenken, zu Hause aufstellen oder der Antwort auf eine Bekanntschaftanzeige beilegen? Sie können jedenfalls zu Recht sagen: So sehe ich aus. Nicht immer, aber manchmal. Das Foto beweist es.

Der italienische Regisseur Bernardo Bertolucci (*Der letzte Tango in Paris*, *Der letzte Kaiser*, *Little Buddha*) meint: »Wenn man etwas fotografiert (oder filmt), fotografiert man immer Wirklichkeit. Auch wenn die Zutaten alle künstlich sind. Das Fotografierte wird zu Realität.« Wenn wir Fotos anschauen, denken wir selten daran, daß alle Details des Bildes künstlich sein könnten, vor allem, wenn vor der Aufnahme alle Bemühungen dahin gingen, gerade diese Künstlichkeit zu vertuschen: Wenn man das bedenkt, wird der Einwurf eines Malers in einer Talkshow einsichtig, in Sachen Schönheitsterror seien Zeitschriften wie *Brigitte* die Terrorstufe 3 – sie, nicht *Vogue*, knechteten die

Frauen am härtesten, weil sie ihre Models ausstaffierten, als könnten auch alle Leserinnen so aussehen. Das Hinterhältige dabei ist, daß diese Frauen kaum weniger aufwendig geschminkt, frisiert, gestylt wurden als in *Vogue*, daß Kleider, Gürtel, Schmuck, das lässige, ganz zufällig wirkende Aufeinanderschichten und -knoten von Hemden, Röcken, Pullovern und Anoraks ein ähnliches Maß an Sorgfalt und professionellem Auge erfordern wie das Modefoto eines teuren Designerkleides. Doch im Gegensatz zu den mitunter absurd aufgemachten Glitzermodels wird dieser Aufwand nicht getrieben, damit es schrill-überzogen, sondern damit es beiläufig, fast alltäglich wirkt.

Aber nur fast. Denn jede geglückte Werbung – ob für Hautcremes, Frauenzeitschriften oder politische Parteien – beherrscht die schwierige Kunst der Balance zwischen Angstschüren und Hoffnungwecken. Sie muß Gedanken auslösen wie: Wenn Partei XY nicht gewinnt, muß ich mehr Steuern zahlen. Wenn ich dieses Mundwasser nicht benutze, finde ich nie Freunde. Wenn ich die Zeitschrift XY nicht kaufe, bin ich meinen glanzlosen Spaghettihaaren ausgeliefert und muß immer häßlich bleiben. Also kaufen wir eine Zeitschrift, obwohl sie uns (jede Woche aufs neue) erst mit unserem Aussehen unzufrieden macht, indem sie auf Seite 14 das nett lächelnde Mädchen mit Rollschuhen vorführt, und sich dann auf Seite 21 unseres dadurch erst produzierten Kummers annimmt, indem sie verrät, was wir tun müssen, um auch so auszusehen.

Zu den ausgeplauderten Geheimnissen gehört unfehlbar das Versprechen, daß ich allein und zu Hause aus meinen wenig spektakulären Haaren (Farbton: mitteleuropäische Pfütze) im Handumdrehen eine kastanienrote Sensation machen kann. Das Hoffnungswecken besteht zum nicht geringen Teil darin, mir zuzusichern, alles werde genauestens beschrieben, die wichtigsten Schritte seien als Foto oder Zeichnung abgebildet, es sei einfach, billig und ruckzuck gemacht. Ich könne gar nichts verkehrt machen. Ich habe dem einmal geglaubt und mich an Kastanienrot herangetraut. Die einzige Sensation war, daß ich mich damit noch aus dem Haus traute. Aber das gehört vielleicht nicht hierher.

Stutzig macht mich, daß mit Anpreisungen wie ›neu‹, ›modern‹, ›sensationell‹, ›diese Saison‹ jahraus, jahrein im Prinzip die gleichen Frisuren vorgeführt werden (die gleiche Schminktechnik, der gleiche locker geschlungene Schal, die gleichen superwirksamen Bauchspeckübungen, usw.). Warum also reicht es uns nicht, wenn wir *einmal* ein Heft mit dem Thema kaufen, das uns interessiert, und dann ein für alle mal wissen, was wir auf dem Gebiet der Frisier-, Schmink-, und Schalschlingtechnik wissen müssen? Wenn alles so einfach ist, warum in aller Welt begreifen wir es nicht? Wenn alles so leicht ist, wenn in den Zeitschriften die Models nach angeblich drei Minuten Pinselschwingen und einmal Finger-durch-die-Haare-wuscheln so natürlich und zugleich strahlend aussehen, warum sehe *ich* nie so aus? Schlimmer noch: Warum sieht fast *niemand* so aus? Selbst in einer Großstadt wie Frankfurt sind die Frauen wahrlich rar gesät, die sich mit den Gazettenschönen messen können. Liegt das wirklich nur an uns?

Solche ›Beauty-Kochrezepte‹ sind eine beliebte und nicht totzukriegende Artikelsorte. Zeitschriften wie *Für Sie*, *Petra*, *Journal für die Frau* und dergleichen veröffentlichen Schminktips, Haarschnitte, Farbzusammenstellungen, beraten Leserinnen und führen diese Ratschläge oft auch an ihnen als Demonstrationsobjekten vor. Gelegentlich, wenn auch deutlich seltener, verraten unbekannte Models ihre ›Beauty-Tricks‹.

Die Hochglanzmagazine halten sich lieber an Berühmtheiten, die in diesen Heften, im Vertrauen und unter uns, ihre Deluxe-Schönheitsgeheimnis ausplaudern. Es ist ihr Beruf, von Natur aus tausendmal schöner zu sein als wir, und warum sie überhaupt Tricks brauchen, wenn sie so schön sind, wird nie erklärt. Vielleicht sind diese Artikel als unzulänglicher Trost für alle anderen Frauen gedacht, daß das Leben niemandem etwas schenkt, vielleicht sind sie auch eine versteckte Drohung, daß keine Frau, egal wie schön, sich auch nur einen Tag lang auf ihren Lorbeeren ausruhen darf. (Eine Überschrift, die beide Möglichkeiten verknüpft, ist: »Ein wenig quälen müssen auch die Schönsten ihren Körper, wenn er attraktiv bleiben soll.«) Was immer wir lernen *sollen*: Was jede Leserin lernen *kann*, sind Staunen und Wut. Mir beispielsweise ballt sich schon die Faust im Bauch, wenn eine spektakulär aussehende Frau in den mittleren Jahren wie die Schauspielerin Jacqueline Bisset beteuert, wahre Schönheit komme von innen. (Mir ist, als hätte ich das schon mal irgendwo gehört.) Für die ihre tue sie im Grunde rein gar nichts, allerdings ernähre sie sich sehr bewußt (und offenbar etwas eintönig: überwiegend gedünstetes Gemüse mit etwas Olivenöl und Reis, ohne alle Gewürze oder Kräuter, manchmal, man höre und staune, einen Happen Schokoladenkuchen). Dabei gehe es ihr nicht um Eitel-Nichtiges wie die schlanke Linie, sondern um Energie, die im Alter immer mehr abnehme. Allein deswegen und keinesfalls aus dem altmodischüberholten Grund, den man früher anführte (es macht Spaß), schwimme sie auch jeden Tag in ihrem Pool in Beverly Hills.

Kann es sein, daß ein Leben mit Swimmingpool in Beverly Hills noch einige andere, jung- und schönerhaltende Komponenten hat? Eine wird Bisset in dem Artikel in den Mund gelegt: »Der Tag beginnt so, wie er enden sollte – mit einem Sinnenrausch. Ein Bad im Stile Kleopatras mit zwei Litern Vollmilch und einem halben Liter Olivenöl ist ein himmlisches Vergnügen und läßt trockene Haut wieder weich und geschmeidig werden.« Mir ist nicht ganz einsichtig, wie eine Haut, die allmorgendlich so mariniert wird, überhaupt trocken werden kann, vielleicht liegt es an der rauhen kalifornischen Luft. Es ist jedenfalls ein Rat, der meinen Alltag bereichern wird. Mit keiner Silbe erwähnt der Artikel, was Frau Bisset zum Erhalt ihrer Schönheit vermutlich noch alles hat: viel Schlaf, regelmäßige Massagen, Kosmetikerinbehandlungen, exzellente medizinische Versorgung, Personal für die Niederungen des Alltags (Putzen, Spülen, Waschen, Bügeln, Einkaufen, Kochen und dergleichen), Hilfe bei der Kinderbetreuung (falls nötig), eine proteinhaltige (und folglich teure) Ernährung sowie ein verschwenderisches Budget für Berge gut verarbeiteter Kleider aus teuren Stoffen, die jeder Frau besser stehen als das 8-Mark-T-Shirt vom Wühltisch. Kurz, die (wie gesagt wirklich ausgesprochen gutaussehende) Jacqueline Bisset hat vor allem eines, was die meisten Leserinnen nicht oder nicht in diesem Maße haben: Geld. Und mit diesem Geld kann sie sich auch die Zeit kaufen, morgens früh Kleopatra zu spielen, da nicht sie, sondern das Hausmädchen ihre Leinenbluse bügelt und das Jil Sander-Kostüm aus der Reinigung holt. Klinge ich neidisch? Wie auch nicht. Reich und schön ist eine Kombination, die die charakterliche Integrität der weniger Begünstigten auf eine harte Probe stellt.

Das kann ich unumwunden zugeben, da ich weiß, daß es Ihnen auch so geht. Sie brauchen das nicht zu leugnen. Wissenschaftler finden es ganz normal, daß Menschen in ihrer Eigenbewertung schlecht abschneiden, wenn sie sich mit Menschen vergleichen, die sie als besser aussehend empfinden. Eine psychologische Studie hat herausgefunden, daß Männer und Frauen, die Fotos von schönen Menschen des eigenen Geschlechts sehen, sich danach mehr oder weniger deprimiert fühlten, während Bilder von Schönen des anderen Geschlechts sie glücklich (!) machten. Nun wissen wir endlich, warum Männer Frauen begaffen, und warum *Playboy* nie Männer abbildet. Aber (noch) unverständlich(er) wird, warum auch Frauen Zeitschriften kaufen, in denen nur schöne Frauen und selten Männer (von schönen zu schweigen) abgebildet sind. Schlimmer noch: Mit nur wenig Übertreibung könnte man sagen, daß auf den Seiten der Frauenzeitschriften heute mehr nackte Frauen herumliegen und -stehen als noch vor zwanzig Jahren im *Playboy*.
Diese Frauen werden um so dünner, je teurer die Frauenzeitschrift ist, die Models für Wäsche und Bademoden sind meist

nicht ganz so dünn wie ihre Kolleginnen, die Oberbekleidung vorführen, weil Kleider an mageren Körpern dekorativer ›hängen‹. Die Playboy-Nackten sind besser gepolstert, aber auch sie haben in den letzten Jahren abgespeckt: Lagen sie 1970 noch 11 Prozent unter dem weiblichen Durchschnittsgewicht, waren es 1987 bereits 17 Prozent.

Ich muß Sie noch einen kleinen Augenblick mit Zahlen bombardieren: In den USA stieg die Zahl der Übergewichtigen in nur 10 Jahren von 25 % auf 33 %, d. h., die statistische Normfrau ist dicker geworden. In den sechziger Jahren lag das Gewicht der höchstbezahlten Models nicht einmal 10 % unter dem nationalen Schnitt – kein Wunder, daß Twiggy Furore machte, im Vergleich dazu sah sie skandalös dünn aus (Tatsache ist, daß sie skandalös dünn *war*: 40 Kilo). Inzwischen sind alle Models viel dünner geworden, die Differenz zu Durchschnittsfrau beträgt knapp ein Viertel, und Twiggy wirkt nicht mehr ganz so erschreckend dürr, da das Körperideal in den Medien sie eingeholt hat.

Während die Durchschnittsfrau also zunahm, nahmen die Models ab. Und während Fotomodelle für Frauenzeitschriften heute bis zu 23 % weniger wiegen als die ›normale‹ Frau, wiegen die *Playboy*-Schönen nur 17 % weniger. Um es nochmals deutlich zu sagen: Zeitschriften für Frauen zeigen durchgängig *dünnere* Models als Zeitschriften für Männer.

Das hat gravierende Auswirkungen. Eine englische Untersuchung hat bewiesen, daß Frauen, die Bilder rappeldürrer Models betrachtet hatten, sich danach eher übergewichtig finden. In aller Regel überschätzen Frauen ihren Körperumfang um etwa 15 %, nach diesen Testsitzungen aber waren es 25 %! Dieses Ergebnis ist wichtig, weil es zeigt, daß es uns deprimiert, Bilder von Frauen zu betrachten, die dem gegenwärtigen Schönheitsideal entsprechen. Aber darüber hinaus beweist es auch, wie sich diese Mißstimmung auf unser Körperbild auswirkt: Wir nehmen uns anders wahr, und zwar unattraktiver. Bilder beeinflussen uns – und seien es ›nur‹ Reklamefotos.

174

Bestätigt das die Meinung, daß viele Frauen mit ihrem Aussehen unglücklich sind, weil sie sich mit den Magazinschönheiten vergleichen? Daß es sie deprimiert und krank macht? Daß Jugendwahn, Schönheitswahn, Schlankheitswahn, Fitneßwahn, Bulimie und alles andere durch die Medien und Werbeindustrie ausgelöst werden? Daß sie uns mit ihrer Bilderflut und ihren unmöglichen Standards terrorisieren?

Es ist natürlich zweierlei, ob uns die Bilder ›nur‹ deprimieren, oder ob wir ihnen nachstreben. Aber woher sollten wir wissen, was modern ist, wenn wir uns nicht an Bildern orientierten? Wenn wir das nicht täten, warum sollten wir Frauenzeitschriften kaufen? Wir wollen natürlich nichts *kopieren* – aber wir *vergleichen* uns bewußt oder unbewußt und streichen automatisch weg, was uns für uns und unsere Art zu leben unrealistisch vorkommt. Dabei bedeutet ›beeinflussen‹ nicht: ›prägen‹, ›orientieren‹ nicht: ›willenlos folgen‹. Ich kenne keine einzige Frau, die sich aufreibt, genau wie eines der Topmodels auszusehen. Aber wenn sie sich entscheidet, ihr Äußeres mit Kosmetik, Diät usw. zu verändern, und sei es nur ein klein wenig, wird sie, von wenigen Ausnahmen der Sorte Nina Hagen abgesehen, das immer im Hinblick darauf tun, was gerade ›modern‹ ist.

Und was modern ist, erfahren wir aus den Medien. In den USA verbringen Kinder jährlich 900 Stunden in der Schule – und 1 170 Stunden vor dem Fernsehapparat. Die meisten Menschen, die ich kenne, finden solche Zahlen alarmierend. Sie gehen selbstverständlich davon aus, daß die ungeheure Menge von Bildern, Geschichten, Wertvorstellungen, mit denen Kinder in diesen Stunden überflutet werden, sie auf ungünstige, ja gefährliche Weise beeinflussen. Die Klärung von Fragen wie »Werden Kinder durch die Gewaltdarstellung im Fernsehen aggressiver?« oder »Sind Männer geneigter, eine Frau zu vergewaltigen, nachdem sie einen Porno gesehen haben?« ist nicht mein Thema. Was mir aber bei diesen Diskussionen immer wieder auffällt, ist, daß just jene Zeitgenossen, die diese Fragen vehement bejahen und Zensuren fordern, häufig empört bestreiten, selbst auf eine Weise von Bilder beeinflußt zu werden, die ihnen nicht bewußt ist. Läßt man gar anklingen, Bilder von Claudia Schiffer oder Richard Gere spielten bei ihrer Selbstwahrnehmung eine Rolle, weisen sie das ebenso empört wie herablassend mit den Worten von sich, sie wüßten nicht einmal, wer das ist.

Warum sind sie dann so empört?

6. Kapitel **Zögern**

Eine Frau von fünfunddreißig Jahren kann keine
Wespentaille haben wie ein Backfisch von
sechzehn Jahren, weil das Körpergewicht und die
Entwicklung des Organismus andere Maße verlangen.

Fremde Spiegel sind gemein. Ich meine nicht nur die Zerrspiegel in den Umkleidekabinen der Wäsche- und Badeanzuggeschäfte, die offenbar von den Cellulitecremeherstellern aufgehängt und finanziert werden – eine Freundin nennt sie ›Dellenspiegel‹, weil sie noch die winzigste Delle am Körper zeigen. Ich meine fremde Spiegel ganz allgemein. Im Kaufhaus auf der Rolltreppe fällt der absichtslose Blick auf eine Fremde, die neben uns fährt. Das Auge meldet: Frau mittleren Alters, sie sieht müde und blaß aus. Erst ganz langsam tropft die Erkenntnis ins Hirn: Du blickst in einen Spiegel. Das bist du.

Ein Fest, für das wir uns besonders hübsch gemacht haben. Wir amüsieren uns blendend, flirten, fühlen uns jung, attraktiv, schön. Lächelnd waschen wir uns zwischendrin auf der Toilette die Hände, heben in angenehme Gedanken versunken den Kopf – und sehen eine nicht mehr ganz junge, derangierte, erhitzte Person mit einer Spur zuviel Makeup. Solche Augenblicke können einem nicht nur den Tag oder den Abend verderben. Sie können zum Wendepunkt im Leben werden: Es ist nicht der Streß der letzten Wochen, und es liegt nicht an zu wenig Schlaf. Das ist mein Gesicht der mittleren Jahre. Wir werden uns miteinander anfreunden müssen. Für mich kam der Moment, als mir aus dem Spiegel für einen Sekundenbruchteil nicht meine Mutter, sondern meine Großmutter entgegensah. Und ich dachte: »Wann ist denn das passiert? Ich war doch die ganze Zeit dabei.«

Es ist eine nur scheinbar banale Feststellung, daß für jede Frau früher oder später die erstaunliche Erkenntnis kommt, daß sie nicht mehr jung ist. Scheinbar banal, weil es kaum überraschen kann, daß man älter wird und sich damit auch das Aussehen verändert. Und erstaunlich, weil wir doch eigentlich wissen, daß auch wir altern werden (oder jung sterben müssen). Aber es ist damit wie mit dem Schwangerwerden: Bevor es einem passiert, glaubt man nicht so recht daran. Und wir können uns auch nicht recht vorstellen, was ›Älterwerden‹ für uns ganz persönlich bedeutet – natürlich werden wir Falten und graue Haare bekommen. Aber wie wird das *sein*? Erstaunlich auch, weil wir die Veränderungen zwar von Tag zu Tag verfolgen, sie aber ganz plötzlich wahrnehmen: Es kann jener unerwartete Blick in den Spiegel sein, ein ebenso unvorbereiteter Blick auf die eigenen Oberschenkel, deren Haut zum ersten Mal schuppig-alt aussieht, oder es ist die Erkenntnis, daß der Körper nicht mehr zum Vorjahresbadeanzug passen will, obwohl man weder zu- noch abgenommen hat. Nicht der Badeanzug hat sich verändert, sondern der Körper.

Wann eine Frau dieses körperliche Altern das erste Mal spürt, wann sie das Gefühl hat, daß ihre Jugend schwindet – ob mit fünfundzwanzig, vierzig oder fünfzig –, ist verschieden. Aber es ist immer ein Einschnitt. Natürlich macht das Älterwerden auch vielen (den meisten?) Männern schwer zu schaffen, aber für Frauen war und ist Älterwerden härter und folgenreicher als für Männer.

Das Äußere und das Auftreten eines Mannes zeigen, was er ist, was er tut, was er bewirken kann, wieviel Macht er hat und über wen. Sehen Sie sich einmal an, wie Helmut Kohl sich bewegt, wie er geht, wie er gestikuliert, wie er Platz einnimmt. Dieser Mann signalisiert mit seinem ganzen massigen, unschönen Körper, daß er Macht hat und weder Widerspruch noch Unaufmerksamkeit dulden wird. Da in unserer Gesellschaft (immer noch) Männer ›in den besten Jahren‹ das Sagen haben, hat ein Mann, der älter wird, positive Vorbilder von selbstbewußten Gleichaltrigen, die Macht haben und Macht ausüben – an ihnen kann er sehen, daß ein Mann nicht schön, nicht schlank und nicht jung sein muß, um beachtet zu werden.

Am Äußeren und am Auftreten einer Frau hingegen liest man bevorzugt ab, was man mit ihr tun kann und wie ihre Einstellung zu sich selbst ist. Das Aussehen einer Frau wird kritischer wahrgenommen als das eines Mannes, und es wird auch bereitwilliger und anders gedeutet. So sind wir zum Beispiel eher

geneigt, bei einer Frau psychische Konflikte für ihr Übergewicht anzunehmen als bei einem Mann, von dem es heißt, er
esse einfach gern und daher zuviel. Obwohl viel mehr Männer
als Frauen ihr Äußeres vernachlässigen, bleibt der Ausdruck
›X läßt sich gehen‹ fast ausschließlich Frauen vorbehalten.
Und dabei schwingt immer der Ton einer vernichtenden Kritik mit.

›Sich gehen lassen‹ ist für jede Frau eine Sünde, für eine Frau
in den mittleren Jahren und darüber hinaus jedoch ist es eine
Todsünde. Schon im 18. Jahrhundert, schreibt die amerikanische Schriftellerin Susan Sontag, sah die Oberschicht Europas
es als größte Leistung einer Frau, ihren nicht mehr jugendlichen Körper zu pflegen und zu erhalten, und für nichts sei eine
Frau so hart kritisiert worden wie dafür, dies nicht zu tun.

Das gilt heute mehr denn je, und vor allem gilt es nicht mehr
nur für die wenigen Privilegierten einer hauchdünnen Oberschicht. Andererseits ist das Ende der Jugend nicht mehr, wie
noch vor zwanzig oder dreißig Jahren, das Signal für eine Frau,
würdevoll – d. h., freiwillig und lautlos – in der sexuellen Ver-
senkung zu verschwinden, sich auf ein Leben als Großmutter
oder alte Jungfer einzurichten, gedeckte Farben zu tragen und,
je nach charakterlicher Ausgangslage, ein liebes Omilein oder
eine giftige Alte zu werden. Älterwerden mag für eine Frau
heute Anlaß zum Grübeln und auch Trauern sein, aber nicht
mehr zur Verzweiflung. Im Gegenteil, manche sehen es als neue
Herausforderung. Eine amerikanische Hautcremewerbung läßt
eine Frau sagen: »Ich habe nicht die Absicht, in Würde zu
altern. Ich werde mich mit Händen und Füßen dagegen wehren.«

Im Märchen ist Schönheit das Vorrecht der Jugend. Sie ist etwas, das der Betreffenden gegeben wurde, worum sie sich weder
bemühen kann noch bemühen darf, und sie ist immer ein Geschenk auf Zeit. Denn im Märchen sind nicht nur *schön* und
gut, sondern auch *schön* und *jung* untrennbar verbunden. Wenn

sich im Märchen eine Frau um die eigene Schönheit Gedanken macht, nimmt sie garantiert ein böses Ende – Beispiele sind Aschenbrödels Stiefschwestern und Schneewittchens Stiefmutter. In ›Schneewittchen‹ dreht sich alles um Schönheit. Als ich das Märchen gerade nochmals las, stellte ich verblüfft fest, daß Schneewittchen, als sie ihrer Stiefmutter zum Ärgernis wurde, sieben Jahre alt gewesen sein soll. Das ist natürlich eine magische Zahl – wie bei den sieben Zwergen hinter den sieben Bergen –, aber es sagt auch etwas über die Altersvorstellungen, die mit Schönheit verbunden waren. Wir müssen uns fragen, ob die Stiefmutter älter als Ende Zwanzig gewesen sein kann, nach unseren Vorstellungen also eine junge Frau. Doch nach den Vorstellungen des Märchens und seiner Entstehungszeit, ja noch zu Zeiten der Brüder Grimm Anfang des 18. Jahrhunderts, war sie eine alternde Frau. Die Geschichte handelt von deren Verzweiflung, ihre Schönheit und damit ihre Macht zu verlieren. Ihr Vergehen wiegt besonders schwer, da sie nicht nur eitel ist, sondern sich überdies weigert, den Pokal der Schönsten an die nächste Generation weiterzureichen.

Dafür wird sie furchtbar bestraft. Da wir in Zeiten leben, die der Jugendlichkeit einen so hohen Wert einräumen, mögen wir die Verzweiflung der alternden Frau besser verstehen als die Generationen vor uns – jedenfalls wird sie uns nicht mehr so ungehörig erscheinen, auch wenn die Mittel, zu denen sie griff, überzogen scheinen mögen. Statt sie auszulachen, sollten wir Mitgefühl mit ihr haben. War sie doch eine frühe Streiterin für das Recht der Frau, jugendlich und attraktiv zu bleiben. Sie wollte sich eben nicht ›würdevoll‹ aufs Altenteil zurückziehen. Sie wehrte sich mit Händen und Füßen. Denn in Würde altern bedeutet ja: sich damit abfinden, als Frau nicht mehr begehrenswert zu sein. In manchen Gesellschaften erlangen die alten Frauen als Ausgleich dafür innerhalb ihres Clans Macht und Einfluß. Unsere gehört nicht dazu.

Die Frauen der Nachkriegsgeneration, die heute über 40 sind, definieren diese Spielregeln neu, sie altern anders. Die meisten fühlen sich jenseits der Vierzig besser als alle bisherigen Frauengenerationen. Vermutlich. Denn da wir wenige gesicherte Informationen darüber haben, wie andere Frauengenerationen sich wirklich fühlten, sollten wir vorsichtiger sagen: Wir vermuten, daß sie sich besser, heiterer, gelassener, selbstsicherer fühlen als jede Generation vor ihnen.

Sicher ist, daß die heutigen Vierzig- und Fünfzigjährigen gar nicht daran denken, irgendwelche Pokale an die nachfolgende Generation abzugeben, daß Frauen in diesem Alter noch nie so aktiv, allgegenwärtig und selbstbewußt *auftraten*. Und noch nie so *jung* aussahen.

Die fünfzigjährige Lauren Hutton, ein sehr erfolgreiches Model, sagt: »Es ist das erste Mal, daß meine Generation als immer noch praktizierende Weiblichkeit wahrgenommen wird.« Diese eigenartig verquere Formulierung bedeutet, glaube ich, etwas Schlichtes: Männer nehmen uns als attraktive Frauen wahr, wir haben ein aktives Sexualleben – siehe Tina Turner, die mit Mitte Fünfzig immer noch erfolgreich ihr Image pflegt, sexy, wild und verführerisch zu sein.

Wir führen nicht nur ein sexuell aktives und sozial selbstbestimmtes Leben, wir entscheiden uns auch mit vierzig für das erste Kind und finden mit 45 einen neuen Lebensgefährten. Wir üben qualifizierte Berufe aus und sind finanziell unabhängig. Wir lassen uns nicht abschieben und nicht abspeisen. Die Vierzig- oder Fünfzigjährigen verheimlichen ihr Alter nicht mehr, kaum eine möchte noch einmal zwanzig sein. Viele finden allein die Vorstellung schrecklich. Inzwischen kursiert in den Medien die Behauptung, Frauen um die vierzig erlebten eine zweite Adoleszenz, eine Phase des erneuten Aufbruchs, neuer Möglichkeiten, einer Neudefinition ihrer Person und damit auch ihres Lebensweges. Ich persönlich möchte nichts weniger erleben müssen als eine zweite Adoleszenz, doch da mögen die Meinungen auseinandergehen.

Ich glaube mich allerdings zu erinnern, daß diese Phase unlängst noch »Midlife-Krise« hieß. Da allerdings ging es um

183

Männer, und ein häufiger Vorwurf lautete, sie verhielten sich wie unreife Gockel. Warum nannte man das nicht schon damals Pubertät, sondern erst jetzt, wo sie bei Frauen beschrieben wird? Hat es etwas damit zu tun, daß Midlife-Krise ernster klingt, mehr nach Leiden und Schmerz – mehr nach *Krise* eben?

Wie dem auch sei, Gesicht und Körper wollen in diese aufregende Zeit, zur neuen Freude am Leben und dem Gefühl des Neuaufbruchs nicht so recht passen. Sie sprechen eine andere Sprache, und das können nur wenige Frauen mühelos akzeptieren oder gar freudig begrüßen. Eine Frau, die älter wird, kämpft nicht als erstes mit den lächerlich-hinderlichen Zipperlein, die sie verwundert-ironisch zur Kenntnis nehmen kann, nicht mit dem Nachlassen der Körperkraft, ja nicht einmal mit den beginnenden Wechseljahren. Als erstes bereitet ihr die Veränderung ihres Aussehens Kummer. Sie sieht müder aus. Die Haut ist ein wenig welker. Rupfte sie, wie früher, alle grauen Haare sofort aus, bestünde Glatzengefahr. Das und einiges mehr geschieht lange, bevor die Wechseljahre auch nur in Sicht sind. Altern beginnt für Frauen mit dem drohenden Ende von Anziehungskraft und Schönheit, die unsere Gesellschaft mit Weiblichkeit gleichsetzt. Die bekannte Formel lautet: jung und fit gleich schön. Es genügt nicht, sich jung und aktiv zu *fühlen*, man muß auch so *aussehen*, und wer es nicht mehr tut, empfindet das nicht nur als Verlust von Attraktivität. Das ganze Bild, das man von sich selbst hat, stimmt nicht mehr.
Dieses Problem ist der Kosmetikindustrie bestens bekannt, schließlich lebt sie von wenig anderem. Aber sie fragt in ihrer Werbung nicht »Altern Sie?«, das wäre banal. Sie fragt etwas ganz und gar Aufsehenerregendes: »Altert Ihre Haut schneller als Sie?«, was Anlaß zum Grübeln gibt, weil die Frage tut, als könne ich an meinem Schreibtisch sitzen, während meine Haut in Umbrien ist (wo wir beide gern sind). Sicher ist nur eines: An *mir* liegt es also nicht, wenn ich alt aussehe, es liegt an meiner Haut. Aber wie kann es sein, daß sie unabhängig von

mir einfach altert? Womit habe ich das verdient? Warum tut meine Haut mir das an, warum ist sie zu (und auf) mir so häßlich? Damit nicht genug, sie wird auch gewalttätig, denn ein ›neues Pflegeprogramm auf natürlicher Basis lehrt Ihre Haut wieder die Kunst der Selbstverteidigung‹. Eine andere Anzeigenkampagne wählt andere Wege: Da ist die Haut nicht mehr alt, sie *verhält* sich nur älter, als mir lieb sei – die angepriesene Creme wirkt offenbar wie eine Verhaltenstherapie für schwer erziehbare Haut.

Aber so, wie sich im Hollywoodfilm ein rotznasiges Rabenaas durch liebevoll-feste Hand umgehend zur Freude jedes Damenkränzchens mausert, ist auch meine ungezogene Haut in ihrem tiefsten Inneren lieb: »Unter der Haut, die Sie sehen, verbirgt sich die Haut, die Sie sich wünschen.« Oder sind es doch zwei Häute, die miteinander kämpfen, die eine Freund, die andere Feind? Bin ich schuld, daß mein Feind meinen Freund erstickt? Vermutlich. Meine Haut altert schneller als ich, weil ich die falsche Creme nehme. Das meint auch die Gesichtscremewerbung, die mir in rosa Buchstaben mitteilt: »Ihre Haut möchte, daß Sie das lesen.«

Ich lese das und vieles mehr und weiß dank dieser Lektüre schon lange, daß jede Haut eine Problemhaut ist. Mit dem Vorbeugen gegen das Altern kann man nicht früh genug anfangen – warum also nicht im Kindergartenalter. Es gibt mehrere Kosmetikserien für Kinder (und das sind natürlich: Mädchen) zwischen vier und zwölf Jahren. (Dann ist der Teenager reif für den Frauenmarkt.) Der Verkauf solcher Kinderkosmetika boomt – eine Firma machte 1993 allein in Deutschland 30 Millionen Umsatz, 200 000 Flaschen Kinderparfüm wurden verkauft.

Eine Zeitschrift bietet einen nach Alter gestaffelten Test, der angeblich das *wirkliche* Alter der Haut bestimmt, gratuliert (!) allen 20jährigen mit der höchsten Punktzahl, daß sie noch keine Falten haben und ermahnt sie, sich morgens und abends einzucremen – prophylaktisch. Schon 25jährige könnten bei guter Pflege jünger aussehen. Der reinste Jungbrunnen für die

Haut allerdings sei, so die Zeitschrift vertraulich, wenn man »für den richtigen Psychokick sorgt – gute Laune und ein heißer Flirt sind auch gut für die Seele«. Ich möchte den Tag erleben, wo es das statt Valium auf Krankenschein gibt. Oder wenigstens im 50ml-Tiegel in der Parfümerie. Der Test endet bei vierzig, danach hilft wohl nicht einmal die Hautcreme, die, wie der Zufall es fügt, auf der gleichen Seite angepriesen wird.

Aber auch um diese älteren Damen sorgt sich jemand: »Ab 40 wird Ihre Haut zur Persönlichkeit. Das hat die Haut soviel Energie gekostet, daß sie sich jetzt von allein nicht mehr so gut regenerieren kann.« Wenn schon *Sie* keine Persönlichkeit geworden sind, scheint der Text zu sagen, dann doch wenigstens Ihre Haut. Ich kann gar nicht darüber nachdenken, wie alt ich sein könnte, wenn meine Haut 40 ist, ohne im Kopf ganz wirr zu werden. Nur eines weiß ich mit absoluter Klarheit: Ich kriege Schaum vor den Mund, wenn ich daran denke, daß Leute, die sich einen solchen Schrott ausdenken, angesehene Menschen mit hohem Einkommen und stabilem Selbstwertgefühl sind.

Apropos Schrott: Ein Multivitaminpräparat wirbt mit dem Foto eines völlig verrosteten Autos und warnt: »Genau das geschieht auch mit Ihrem Körper!« Das bringt die Sache auf den Punkt: Die gesamte »Schönheitsbranche« mit einem Umsatz von vielen Milliarden Mark lebt von der Verheißung, die Karosserie des Menschen möglichst glatt, hochglänzend und kratzerfrei zu machen, die Rostspuren eines gelebten Lebens zu kaschieren oder zu tilgen.

Diese ›Rostspuren‹ können viele Frauen nicht mehr mit dem Bild vereinbaren, das sie von sich als aktivem, dynamischem Menschen haben:

> »Ich habe mich noch nie so gut, auch so sicher und meiner selbst bewußt gefühlt wie heute, noch nie so wenig mit Selbstzweifeln und Minderwertigkeitsgefühlen zu kämpfen gehabt. Ich war noch nie so vital wie heute. Aber ich sehe

nicht so aus. Die hängenden Lider, die Tränensäcke lassen mich traurig und müde aussehen, bekümmert und deprimiert. *Aber das bin nicht ich.* Ich erkenne mich nicht in diesem Spiegelbild am Morgen, in dieser schlaffer werdenden Haut. *Ich bin eine andere.* Das ist wie eine Verunsicherung der Identität, ein Stück Identitätsverlust. Wir passen nicht mehr zusammen, diese Augen und ich. Ich möchte wieder so aussehen, wie ich mich fühle, wie ich mich verstehe, wie ich bin.«

Dies drückt aus, worunter viele Frauen beim Älterwerden leiden: der kaum zu vereinbarende Widerspruch zwischen einem Menschen, der sich als aktiv, vital und selbstbewußt empfindet, und einer Frau, die von ihrer Umgebung als alt wahrgenommen und daher als unattraktiv behandelt wird. Vor vielen Jahren sagte mir eine damals Mittvierzigerin, es sei eine grausame Erfahrung, daß die Blicke anderer immer häufiger durch sie hindurchgingen – sie könne einen Raum betreten und niemand nehme sie mehr wahr.

Kaum eine Frau möchte noch einmal zwanzig sein, viele würden an ihrem Leben nichts Gravierendes ändern wollen – mit einer Ausnahme: Die *Oberfläche* des Körpers sollte nicht altern. Später einmal, sicher. Aber jetzt ist es dafür noch zu früh. Man wird sich zu gegebener Zeit auch Gedanken darüber machen, wann der richtige Zeitpunkt dafür ist, aber jetzt ist er das jedenfalls nicht.

Die neu gewonnene (richtiger: erkämpfte) Selbsterkenntnis und Souveränität, die das Leben einer Frau jenseits der Vierzig so erleichtern, kann die Tatsache nicht aus der Welt schaffen, daß es sie schmerzt, wenn sie sich in den Blicken anderer, vor allem von Männern, nicht als *Frau* wiederfindet – und das tut sie meist nur, solange sie jung, schlank und/oder schön ist. Nach meiner Beobachtung ist der Verlust dieser Blicke für Frauen, die ungewöhnlich schön waren und für die diese Aufmerksamkeit ein selbstverständlicher Teil ihres Lebens, ja ihrer Identität war, offenbar noch härter als für andere Frauen.

Die zitierte Frau jedenfalls, die wieder so aussehen möchte, wie sie sich fühlt, hat nicht die Absicht, sich mit dem Gesicht ihrer mittleren Jahre anzufreunden. Sie hat sich für ein Lifting entschieden, letztes Bollwerk gegen den Alterungsprozeß, wenn Kosmetik, Hungerkuren und das eifrige Streben an Geräten nicht (mehr) das gewünschte Ergebnis bringen. Was ist das gewünschte Ergebnis? Jünger aussehen, natürlich. Oder vielleicht nicht eigentlich *jünger*, sondern dynamischer, vitaler, lebenslustiger.

Dabei darf des Guten nicht zuviel geschehen. Keine Frau sollte auch nur in die Nähe des Verdachts kommen, auf unangemessen hysterische Weise an ihrer Jugend zu kleben (ein Mann darf das schon gar nicht). Am verpöntesten ist es, wenn sie durch Kleidung und sichtbares Makeup allzu offensichtlich versucht, Jugendlichkeit *vorzutäuschen*. Damit macht sie sich lächerlich und wird zum Gegenstand von Herablassung oder von bösartigem Spott. Wird einer jungen Frau das Spiel mit Kosmetikmasken als Spaß zugestanden, weil sie es angeblich nicht nötig hat, etwas zu verstecken, werden einer älteren Frau rasch Täuschungsabsichten unterstellt: Ihr wird es als Maskenspiel im Sinne von Verstecken und Täuschen ausgelegt, und statt Verständnis oder Nachsicht erntet sie Häme. Alle, auch wir selbst, erwarten von uns, daß wir dem Unumgänglichen auf eine Weise begegnen, die nicht peinlich ist – und so schämen sich viele zuzugeben, wie sehr sie sich vor dem Altern fürchten und mit welchen (geheimgehaltenen) Mitteln sie es hinauszuzögern versuchen.

Nicht die Ausstaffierung muß ›echt jung‹ sein, sondern der Körper, daher muß er ein neues Kleid bekommen: Haarefärben, Aerobic-Training, Vitamindrinks, Hungerkuren, Schönheitsoperationen – dieser Schnitt in den Körper ist der äußerste Schritt. Wer sich liften läßt, hängt das aus gutem Grund nicht an die große Glocke. Eva-Gesine Baur redet dem mit flinker Feder das Wort: »Die Alterslüge ist aus derselben Not geboren wie die Liftinglüge. Ewige Jugend, angeblich wichtigstes Qualitätsmerkmal der attraktiven Frau, widerspricht nun einmal den Naturgesetzen. Und wenn schon etwas derart Unnatürliches von ihr verlangt wird, darf eine Frau sich doch wohl mit angemessenen Mitteln wehren. Mit der Schönheit ist es nämlich wie mit dem Geigespielen: Nur wenn das Ganze mühelos wirkt, wie ein Gottesgeschenk, hat es auch etwas Wunderbares. Der Gedanke an Blut, Äther und OP jedoch beeinträchtigt den schönsten Anblick. (...) Solche heimlichen Bügelaktionen sind nur die Reaktion auf eine Männerlüge. Ständig beteuern sie, es gehe ihnen um innere Werte, aber dann verlassen sie meistens die innerlich wertvollen für äußerlich wertvolle Frauen.« Wenn es einmal anders ist – wenn die äußeren Vorzüge der Erwählten hinter denen der Verschmähten zurückbleiben –, wird der betreffende Mann dafür keineswegs gelobt. Siehe Prinz Charles.

Auch eine amerikanische Zeitschrift weiß Rat, falls Wunschalter und ›Spiegelalter‹ (irgendwo dazwischen müßte das ›wahre‹ Alter sein, aber mir scheint, das gibt es gar nicht mehr) zu kraß auseinanderklaffen. Sie empfiehlt Retin-A Behandlung, chemisches Peeling, Collageneinspritzungen, Fettabsaugen an Wangen und Truthahnhals, Facelift zur Entfernung abgesackter Haut sowie Silikonkissen oder harte Plastikschalen in Kinn und Wangenknochen für jugendlichere Konturen. Da die harten Implantate fühlbar bleiben, sich verschieben oder abgestoßen werden können, hat die Medizin, immer im Kampf um das Wohl des Menschen, neue Alternativen gefunden: Knochen von Tierkadavern (sterilisiert, man atmet auf), oder auch gestoßene Koralle, die mit dem Blut des Patienten und Collagen zu einer Paste vermischt und binnen zwei Wochen fest wird (in denen man sich wohl tunlichst von allen engeren Körperkontakten fernhält, um keine Delle ins neue Kinn zu bekommen). Aber die veräterischen Zeichen des Alterns stecken oft im Detail: Ist Ihnen einmal aufgefallen, daß viele Buddha-Statuen extrem lange Ohrläppchen haben? Das gilt als Zeichen von Weisheit, seinen Anfang nahm dieses Symbol einfach darin, daß die

Ohrläppchen mit dem Alter länger werden. Darum müssen bei einem Lifting auch die Ohrläppchen gekürzt werden. Der Chirurg Joram Levy präzisiert: »Ein Winkel von zehn, zwölf Grad, das ist ein junges Ohrläppchen.«

Die Aufzählung mag absurd klingen, und Sie finden vielleicht, daß dergleichen erstens nicht in ein Buch für ›normale‹ Frauen gehört, und zweitens, wenn es schon sein muß, nicht hierher, sondern in das Kapitel Schönheitschirurgie. Warum also erzähle ich Ihnen das? Sicherlich nicht (nur), um Sie mit bizarren Details über Wege und Abwege der modernen Medizin zu amüsieren. (Dann würde ich Ihnen das Gerücht weitertratschen, wonach Arnold Schwarzenegger angeblich Silikonkissen in den Waden trägt, weil er seine Beinmuskulatur nicht im gleichen Maß wie den übrigen Körper ausbilden konnte.)

Mein Grund ist folgender: Wir mögen unbewußt registrieren, daß jemand lange (d. h.: alte) Ohrläppchen hat. Aber wir nehmen vermutlich nicht wahr, daß eine jugendlich aussehende Fünfzig- oder Sechzigjährige Ohrläppchen hat, die nicht so lang sind, wie sie es sein sollten – die *zu jung* für sie sind! Wenn Sie also finden, daß X oder Y viel besser aussieht als Sie selbst, obwohl sie (er) ebenso alt ist wie Sie, sollten Sie wissen, was an dieser jugendlichen Ausstrahlung für Geld gekauft sein *könnte*, bevor Sie sich selbst bewertend vergleichen. Denn all diese eigenartigen Eingriffe, die man sich selbst in den wildesten Phantasien nicht selbst ausdenken könnte, werden gemacht.

Wer in den USA in der Öffentlichkeit steht, läßt dergleichen nahezu routinemäßig machen, um Altersspuren zu tilgen oder zu mildern. Eine amerikanische Zeitschrift, die sich der Jagd nach ewiger Jugend verschrieben hat, druckte ein (ungünstiges) Foto des berühmten Talkmasters David Letterman. Der Text rügt, nun seien die Spuren des Alters allzu deutlich sichtbar und rät dem 47jährigen zu fünf (!) Eingriffen, die er alle machen lassen müsse. Zur Verdeutlichung druckt die Redaktion das gleiche Bild daneben nochmals ab – darauf sind alle Falten und noch der letzte Ansatz eines Hängebäckchens retuschiert.

Das ist Amerika, werden Sie sagen. Und Amerika ist eben extrem. Und ich sage: Ja, aber … Erinnern Sie sich an den deutschen Chirurgen und seinen Vergleich mit dem Fleck auf der Bluse, von dem im Kapitel über Schönheitsoperationen die Rede war? Wenn nicht der Fotograf, sondern der Schönheitschirurg ›retuschiert‹, und wenn er seine Arbeit gut macht, sehen Sie die Veränderungen möglicherweise selbst dann nicht, wenn die ›Vorher-Nachher‹-Bilder direkt nebeneinander liegen. Sie können auf vieles zurückzuführen sein, auch wir sehen ja auf verschiedenen Bildern nicht immer gleich gut (oder schlecht) aus: Andere Frisur, anderes Makeup, anderes Licht, ein paar Pfund mehr oder weniger, ein ungünstiger Kamerawinkel können stark verändern. Nun altern allerdings viele Stars deutlich langsamer als andere Leute, daher stiften Medienbilder nichts als Verwirrung. Lapidarer Kommentar eines amerikanischen Schönheitschirurgen: »Ohne unsere Hilfe sieht niemand besser aus, wenn er älter wird.« ›Besser‹ kann für diesen Arzt (und vermutlich die meisten Menschen in unserem Kulturkreis) nichts anderes bedeuten als: jünger. Und jünger bedeutet weniger Ausdruck, weniger Prägung. Weniger Gebrauchsspuren am Körper. Und im Grunde bedeutet es auch: weniger Persönlichkeit im Gesicht.

Wie seltsam: Wir ringen darum, uns selbst zu entdecken, bemühen uns um unsere seelische und geistige Selbstverwirklichung, sind stolz darauf, daß wir uns in den Jahren unseres Lebens Souveränität und ein gestandenes Selbstbewußtsein erkämpft haben, und zugleich investieren wir viel Zeit und Energie in den Kampf, diese Weiterentwicklung nicht an unserem Äußeren sichtbar werden zu lassen: Denn ein Schönheitsideal ist, wie das Wort ›Ideal‹ schon sagt, nie individuell, sondern immer ein unpersönlicher Massenartikel. Wir wollen Individuen sein, anders sein, einmalig sein, uns von der Masse abheben – und zugleich orientieren wir uns in unserem Aussehen an dem, was Zeitschriften, Kosmetikerinnen und Friseure *allen* empfehlen.

Die Mode- und Schönheitsindustrie ist natürlich bemüht, diesen offensichtlichen und im Grunde unversöhnlichen Widerspruch zwischen modisch und individuell zu vertuschen. Mehr noch: In einer Zeit, in der das offizielle Frauenideal die selbständige, selbstbestimmte Frau ist, vermarkten sie jetzt ihre Produkte mit Sätzen wie ›Frauen sind und bleiben unberechenbar‹, also mit dem Bild der selbständigen, selbstbestimmten Frau, die sich nicht bevormunden läßt und sich nüchtern und klar für dieses Produkt, für diesen Stil *entscheidet*.

Unser Versuch, dem doppelten Ideal der inneren Reifung einerseits und der äußeren Jugendlichkeit andererseits gerecht zu werden, entspricht also dem Versuch, in der gleichen Sekunde in zwei entgegengesetzte Richtungen zu springen: Das Äußere soll gleich bleiben, im Inneren soll die Post abgehen; psychisch wollen wir älter, gelassener, reifer werden, äußerlich aber ›jugendlich‹, das heißt: *unreif* bleiben. Da verlangen wir einiges von uns.

Dabei ist das, was so gegensätzlich wirkt, im Grunde das gleiche: Wir *arbeiten* an uns. Innen, um älter und reifer zu werden (psychische Arbeit), außen, um nicht älter zu werden (Körperarbeit, nicht zu verwechseln mit körperlicher Arbeit). Wir *tun* etwas. Denn wie man ohne große Anstrengung dumm bleiben kann, wird man auch von allein und ohne Mühe dick und alt – wer also in Jugend und Schlankheit erstarrt, signalisiert damit nicht Untätigkeit, sondern im Gegenteil viel Mühe und Charakterstärke angesichts kalorienreicher Verführungen und kuschliger Sofas, und auch, daß er (sie) die Kontrolle über den unerbittlichen Gang der Natur behält.

Ich habe jemanden sagen hören: »Der Tod paßt nicht in meine Zukunftspläne.« Das ist ein einzigartig dämlicher Spruch. Nicht halb so dämlich ist die Beobachtung, daß den meisten Menschen *Altern* nicht in die Zukunftspläne paßt. Die Angst vor dem Altern und das Verdrängen, daß auch wir altern werden, werden oft damit erklärt, daß Menschen nicht an ihren

Tod erinnert werden wollen. Das ist sicher richtig, aber es ist nur ein Teil der Wahrheit.

Viel konkreter ist die Angst vor Neuem. Wer an der Schwelle zum Altern steht, weiß, daß sich das Leben in vielerlei Hinsicht langfristig drastisch ändern wird (daher ist der Vergleich mit der Pubertät nicht so falsch). Veränderungen machen immer Angst: Was muß ich aufgeben? Was wird als nächstes von mir erwartet? Aber im Gegensatz zur Pubertät ist Altern negativ besetzt, daher ist auch der Prozeß des Alterns meist nur mit negativen Erwartungen verknüpft. Wenn wir älter werden, wird uns bewußt, daß unsere Lebenszeit begrenzt ist und daß für Wiederholungen keine Zeit mehr bleibt.

Mit einem Lifting erkauft man sich Zeit und kann diese Veränderungen noch ein wenig herauszögern. Man muß noch keine neue Rolle definieren und einüben, kann noch eine Zeitlang bleiben, wie man ist – und braucht so auch nicht irgendwo ankommen, von wo es keine Rückkehr gibt. Man dreht die Uhr zurück, denn man bekommt ja kein neues Gesicht, sondern kehrt (mehr oder weniger) zu dem zurück, das man schon einmal hatte. Was aber wird man mit der ›gewonnenen‹ Zeit tun? Vielleicht erlaubt ein Lifting, an der Hoffnung festzuhalten, daß die Vergangenheit nicht unwiederbringlich ist, »daß immer noch Zeit sei für einen nächsten Versuch, für einen neuen Partner, für einen neuen Anlauf im Beruf, oder daß schon alles laufen werde, wenn man sich das nächste Mal nur genügend anstrenge«.

War Altern früher einfacher? Ich weiß es nicht. Vielleicht war es einfacher, weil die Menschen nicht erwartet haben, daß sie sich bis weit ins Alter hinein weiterentwickeln (müssen) und nicht zur Ruhe kommen (dürfen). Vielleicht war es einfacher, weil (oder obwohl) es nicht die medizinischen Einflußmöglichkeiten gab, die wir kennen. Es war keine Frage der Entscheidung. Man konnte aufbegehren, man konnte dagegen wüten, aber letztendlich war man hilflos: Man mußte sich fügen. Sicher ist allerdings, daß ›Altern‹ nicht so lang dauerte wie heute. Die Lebenserwartung hat sich in diesem Jahrhundert mehr verlängert als in den 5000 Jahren zuvor: um 30 Jahre! – was allerdings ein statistischer ›Trick‹ ist, für den im wesentlichen die drastisch gesunkene Säuglingssterblichkeit verantwortlich ist. Doch zwischen 1970 und 1985 stieg in den USA die Zahl der Menschen über 65 um mehr als 35 Prozent; Frauen über 85 sind die am schnellsten steigende Gruppe von Alten in den USA und in der ganzen Welt. Vor noch nicht allzu langer Zeit war man mit 50 alt. Die Grenze verschob sich auf 60, auf 70, auf 80. Kein Wunder, daß keiner mehr so recht weiß, wann ›Altern‹ anfängt und wie ›Altern‹ aussieht.

Sehr eindringlich (ich bin versucht zu sagen: penetrant) führt Jane Fonda vor, wie nagelneu eine Frau von Mitte 50 aussehen kann. Ihr Beruf besteht im wesentlichen darin, ihren seit Jahren mit suchtgleichem Eifer gestählten, spektakulären Körper zu präsentieren. Der sogenannte ›Jane Fonda-Effekt‹ lehrt, daß wir das körperliche Altern und dessen Anzeichen durch Bewegung und Diät verschieben können. Das allein vermag nicht alles, daher ist der dritte Pfeiler im Kampf gegen das Altern die Schönheitschirurgie. Auch Fonda ließ sich vor einiger Zeit den Busen vergrößern und die Gesichtsfalten straffen. Als sie vor wenigen Jahren einen attraktiven Gleichaltrigen mit Millionenvermögen heiratete, warf dies manche aus der Bahn: Ein steinreicher, gutaussehender Mann, der fast jede haben könnte, heiratet eine Frau, die auf die 60 geht? Aber ja doch. Denn der Spruch ›Man ist so alt, wie man sich fühlt‹ galt immer nur für Männer. Frauen waren immer schon so alt, wie sie *aussehen* (eine neue Variante dieser Weisheit verkündete unlängst eine Kosmetikerin in einer Fernsehsendung zum Thema Schönheit: Eine Frau sei so alt, wie sie sich anfühle). Fonda jedenfalls sieht aus wie – ehrlich gesagt, ich weiß nicht, wie. Jedenfalls nicht, wie *ich* mir eine 55jährige vorstelle.

Vermutlich verkörpert sie für viele Frauen die Wunschvorstellung davon, wie ihr Körper altern sollte, und dies gilt wohl auch für die Fünfzigjährigen von *Denver* und *Dallas*, denn obwohl sie wie Karikaturen wirken, löst ihr Aussehen mindestens ebenso viel Bewunderung und Neid aus wie Häme. Doch erstaunlich: So ähnlich Fonda und sie aussehen, auf so verschiedenen Wegen sind sie dahingekommen. Die einen tun nur, was von Oberschichtsfrauen erwartet wird: Sie brillieren vor allem in der Rolle der gutaussehenden und teuer ausgestatteten Ehefrau. Wenn sie älter werden, unternehmen sie die absurdesten Anstrengungen, dies so langsam und unauffällig wie möglich zu tun.

Ganz anders Jane Fonda. Sie machte immer das, was *nicht* von ihr erwartet wurde. Sie war und ist ein Symbol, in manchem auch Wegbereiterin jener Frauengeneration, die sich ihren Lebensweg selbst gebahnt (und selbst finanziert) hat: Sie war schon eine recht erfolgreiche Schauspielerin, als sie sich mit der einsetzenden Bürgerrechts- und Frauenbewegung von ihrem Image als blondem Dummchen und Sexhäschen befreite. Sie kämpfte engagiert (und ungeschminkt) als politische Aktivistin. Zehn Jahre später wurde ihr Name nahezu gleichbedeutend mit der Aerobic-Welle. Das machte sie noch berühmter, und außerdem reich. Sie war schon fünfzig, als sie jenen begehrten Junggesellen heiratete und damit den Satz Lügen strafte, wonach die erotischen Ansprüche einer Frau höchstens dreißig Jahre gelten. Inzwischen plant sie anspruchsvolle Dokumentarfilme über die Geschichte der Frauen und zeigt der Welt erneut, daß Frauen wie sie sich weder als eines Mannes Tochter noch als eines Mannes Ehefrau definieren lassen, sondern ihr Leben selbst gestalten.

Das tut sie allerdings inzwischen auf so verbindliche Weise, daß man ihr nicht (mehr?) wirklich gram sein kann. Dies rückt sie ebenso in die Nähe der Denver- und Dallas-Frauen wie die Tatsache, daß sie das körperliche Älterwerden mit gleicher Entschiedenheit, ja Aggressivität bekämpft wie diese. Angesichts so viel schriller Jugendlichkeit steht zu befürchten, daß Fondas Altersvariante schon bald zur Norm werden und uns einen neuen Schub Fünfzigjähriger bescheren könnte, die die jetzigen übertrumpfen, indem sie noch jünger aussehen. Das alles erinnert auf deprimierende Weise an Katharina Rutschkys denkwürdigen Satz, einer Fünfzigjährigen bleibe wenig mehr, als an sich herumzureparieren, weil sie nicht mehr zwanzig ist.

Vielleicht ist das nicht der einzige Weg. Bedeutend kühler als Fonda wirkt Isabella Rossellini, inzwischen Mitte 40, mit deren Gesicht bis vor kurzem in über 140 Ländern für Hautcremes und Parfum geworben wurde: »Es macht anderen Frauen Mut zu wissen, daß ich mit 45 noch im Geschäft sein kann. Die Kosmetikindustrie verkauft ja keine Wahrheiten. Sie verkauft Träume.« Auf allen Anzeigen ist Rossellinis Gesicht so stark retuschiert, daß darauf nicht einmal mehr die Andeutung einer Ahnung eines Fältchens übrig ist. Doch daß derartige Fotos immer stark bearbeitet werden, gehört leider noch nicht zum Allgemeinwissen, und so könnte es durchaus sein, daß Frauen zwischen 40 und 50 es eher als Alptraum empfinden, wenn sie in jeder Zeitschrift, die sie aufschlagen, das makellos ebenmäßige Gesicht einer Gleichaltrigen sehen, in dem das Leben keine erkennbaren Spuren hinterlassen hat.

Sie könnten es auch als Alptraum empfinden, daß mit solchen neuen Schönheitsidealen neue Vorgaben und Vorbilder entstehen, die auch älteren Frau keine Ruhe mehr vor dem Zwang erlauben, sich jugendlich-attraktiv zu ›gestalten‹. Dabei kann *älter* nach Ansicht mancher Männer schon recht früh einsetzen. Der Modedepartment-Chef des legendären New Yorker Kaufhauses Bloomingdale's kommentierte ein neues Korsett mit den Worten: »Phantastisch. Sehr weich, sehr flexibel. Das bringt Frauen, die nicht mehr achtzehn sind, wieder in Form.« Das freut die älteren Damen ab neunzehn!

Früher galt der Spruch ›Wer schön sein will, muß leiden‹ vor allem für die jungen Dinger. Eine Frau in den mittleren Jahren, vor allem, wenn sie einige Kinder zur Welt gebracht hatte, mochte vielleicht nicht mehr für Männer begehrenswert sein, aber sie hatte dafür zumindest das Recht eingetauscht, es sich in ihrem Körper gemütlich machen zu dürfen und kein agiles Rehlein mehr sein zu müssen. Ich denke, daß viele Frauen das heute gar nicht *wollen*. Problematisch aber finde ich, daß es offenbar immer weniger eine Frage der eigenen Entscheidung ist: Wenn der Trend so weitergeht, wird die Aufforderung, sich jung-schön-fit zu halten, bald auch Menschen im Pensionsalter anspringen.

Natürlich bemühen sich nur wenige Frauen ernstlich, Jane Fonda oder Isabella Rossellini zu kopieren, die meisten freunden sich mit ihrem Körper um so besser an, je älter sie werden, und finden anderes an sich wichtiger als einen makellosen Körper. Die Schweizer Kabarettistin Vreni Berlinger sagte: »An meinem 40. Geburtstag fand ich mich zum erstenmal in meinem Leben schön. Heute weiß ich, daß ich Schönheit mit Selbstbewußtsein verwechselt hatte. Ich war nämlich nicht auf einmal schön, sondern endlich selbstbewußt genug, mich schön zu finden.« Einige Zeit später ließ sie sich liften.

Selbst wenn wir mit den Jahren gesellschaftliche Schönheitsideale nicht mehr so ernst nehmen, läßt uns die Bilderflut gestylter Berufsschönheiten nicht kalt. Sie beeinflußt, wie wir unseren Körper und den anderer wahrnehmen, sie lenkt unmerklich, was wir schön finden. Die Medien bringen nur selten das Bild einer ungeschminkten jungen Frau, die nicht speziell für die Kamera hergerichtet wurde. Realistische Bilder von älteren und alten Frauen existieren praktisch nicht – es gibt in den Medien nur wenige Vierzigjährige (und davon viele geliftet), praktisch keine Fünfzigjährige, noch ältere Frauen kommen nicht vor. Ein krasses Beispiel ist das Gesicht der sechzigjährigen Elizabeth Taylor in der Werbung für ihr Parfüm: Nachdem es schon bis zum Anschlag gelistet war, wurde auf dem Foto noch der letzte Ausdruck von Leben wegretuschiert.

Aber vielleicht ist auch das nicht der einzige Weg. Man könnte den Ewig-Jugendlichen zurufen: Du kannst mit Hilfe deiner fotografischen, kosmetischen und chirurgischen Maskenbildner aussehen, wie du willst, ich will so aussehen, wie ich *bin*! Nämlich nicht mehr zwanzig, nicht mehr so naiv wie damals, nicht mehr so ungezeichnet. Tatsächlich liest man immer häufiger, der Jugendwahn sei endlich vorüber, eine Behauptung, die besonders häufig im redaktionellen Teil teurer Frauenmagazine auftaucht. Doch obwohl (oder weil?) sie in Artikeln gegen den Jugendwahn Stellung beziehen, und obwohl (oder weil?) ihre typische Leserin die dreißig überschritten haben dürfte, sind die Modeseiten dieser Zeitschriften häufig mit Models bevölkert, die wie Minderjährige aussehen.

Wie auch immer, die Frauen der Nachkriegsgeneration müssen nun trotz aller Beschwichtigungen erkennen, daß sie nicht *forever young* sind. Deswegen aber wollen sie noch lange nicht die ›ältere‹ Generation sein. *Alt* wollen alle werden – aber nicht älter. Der Ausweg lautet: Wir sind alterslos.

Denn jung, tönt es allenthalben, sei in Sachen Schönheit nicht mehr das Maß aller Dinge. Schön sei, wer, unabhängig vom Alter, gepflegt, fit, dynamisch, attraktiv aussehe und vor Lebensfreude sprühe. Als Beweis werden einige wenige Vertreterinnen einer neuen Frauengeneration angeführt, deren wichtigstes Merkmal ist, daß sie der *alten* Frauengeneration angehören. Sie sind vierzig bis fünfzig Jahre alt, arbeiten seit zwanzig oder dreißig Jahren als Models oder Schauspielerinnen, einige, wie Hutton, ohne Unterbrechung, andere, wie die legendäre Veruschka von Lehndorff aus den sechziger Jahren, tauchen jetzt wieder auf, nachdem sie Jahrzehnte einem anderen Beruf nachgegangen sind. Eileen Ford, Eigentümerin einer der großen Modelagenturen der Welt, spricht eine deutliche Sprache: »Das Comeback der alten Garde hängt entscheidend von dem Starruhm der betreffenden Models ab. Nur die Berühmtheiten bekommen die Chance einer zweiten Karriere.« Diese neuen alten Models haben einen eigenen (natürlich englischen) Na-

men: ›No-Age-Frauen‹. Er verrät gleich die Richtung, die ein-
geschlagen wird, transportiert er doch die frohe Botschaft, Alter gebe es einfach nicht oder es spiele jedenfalls keine Rolle.
Das ist natürlich eine Lüge. Zwanzig ist anders als vierzig, vierzig anders als sechzig. Lauren Hutton, No-Age-Frau Nummer
Eins, sieht dies eher als Vorteil und versteigt sich gar zu der
Äußerung: »Frauen sind außerordentlich mächtig. Und nach
den Wechseljahren werden sie wirklich gefährlich, sowohl politisch als auch in ihrer Weiblichkeit.« Ich weiß beim besten
Willen nicht, was und wen sie damit meinen könnte. Soweit
ich es beurteilen kann, drohen weder in den USA (wo ja, wie
Sie wissen, alles anders ist) noch in Europa die fünfzig- und
sechzigjährigen Frauen, Regierung und öffentliches Leben zu
übernehmen. Im Gegenteil. In Deutschland wurde die Kandi-
datur einer 73jährigen Frau um die Nachfolge eines 74jährigen
Präsidenten mit der Begründung diffamiert, sie sei zu alt. Macht
für alte Frauen?
Zurück zu den schönen Alterslosen. Die fünfzigjährige Hutton,
bereits seit dreißig Jahren als Model und Schauspielerin im Geschäft, ist nun als No-Age-Model so berühmt und begehrt, daß
sie der Kosmetikfirma Revlon die sensationelle Vertragsklausel
aufdrücken konnte, daß auf Werbebildern ihre Falten nicht retuschiert werden dürfen. Damit schlägt sie Frauen wie Fonda
und Rossellini um Längen: Fonda, weil diese sich einerseits als
Produkt harter Arbeit (Aerobic) präsentiert, zum anderen aber
schamhaft verschweigt, daß sie im Gesicht gelistet und am Busen silikoniert ist, Rossellini, weil ihre Werbefotos retuschiert
waren. Hutton legt großen Wert auf die Feststellung, daß sie
mit ihrem Gesicht und ihrem Körper die Wahrheit über die
Schönheit der Fünfzigjährigen an den Tag bringt: So schön ist
meine Generation, und dazu brauchen wir nicht gelistet, retuschiert, bis an die Grenze der Erschöpfung trainiert zu sein.
(Und *ich* lege großen Wert auf die Feststellung, daß Hutton
arbeitslos wäre, wenn die Frauen ihrer Generation wirklich aus-
sähen wie sie.)

Lassen wir solche Spitzfindigkeiten: Der Vertrag *ist* eine Sensation, denn Hutton wirbt für Antifaltencremes. Bisher hat es noch niemand gewagt, in solchen Werbungen auch nur die Andeutung einer Falte zu zeigen. Daher warb man mit Teenager-Gesichtern, was allerdings die älteren, pardon: die No-Age-Frauen zunehmend verstimmte. Mit dem neuen Selbstbewußtsein ihrer Generation fühlten sie sich nicht ernstgenommen und lehnten es rundweg ab, Produkte zu kaufen, die man ihnen mit Gesichtern andienen wollte, die offensichtlich noch vor kurzem von Mama mit Penaten eingeschmiert wurden. Inzwischen hatte sich auch herausgestellt, daß ganz junge Models nur ganz jungen Frauen gefallen, die Kaufkraft aber bei älteren Frauen liegt. Die ›Hutton-Generation‹, die heute 50 ist, wird (statistisch) 80 Jahre alt werden – für die Kosmetikindustrie bedeutet das vor allem eines: noch dreißig Jahre lang Geld.

Die Revlon-Kampagne funktioniert natürlich nur, weil alle *wissen*, wie alt Hutton ist. Geworben wird nicht mehr, wie noch vor wenigen Jahren, mit einem schönen Gesicht, das weder Namen noch Identität hat, sondern mit einem Star – dieses Mal eben nicht mit einem Filmstar, wie das Kosmetikwerbung bereits seit den Anfängen des Hollywoodfilms tut, sondern mit einem Modelstar. Die KäuferInnen müssen dieses Gesicht kennen, weil der Werbeeffekt sonst nicht nur verpufft, sondern sich gegen das Produkt richtet: Worin soll der Anreiz zum Kaufen liegen, wenn man meint, die abgebildete Frau sei fünfunddreißig? Ähnliche Überlegungen hat wohl auch die legendäre Helena Rubinstein angestellt, von der es heißt, sie habe sich noch in hohem Alter stets um jeweils zehn Jahre älter gemacht, um ihr vergleichweise junges Aussehen ihren Produkten zuschreiben zu können!

Doch zurück zu Hutton: Selbst wenn die potentielle Kundin weiß, worin das Besondere dieses Gesichts liegt, bleibt Kosmetikwerbung mit einem glaubwürdigeren Model heikel: Zum einen wirbt sie mit alten Falten für ein neues Produkt, das kaum für ihre jugendliche Haut verantwortlich sein kann, da es gerade erst erfunden wurde (das allerdings gilt für *jede* Kosmetik-werbung, Nivea in der blauen Dose ausgenommen). Die Chinesen haben dazu ein nettes Sprichwort: Man soll den Brunnen nicht erst bohren, wenn man durstig ist. Und die Creme nicht erst nehmen, wenn man Falten hat. Brenzliger bei der Werbekampagne aber ist, daß Revlon ein gewaltiges Eigentor riskiert. Hutton darf mit ihren Falten nicht so vergnügt, ausgesöhnt und attraktiv wirken, daß Frauen die eigenen Falten zu lieben beginnen und überhaupt nichts mehr dagegen unternehmen – sprich: keine teuren Cremes mehr kaufen.

Anita Roddick, Besitzerin der erfolgreichen Kosmetikfirma *Body Shop*, schreibt zwar kühl, eine Fettcreme sei eine Fettcreme, mehr gebe es dazu nicht zu sagen, aber wer für die derzeit teuerste Gesichtscreme auf dem deutschen Markt etwa 750 Mark pro Tiegelchen hinblättert, wird Roddicks Bemerkung ebenso wenig hören wollen wie das, was ein Arzt der Karlsruher Hautklinik sagt: »Wirkstoffe in der Kosmetik dürfen definitionsgemäß nicht in tiefere Etagen der Haut vordringen, können also gar keinen Effekt in *der* Etage hervorrufen, den uns die Werbung verspricht. Sie haben keinen Einfluß dort, wo die Faltenbildung entsteht.« Kosmetika können also gar nicht so wirken, wie es die Werbung häufig behauptet, weil es dann Arzneimittel wären. Der Leiter der Kosmetikfirma Estée Lauder widerspricht: Moderne Kosmetikprodukte könnten durchaus in wesentlich tiefere Hautschichten vordringen, daher müßten die Grenzen zur Medizin neu gezogen werden, indem man eine neue Kosmetikverordnung schafft. Das ist ein interessantes Verständnis von Gesetzen. Es ist etwa so, als würde jemand sagen: Jedes Jahr werden mehr Diebstähle begangen, darum müssen wir die Gesetze ändern und die Strafen für Diebstähle herabsetzen. Darüber hinaus es ist ein treffendes Beispiel, wie Frauenzeitschriften – in diesem Fall *Marie Claire* – sich bereitwillig und unkritisch zum Sprachrohr ihrer wichtigsten Kundin machen. Dies ist nicht die Leserin, wie man uns immer wieder weismachen will. Die wichtigste Kundin aller Frauenzeitschriften ist die Kosmetikindustrie mit ihrem Werbeetat.

Gestatten Sie mir dazu einen kleinen Exkurs: RedakteurInnen rechtfertigen die Plastikwelt ihrer Bilder und Ratschläge gelegentlich damit, daß ihre Leserinnen unter gar keinen Umständen mit realistischen Bildern konfrontiert werden wollen. Mindestens ebenso groß jedoch ist der eisern totgeschwiegene Druck, es sich nicht mit der werbenden Kosmetikindustrie zu verderben und damit die Existenz der Zeitschrift zu gefährden. Hierin liegt die Unaufrichtigkeit von Medienmachern im allgemeinen und der FrauenzeitschriftredakteurInnen im besonderen, denn Zeitschriften werden nur zu etwa einem Drittel aus dem Verkaufspreis finanziert, mindestens zwei Drittel stammen aus der Werbung. Die rechtsliegenden Seiten, die beim Blättern dem Lesen und Schauen leichter entgegenkommen, sind meist der Werbung vorbehalten, in vielen Zeitschriften ist das Verhältnis von Werbung zu redaktionellen Beiträgen fifty-fifty, manchmal mehr zugunsten der Werbung. Die Chefredakteurin der Schweizer Frauenzeitschrift *annabelle* rechnete vor, daß ihre Zeitschrift ohne Werbung nicht 4 Franken 90, sondern 15 Franken kosten müsse.

Angesichts solcher wirtschaftlicher Abhängigkeit, die alle Zeitungen und Zeitschriften betrifft, wird schnell deutlich, daß sie mit den großen Anzeigenkunden nicht allzu kritisch umspringen mögen – Sie wissen ja: Es ist unklug, die Hand zu beißen, die einen füttert. Ende des betriebswirtschaftlichen Exkurses.

Aber Creme hin, Werbung her: Wahre Schönheit kommt, wie wir alle wissen, von innen. Mit einer ungewöhnlichen Auslegung dieser alten Weisheit überraschte die deutsche *Vogue*. Sie begründete das jugendliche Aussehen der fünfzigjährigen Hutton mit den Worten: »Ihr feministisches und soziales Engagement macht sie so strahlend wie andere Frauen vielleicht eine chirurgische Korrektur« – Donnerlüttchen. Das ist das erste Mal, daß ich in einer anderen Zeitschrift als *Emma* lese, Feminismus mache eine Frau schöner. Nein, das lese ich auch in *Emma* nicht, da *Emma* sich Themen wie Faltenbekämpfung und körperlicher Schönheit nicht widmet. Das gilt, glaube ich, grundsätzlich als frauenfeindlich. Aber sollte *Vogue* auf dem Weg zu einem feministischen Kampfblatt sein?

Es herrscht vermutlich Einigkeit darüber, daß eine Frau wie Hutton schön ist und für ihr Alter ungewöhnlich jung aussieht. Aber an welchen Kriterien orientieren wir uns, wenn wir sagen, eine Frau von 40, 50, 60 sehe ›viel jünger‹ aus (was immer als Kompliment gemeint ist), oder auch: »Sie sieht gut aus *für ihr Alter*.« Statt »Sie ist 50 und sieht großartig aus«, heißt es immer: »Sie ist 50, *aber* sie sieht *immer noch* großartig aus.« Für ihr Alter? Aber? Immer noch?

Was ist eigentlich so toll daran, wie dreißig auszusehen, wenn man doppelt so alt ist? Warum soll man sich überhaupt darüber freuen und geschmeichelt fühlen, daß man nicht so alt aussieht, wie man ist? Warum schreiben sich nicht alle Frauen aller Altersstufen den Rat der Modemacherin Sonia Rykiel auf die Fahnen, die mit karottenrotem Haar und schrillen Sprüchen weiß Gott nicht der gängigen Vorstellung einer netten Dame von fünfundsechzig entspricht: »Wenn Sie schön sind, nutzen Sie das. Wenn Sie nicht schön sind, betonen Sie es.«

Doch falls Sie schön sein sollten, üben Sie sich in Bescheidenheit, betonen Sie bis zum Umfallen, daß Ihre Schönheit kein undemokratisches Geschenk Gottes ist, das Sie durch nichts auf der Welt verdient haben, sondern daß Sie dafür ackern wie verrückt.
Was dieser Schmäh soll? Nun, dies ist der Tenor eines Jubelartikels über vier ›No-Age‹-Frauen, überschrieben mit »Schönheit kennt kein Alter«. Die Stoßrichtung der Schlacht wird schon auf dem Umschlag mit dem Slogan »Immer jung« sowie dem Bild der Schauspielerin Marisa Berenson deutlich, deren Gesicht wie eine gestärkte Damasttischdecke aussieht. Drinnen

bestreitet sie, geliftet zu sein und »lächelt dabei mild«, vermutlich, weil sie sich über eine so dämliche Frage nur wundern kann. Es kann natürlich auch sein, daß ihr stramm gezogenes Gesicht nicht mehr Mimik erlaubt.

Jetzt, wo ich das schreibe, fällt mir auf, daß ich in den unzähligen Aufsätzen und Artikeln, die ich in den letzten Jahren über Lifting gelesen habe, nie erwähnt fand, was mit dem verkürzten Gesichtsgewebe geschieht, wenn die/der Betreffende sehr viel zunimmt – bleibt nach dem Lifting genügend elastisches Gewebe übrig, um eine Gewichtszunahme von zehn oder zwanzig Kilo zu verkraften?

Zurück zu den mehr oder weniger berühmten No-Age-Frauen. Die wichtigste Botschaft aller vier Berichte lautet, ihre jugendliche Schönheit sei kein Geschenk, sondern allein und ausschließlich ihr Verdienst, weil sie viel dafür tun. Seite um Seite wird ihre Disziplin, ihre Askese, ihre Konsequenz gerühmt. Ich vermute, das soll uns anspornen, von Laxheiten im Trainingsprogramm und dickmachenden Gelüsten abzulassen, aber was ich dann aus dem Artikel erfahre, spornt mich zu wenig mehr an als zu Wut.

Eine der Frauen ist 1,75 m groß ist und wiegt 55 Kilo. Das ist bereits bei einer 20jährigen fünf Kilo weniger als das angebliche Idealgewicht (Sie wissen: Zentimeter über 100 minus 20 %). Es berücksichtigt nicht, daß jeder Mensch mit dem Alter zunimmt, und zwar etwa drei Kilo pro Lebensjahrzehnt, selbst bei gleichbleibender Ernährung. »Eine Frau von fünfunddreißig Jahren kann keine Wespentaille von 56 cm haben wie ein Backfisch von sechzehn Jahren, weil das Körpergewicht und die Entwicklung des Organismus andere Maße verlangen.« Das ist ein Zitat aus dem Buch *Schön sein, schön bleiben* von 1955, dessen Autorin einer 25jährigen von 1,76 m knapp 59 Kilo, einer 50jährigen gut 65 Kilo zugesteht. Das ist immer noch nicht üppig, aber wenn eine Frau ein Vierteljahrhundert lang ihr ursprüngliches Idealgewicht gehalten hat, ist sie schlicht unterernährt.

Hutton sagt drastischer: »Ab vierzig hat man die Wahl zwi-

204

schen seinem Gesicht oder seinem Hintern.« Das heißt, was an einem Teenager dünn aussieht, wirkt bei ihrer Mutter abgespannt. Daher müssen Frauen über 35 oder 40, die nach langem Kampf 10 oder gar mehr Kilo abgenommen haben und endlich schlank sind, häufig die bittere Wahrheit verkraften, daß ihr Gesicht faltiger geworden ist und sie deutlich älter aussehen als mit den rundlichen Wangen. Jacqueline Bisset, eine der vier No-Age-Frauen, weiß das und sagt, sie wiege jetzt einige Kilo mehr als vor zwanzig Jahren, weil ihr Gesicht sonst verhärmt wirke. Verhärmt! Müde, zornig, zur Not frustriert – aber *verhärmt*, vom Duden als »durch viele Sorgen elend, abgemagert und kummervoll« definiert, das ist angesichts der Forderung nach unentwegter guter Laune, Erfolg und Dynamik wohl das Allerletzte.

Falten gelten nicht umsonst als ›verräterische Spuren‹. Da das Gesicht in unserer Kultur unverhüllt bleibt, erzählt es viel, entblößt es viel: Wie lange man schon lebt, wie man gelebt hat, wieviel Freude, wieviel Sorgen und Kummer in diesen Jahren waren. Ein Artikel über das Altern der Haut beginnt mit den Worten: »Ob wir Liebeskummer haben oder uns falsch ernähren, ob wir gestreßt sind oder uns selbst nicht mögen . . . die Haut verrät es!« Auch der Körper – vor allem der unbekleidete Körper – erzählt Geschichten. Die Gelenke verraten etwas über Ausmaß und Art der geleisteten Arbeit, Narben bezeugen Krankheiten, Verletzungen, Kaiserschnitte, jeder Körperteil gibt Auskunft darüber, was mit dem ganzen Körper – das heißt: mit dem Menschen geschehen ist. Der Körper zeigt, wie er ernährt, bewegt, gepflegt, gekleidet wurde, wieviel Zeit und Geld in ihn investiert wurden. Die gealterte Haut, der gealterte Körper tragen und zeigen Geschichte: Verschleiß, Narben, Verletzungen, das Lachen und die Falten alter Hoffnungen und Enttäuschungen. Unser Körper bewahrt Erinnerungen auf.

Das tut auch, auf etwas andere Weise, ein Fotoalbum. Die Fotografie hat nicht nur dazu geführt, daß wir immer mehr Gesichter von Menschen sehen (müssen), die wir nicht persönlich kennen, und auch nicht nur dazu, daß wir uns mit realen Menschen der Gegenwart oder der letzten hundert Jahre vergleichen (können). Dank der Fotografie haben Menschen ein ganz anderes Verhältnis zu ihrem eigenen Aussehen bekommen: Erst seit es Fotos (und den Film) gibt, können wir uns so sehen, wie andere uns sehen – denn was wir im Spiegel sehen, sieht außer uns niemand: uns selbst *spiegelverkehrt*. Fotos sind für unser Selbstbild wichtig geworden: Nur wenige stellen sich gern vor die Kamera, nur wenige mögen es, wenn jemand versucht, sie unbemerkt zu fotografieren, und kaum jemand blickt mit völligem Gleichmut in das Objektiv einer Kamera.

Als die Fotografie neu war, baute man sich hochoffiziell vor dem Apparat auf (Menschen, die nicht mit der Fotografie aufgewachsen sind, tun dies immer noch). Es gab noch keine Schnappschüsse, die eine spontane Szene spontan festhielten, ein Foto war eine ernste Sache. Man warf sich in Pose, und alle guckten sehr würdevoll. Wir tun zwar ganz cool, aber sobald jemand mit einem schußbereiten Fotoapparat auftaucht, werfen auch wir uns in Positur. Nur daß es heute zum guten Ton gehört zu tun, als täten wir es nicht. Dann reden, lesen, hantieren wir etwas zerstreut, weil wir die schwierige Aufgabe bewältigen müssen, fotogen zu gucken und wie zufällig zu lächeln, ohne den Eindruck zu erwecken, wir legten es darauf an, für irgendeine blöde Kamera fotogen zu lächeln. Dabei habe ich noch niemanden erlebt, der/die Aufnahmen von sich nicht mit größtem Interesse betrachtet und begutachtet – und zwar mit extrem subjektivem Blick. Kaum jemand mag den wesentlichen Vorteil der Fotografie vor der Malerei nutzen, nämlich verschiedene Facetten des eigenen Aussehens kennenzulernen. Nur die ›guten‹ Fotos, die dem eigenen inneren Bild entsprechen, werden wieder betrachtet, herumgezeigt, aufgehoben. Alle anderen werden aussortiert, und wer ein unschmeichelhaftes Foto von sich zerreißt, zerreißt mehr als ein Stück Papier – er hält damit sein inneres (möglicherweise unzutreffendes) Bild vom eigenen

Aussehen intakt, und er zensiert auch ein Zeitdokument: Das soll nicht für die Nachwelt aufgehoben werden, so sehe ich nicht aus, so will ich mich nicht sehen, jetzt nicht und in zwanzig Jahren erst recht nicht.

Denn dank der Fotografie können Veränderungen – einer Stadt, eines Landstrichs, eines Menschen – über kürzere oder längere Zeiträume präzise festgehalten werden. Sie ermöglicht eine Chronologie meines Aussehens im Laufe der Jahre – und auch die Kontrolle darüber. Nun kann ich mich mit dem ›Ich‹ vergleichen, das ich einmal war. Alte Bilder können Heiterkeit auslösen: »Guck doch nur, was ich da anhabe! Und diese Frisur!«, aber auch Wehmut – »Da habe ich noch in das rote Kleid gepaßt und hatte noch keine Falten.«

Ein solches Bild – jung, schlank, dynamisch und zukunftsfroh – klebt bei manchen Frauen nicht nur im Fotoalbum, es steckt auch (unsichtbar) am Spiegel und macht sie traurig. Sie investieren viel Zeit und Geld, um den Abstand zwischen dem Spiegel- und Fotogesicht nicht zu groß werden zu lassen. Eine Freundin witzelt mit bittersüßem Lächeln: »Ich brauche morgens immer länger, bis ich aussehe wie ich selbst.«

»Schön sein heißt als Momentaufnahme existieren, eingerahmt von Erwartung und Angst. Auf der Jagd nach der perfekten Momentaufnahme versagen wir uns die Freude an den jeweiligen Herausforderungen und wechselnden Erscheinungsbildern von Kindheit, Jugend, Reife und Alter.« Seit ich zwanzig bin, habe ich eine Momentaufnahme davon im Kopf, wie ich mit 60 sein werde: Zigarillo rauchend und engagiert-souverän, mit großen Gesten Gespräche führend, mit raspelkurzen silbergrauen Haaren und lebendigen, blitzend-wachen Augen, Augen, die zehnmal blauer sind als meine in Wirklichkeit. Das weiß ich, und es amüsiert mich. Diese Phantasie ist über zweieinhalb Jahrzehnte gleich geblieben. Fast gleich. Unlängst bemerkte ich, daß diese Frau meinem Gefühl nach jetzt eher 65 Jahre alt ist – sie ist ohne mein aktives Dazutun um fünf Jahre gealtert. Es dauert ja gar nicht mehr so lange, bis ich sechzig bin.

Und ich habe nach all den Jahren zum ersten Mal bemerkt, daß ich von ihr – von mir – immer nur das Gesicht, die Lebendigkeit der Augen, das Lachen, den Witz, die Lebensklugheit und Souveränität sehe. Nie den Körper.

Ich möchte Ihnen einen Ausblick geben, wie es mit den Momentaufnahmen weitergehen könnte. Es handelt sich um einen Brief, den ein Vierzigjähriger an die italienische *Marie Claire* schrieb, sowie um die Antwort der Schriftstellerin und Journalistin Lidia Ravera, die als ›Briefkastentante‹ fungierte.

Liebe Marie Claire, ich bin ein Mann. Das gestehe ich nicht ohne Zögern, denn wenn man Ihre Zeitschrift liest, bekommt man das Gefühl, als Mann eine Niete zu sein. Nicht nur, weil es eine Zeitschrift für Frauen ist, sondern weil die Frauen so vergnügt sind, sich so viele Komplimente machen, sich in Szene setzen. Früher waren sie nur schön oder häßlich, jung oder alt, ledig oder verheiratet, gut oder schlecht verheiratet, leidenschaftlich oder frigide. Jetzt sind sie tüchtig, intelligent, genial, unternehmungslustig, voller Überraschungen, unabhängig, stark, sogar unterhaltsam. Und da sie sich dessen bewußt sind, sind alle sehr stolz. Wenn meine Frau mit ihren Freundinnen ausgeht, kommt sie nach Hause, als müsse sie sich hier eine Ohrfeige abholen: Wie gut wir uns amüsiert haben, die Männer sind viel langweiliger. Ich bleibe zu Hause, hüte die Kinder. Und fühle mich wie meine Mutter, wenn mein Vater zum Kartenspielen in die Kneipe ging. Sind wir jetzt die Unterlegenen? Hat sich das Verhältnis umgekehrt? Das frage ich mich hin und wieder, etwas beunruhigt. Aber dann blicke ich in den Spiegel und bin beruhigt: ich bin 40 Jahre alt, meine Frau auch (wir kennen uns seit der Schule!). Seit einigen Jahren geht sie regelmäßig zur Massage, läßt sich immens teure Gesichtsmasken machen, hat panische Angst vor Falten und ist von Cellulite besessen. Sie sagt, sobald sie genug Geld hat, werde sie sich liften lassen. Wenn ich mich mit ihr vergleiche, fühle ich mich wie ein Löwe. Ich habe keine Angst vor dem Alter. Zumindest dieses Privileg ist mir geblieben.

Liebe Niete, es tut mir leid, Ihnen auch diese letzte Illusion rauben zu müssen. Sie fühlen sich wie ein Löwe, weil Sie 40 sind. Warten Sie, bis Sie 55 oder 60 sind. Und wenn Sie 55 oder 60 sind, beobachten Sie aufmerksam Ihre Frau. Wenn sie die Frau ist, die ich nach Ihrem Brief vermute (stolz darauf, zur überfüllteren Hälfte des Himmels zu gehören, mit einem klaren Blick für das hohe Maß an Anstrengung, das Frauen abverlangt wird, aber auch für ihre emotionalen Belohnungen), kann ich Ihnen sagen, wie sie sein wird: körperlich gezeichnet, das ist unvermeidlich. Mit oder ohne Lifting. Aber heiter, ironisch, frei. Diese Befreiung wird ihren Blick strahlen lassen. Frei wovon? Vom Schaufenster. Von jener typisch weiblichen Sklaverei, immer in der Schußlinie zu sein, sich den Blicken der Männer ausgesetzt zu fühlen, befreit von der Tyrannei, sich zu allen erotischen oder auch nur öffentlichen Gelegenheiten wie ein Weihnachtsbaum aufputzen zu müssen, befreit von der chronischen Zeitnot derer, die immer auch noch Zeit für das eigene Aussehen schaffen müssen. Wie oft kommt Ihre Frau zu einer Verabredung zu spät, weil es sie Zeit kostet, ihren Körper herzurichten? Sie ist ebenso intelligent wie ihre männlichen Kollegen, aber sie hat längeres Haar, wenn es nicht richtig liegt und wenn die Jacke nicht paßt, ist das ein Problem. Außerdem kann sie nicht ein halbes Jahr lang die gleiche Jacke tragen. Der Kollege wechselt nur die Krawatte, das geht bei ihr nicht. Sie muß neue Sachen kaufen und der Mode folgen, nicht nur ihretwegen, sondern auch wegen ihrer Arbeit. Eine Frau ist eine Frau. Sie muß eine schöne Frau sein. Auf ewig? Nein. Nur solange sie jung oder in den mittleren Jahren ist. Danach kann sie entspannen. Dies ist der Grund, warum Ihre Frau mit 60 so heiter und vergnügt aussehen wird. Sie wird in Ausstellungen, ins Kino und ins Theater gehen, sie wird Unmengen lesen und daher als Gesprächspartnerin viel faszinierender sein als Sie. Auch Sie sind gealtert. Sie haben einen Bauch, die Haare sind Ihnen ausgegangen, Sie wachen nicht mehr mit dieser angenehmen Erektion im Pyjama auf. Die Gesellschaft behandelt Sie nicht wie eine struppige Vogelscheuche, denn Männer sind nicht gezwungen, ›ewig 27‹ zu bleiben. Aber Sie werden die Jahre spüren. Sie werden bei weitem nicht so heiter sein wie Ihre Frau. Warum? Weil Altern für alle anstrengend ist, aber sie hat für den Verlust ihrer Jugend etwas gewonnen. Sie, mein Lieber, haben gar nichts gewonnen.

Signora Ravera mag mit der feministischen Streitaxt etwas heftig auf den Tisch gehauen haben, aber seien Sie ehrlich: Liest sich das nicht süffig? Haben Sie nicht ein wenig gelächelt? Vielleicht gar ein Quentchen Genugtuung verspürt? Sind Ihnen Ähnlichkeiten mit lebenden oder verstorbenen Personen aufgefallen? Ein bißchen Männerhaß steht doch jeder Frau, oder?

7. Kapitel **Fragen**

Die ganze Welt war sich darin einig, daß eine blauäugige, gelbhaarige, rosahäutige Puppe dasjenige war, was jedes kleine Mädchen zu schätzen wußte.

Ich möchte Sie mit einer jungen Frau bekanntmachen, über die die Meinungen stark auseinandergehen. Während die einen sie als Inbegriff frauenfeindlicher Phantasien beschimpfen, verkörpert sie für die anderen alles, was eine Frau sich erträumen kann: »[Sie] ist nicht nur ein Schönheitsideal, sondern auch ein Ideal in Charakter, in gesellschaftlichem Lebensstil, in Ästhetik, Mode und Design.« Dieses Lob ist allerdings weder objektiv noch uneigennützig, stammt es doch von einem ihrer Manager, dessen Aufgabe es schließlich ist, sie anzupreisen und zu vermarkten.

Aber eine Schweizer Studentin, die ihr so ähnlich sieht, daß sie sie gelegentlich doubelt, schwärmt: »[Sie] ist eine lebenslustige Person, die es gern nett hat, die auch gern mal ausgeht, die viele Freunde hat, einigermaßen unkompliziert ist, die ein leichtes Leben hat.« Am konsequentesten aber wird sie wohl von der Engländerin Cindy Jackson bewundert, ja geliebt, die schon als Kind nichts lieber wollte als auszusehen wie sie: Ihr Vorbild, sagt sie, habe einfach alles, was auf der ganzen Welt als feminin gelte – lange Beine, schlanke Figur, großer Busen, Stupsnase, volle Lippen und große Augen. Um auch so auszusehen, investierte Cindy 80 000 Mark für 18 Operationen: Augenlider kürzen, Tränensäcke entfernen, Nase kürzen, Nasenflügel kleiner machen, Oberlippe verbreitern, Schläfen liften (um die Augenwinkel anzuheben), untere Gesichtshälfte liften, an Kinn/Hals Fett absaugen, den Busen mit Silikon vergrößern und zum krönenden Abschluß eine Fettabsaugung von der Taille bis zu den Knien. Nur ihre Unterlippe, sagt sie stolz, sei unverändert. In einem aber wird Cindy ihr Vorbild nie erreichen, es sei denn, sie machte es wie Aschenbrödels Stiefschwestern und hackte Überstehendes ab: Sie müßte Schuhgröße 30 haben, um auch darin der Umschwärmten mit der idealen Schönheit, dem idealen Charakter, dem idealen Lebensstil zu gleichen: Lotusfüßchen wie Barbie.

Damit wir uns richtig verstehen: Die 40jährige Engländerin Cindy Jackson hat 80 000 Mark ausgegeben, um auszusehen wie eine Plastikpuppe. Eine erwachsene Schweizerin, die als ›lebende Barbie‹ arbeitet, beneidet eine Puppe darum, viele Freunde zu haben und lebenslustig zu sein. Ein hochbezahlter Manager preist eine Puppe als Vorbild in Charakter und Lebensstil. Mal ehrlich: Sind die noch zu retten?

›Barbie‹ wird in einem Atemzug mit Michael Jackson genannt (wobei so macher Jackson für den Unnatürlicheren von beiden hält) und ist inzwischen die Kurzformel für jene Art von makellos-glatter Künstlichkeit, die angeblich keine Frau mehr will. Und doch ist es wahr, daß Barbie alles hat, was das Schönheitsideal unserer Tage ausmacht: lange Beine, schlanke Figur, großer Busen, Stupsnase, volle Lippen und große Augen – und eine ungeheure Menge (meist) blonder Haare. Dies könnte auch Claudia Schiffer beschreiben, eine ›lebende Barbie‹, die vermutlich lieber tot umfiele als sich so zu nennen. Beide entsprechen perfekt dem weltweiten Stereotyp von ›sexy‹, das Naomi Wolf knapp mit »groß, dünn, weiß, haarlos, lächelnd – kurz: Claudia Schiffer« umreißt. Aber warum in aller Welt ausgerechnet Claudia Schiffer, deren erstaunlichste Leistung darin besteht, die Ausstrahlung einer Kernseifenreklame mit diesem Image eines Sexsymbols zu verbinden?

Schiffers Oberfläche ist nahezu ebenso glatt wie Barbies – keine Falten, keine Asymmetrien, keine unveränderlichen oder ins Auge stechenden Merkmale. Sie verrät nahezu nichts über ihre Gedanken oder ihre Geschichte. Dies ist ein sehr erstrebenswertes Äußeres, denn in der mobilen und schnellen Gesellschaft, in der wir leben, ist es angeblich nicht mehr von Bedeutung, woher wir kommen, wer wir oder gar unsere Eltern waren – angeblich zählt nur, wer wir heute sind, wen wir aus uns gemacht haben. Das ist die amerikanische Legende vom ›Selfmade-Man‹ – und das Schönheitsideal unserer Zeit, das wir aus den USA beziehen, folgt diesem Traum: Ich schlage der Genetik ein Schnippchen! Wie ich aussehe, bestimme ich allein!

Ebenfalls typisch amerikanisch an unserem Schönheitsideal ist

die Heilige Kuh *Natürlichkeit*: Die puritanische Tradition der
Amerikaner hat die erotische Tradition der Französin mit ihren raffinierten, auf Wirkung berechneten Verführungstricks,
ihren Schönheitsgeheimnissen und der Sinnlichkeit des Bou-
doirs immer mit Mißtrauen, ja Abscheu betrachtet. Amerikanische Schönheit hat nicht viel mit den frivolen Künsten
einer Frou-Frou im Sinn, sondern mit Natur, Zupacken, mit
echt und aufrichtig sein. Die Siedlerfrauen, die auf Planwagen
durch die Cañons nach Westen zogen, hatten zur Pflege ihrer
Schönheit nur Kamm und Kernseife. Insgeheim sind sie noch
heute das Vorbild: Auch die Börsenmaklerin, die in den New
Yorker Cañons ihre Konkurrenten hinterhältig und mit fal-
schem Lächeln über den Tisch zieht, soll so schlicht, so edel,
so gradlinig und ohne Falsch wirken wie ihre Vorfahrin.
Wenn sie jeden Tag einige Stunden in die Gestaltung ihres
Äußeren steckt, hat sie das spontane Aussehen frischer, un-
verstellter Natürlichkeit.

Das ist das Stichwort, um mit einem verbreiteten Mißverständnis aufzuräumen: der Annahme, daß sich Menschen auf der
ganzen Welt auf gleiche Weise ›schön‹ machen und gemacht
haben, wie es gegenwärtig in der westlichen Welt üblich ist. Es
ist offenbar ein Bedürfnis des Menschen, seinen Körper durch
Bemalungen, Tätowierung, Narben, usw. zu verändern. Doch
unsere ›Schönheitsrituale‹ und die Rituale der Körpergestaltung
in anderen Kulturen – wie der Narbenschmuck der Afrikaner
und Afrikanerinnen, die Giraffenhälse der Burmesinnen und
die verzierten Glatzen der Massai-Frauen in Ostafrika – unterscheiden sich drastisch, und zwar sowohl in ihrer Art wie im
angestrebten Ziel. Die traditionellen Veränderungen am Körper
sind meist schmerzhaft, mitunter kann es Jahre dauern, bis das
erwünschte Resultat erreicht ist. Der Umstand, daß solcher
Körperschmuck die/den Betreffenden verschönern soll, ist nur
ein kleiner Teil ihrer Funktion. Wichtiger ist, daß sie in ge-
meinschaftlichen Ritualen angebracht werden und die Zugehö-

rigkeit zu einer Gruppe bezeichnen: Alle Angehörigen einer bestimmten Gruppe haben diese Merkmale, kein Angehöriger einer anderen Gruppe hat sie. Sie erzählen also etwas über die Geschichte, die Herkunft, den Status dieses Menschen – ganz im Gegensatz zu unseren Verschönerungsbemühungen, die Jugend und Individualität betonen und die Lebensgeschichte verschleiern sollen, die an unserem Körper ablesbar ist.

Eine zweite wichtige Funktion der rituellen Körperverzierungen in traditionellen Kulturen ist es, den Menschen deutlich von der Natur *abzugrenzen* – daher sollen die Verzierungen nicht möglichst natürlich, sondern möglichst *unnatürlich* sein. Für uns hingegen sind ›Schönheit‹ und ›Natürlichkeit‹ untrennbar, und die Punks waren deswegen so ungeheuer schockierend, weil sie einen immensen Aufwand trieben, um so *künstlich* auszusehen wie irgend möglich.

Nun war in diesem Buch immer wieder die Rede davon, daß das, was auf den Medienbildern schöner Frauen so natürlich aussieht, in der Herstellung mindestens ebenso künstlich ist wie das, was die Punks taten – und es war auch immer wieder die Rede davon, welche große Rolle dem Fotografen dabei zukommt. Nun zählt es zu den allgemein bekannten Geheimnissen der Fotografie, daß ein Foto nur zeigt, worauf der Fotograf – auch Fotografinnen wie Sie und ich – die Kamera richtet: Jedes Foto ist inszeniert, noch für den banalsten Schnappschuß in unserem Album haben wir dieses Motiv, diesen Moment, diesen und keinen anderen Ausschnitt, diesen Abstand gewählt. Jedes Foto ist arrangiert und verfolgt eine Absicht. Um wieviel mehr gilt dies für ein Bild, das Ergebnis höchster handwerklicher Präzision und zahlloser Arbeitsstunden vieler Profis ist: neben Model (mit Agentur, Trainer, Ernährungsfachmann, usw.) Visagist, Friseur, Moderedakteur, Fotograf, Beleuchter – und vielleicht noch einige mehr.

Das berühmte Fotomodell Christy Turlington beschreibt ihre eigene Kunstfertigkeit bei der Herstellung von Spontaneität:

216

»Mit Beleuchtung und Kamerawinkel kann man alles mögliche machen, das ist phantastisch. Ich weiß sehr genau, wie ich praktisch jeden Teil meines Körpers anders aussehen lassen kann, als er ist. Ich kann meine Augen und meine Lippen größer wirken lassen, indem ich mein Kinn nach unten schiebe. Ich kann meine Hüften schmaler wirken lassen. Ich kann meine Brust größer wirken lassen. Schulfreundinnen sehen bestimmte Bilder von mir und sagen, ›Die hat sich den Busen vergrößern lassen‹. Ich war nämlich immer ausgesprochen flach. Sie ahnen einfach nicht, daß man beim Fotografieren alles manipulieren kann.«

Und wie oft sehen wir eigentlich *irgendwo* Aufnahmen von Menschen, die vor dem Fotografieren nicht ein klein wenig oder auch sehr aufwendig hergerichtet wurden? Selten – und solche Bilder illustrieren nicht Berichte und Reportagen über etwas, das wir uns erträumen, sondern über Kriege, Verbrechen, Hungersnöte, Hilfstrupps, usw. Dies sind selten Menschen, die wir uns zum Vorbild nehmen wollen. Doch die stereotypen Bilder dessen, was schön und begehrenswert ist, welche Menschen Erfolg haben, was ein Mann ist, was eine Frau ist, werden uns und der ganzen Welt täglich nonstop ins Wohnzimmer geliefert – angeblich ist der durchschnittliche Deutsche täglich allein mehr als 1000 ›Reklame-Impulsen‹ ausgesetzt – eine unvorstellbare Zahl!

Die zahllosen Film-, Fernseh- und Reklameschönen sind ausnahmslos durch die Produktionsschritte Mode, Kosmetik (und vielleicht Schönheitsoperation) gelaufen, um ihr individuelles, einzigartiges Gesicht den DIN-Standards für Attraktivität anzunähern. Dabei gäbe es bei so vielen Bildern die Chance, gerade die Verschiedenartigkeit des menschlichen Gesichts und Körpers zu zeigen, ja zu feiern, doch das geschieht selbstverständlich nicht. Die Frauen und Männer in der Reklame, den Fernsehserien, den Hollywoodfilmen, den Modezeitungen sehen eben aus, wie eine Frau und ein Mann aussehen müssen, um in den Medien abgebildet zu werden. Sie sind Kunstprodukte, die uns als erstrebenswert, ja *normal* präsentiert werden. Wir sehen ja nur das Ergebnis.

»Wenn man etwas fotografiert (oder filmt), fotografiert man immer Wirklichkeit. Auch wenn die Zutaten alle künstlich sind. Das Fotografierte wird zu Realität.« Obwohl wir doch ständig von Bildern umgeben sind, ist dieser Satz des italienischen Regisseurs Bernardo Bertolucci nicht Allgemeinwissen. Bei Diskussionen um die Schönheitsideale früherer Epochen (Diskussionen der Sorte »Damals wollten alle aussehen wie Botticellis Venus«, usw.) werden die Konsequenzen aus Bertoluccis Gedanken gern unter den Teppich gekehrt: Es ist psychisch ein gewaltiger Unterschied, ob wir einen Menschen im Film (auf einem Foto) sehen oder auf einem Gemälde – das Gemälde, so nah, wirklichkeitstreu oder ergreifend es sein mag, bleibt von der Welt unserer Alltagswahrnehmung auf eine Weise getrennt, wie es Fotografie und Film nicht sind. Was wir da sehen, ist echt, wirklich, tatsächlich – jedenfalls glauben wir das. Ein Foto erhebt einen viel höheren Anspruch als ein Gemälde, getreues Abbild der »Wirklichkeit« zu sein: Ob die Gemalte ausgesehen hat, wie der Maler sie zeigt, können wir nicht wissen, aber bei einer Fotografierten bezweifeln wir nicht, daß sie im Moment der Aufnahme *wirklich* so aussah.

Wichtigster Lieferant dieser Bilderflut ist, wer wüßte es nicht, Hollywood. Der Hollywoodfilm führt die Welt seit Jahrzehnten in wesentliche Aspekte des »american way of life« ein: »Fernsehsendungen und Kinofilme schaffen Elemente gemeinsamer Kultur. Diese kulturelle Angleichung ermöglicht die Einführung multinationaler Markencharaktere. Die weltweite Verbreitung der Marke *Marlboro* wäre ohne TV und Kinoaufklärung über den rauh-männlichen Charakter des amerikanischen Westens und der amerikanischen Cowboys nicht möglich gewesen.« Die Bilderflut suggeriert, daß alle Begehrenswerten jung, schön und wohlhabend sind (und reiten können, wenn man der

218

Marlboro-Werbung Glauben schenkt). Da Bilder so perfekt Wirklichkeit vorgaukeln, suggerieren sie auch, daß Jugend und Schönheit nicht das Privileg einiger weniger sind: Alles scheint für alle erreichbar.

Dies wird dadurch betont, daß inzwischen vor allem die Werbung für international erhältliche Produkte wie Coca Cola, einige Zigarettensorten und teure Kosmetika (Dior, Revlon, usw.) nicht nur ›den typischen Amerikaner, jung, weiß, wohlhabend‹ zeigt, sondern (junge, wohlhabende) Menschen anderer Hautfarben, die wir alle als ›schön‹ bezeichnen würden – und zwar vor allem deswegen, weil sie problemlos als Variante der weißen Rasse durchgehen können. Sie verbinden eine gewisse Exotik mit »gemilderten« Zügen ihrer Rasse – Sie erinnern sich vielleicht an die Formulierung »fremdländisch mit europäischer Ausstrahlung«. Gravierende Abweichungen zu den Gesichtszügen weißer Mitteleuropäerinnen werden selten geduldet.

Ich sage bewußt ›Mitteleuropäerin‹, denn trotz Hollywood, Kevin Costner und Denzel Washington hat jedes Land, jeder Kontinent andere Vorstellung von der Schönheit eines Mannes: Wer einem Araber einen Anzug verkaufen will, ist gut beraten, ihm diesen Anzug an einem – nach arabischen Maßstäben – gut aussehenden Araber zu präsentieren und nicht an einem rothaarigen, sommersprossigen Iren! Daß Medien, die sich ausschließlich an Männer richten, gutaussehende Varianten ihrer Leser abbilden müssen, kann auch andere, durchaus amüsante Formen annehmen: Die Frauen in japanischen Pornocomics sind ausgesprochen westlich, während alle ›agierenden‹ Männer eindeutig japanische Gesichtszüge haben.

Dieser Zwang zur Vereinheitlichung von Frauenschönheit läßt sich auch auf andere Weise belegen: Nur Publikationen, deren wichtigstes Schauobjekt Frauen sind, erscheinen mit gleichem Namen, in gleicher Aufmachung und mit gleicher Weltanschauung in vielen Ländern: Für Männer sind es *Playboy*, *Penthouse*, usw., für Frauen Zeitschriften wie *Vogue*, die 58 Länder aufzählt, in denen sie erscheint, *Marie Claire* (22 Länderausgaben in 13 Sprachen), sowie *ELLE*, die in 25 Ländern mit jeweils eigenen Ausgaben erscheint. Die verschiedenen Ausgaben, so ELLE-Eigenwerbung, »gehen speziell auf die nationalen Wünsche und Lesegewohnheiten ein, ohne das internationale Konzept zu vernachlässigen«. Weniger gewählt ausgedrückt bedeutet das, daß die abgebildeten Frauen je nach Erdteil ein wenig variieren – beispielsweise zeigt die Hongkong-Ausgabe auch einige (nicht allzu chinesisch aussehende) Chinesinnen – doch von den meisten Fotos lächeln die ewig gleichen Models, die nur noch beim Vornamen genannt werden: Cindy, Kate, Linda, Christy, Claudia und so weiter und so weiter. Sie erscheinen auf den Titelseiten und in den Modeberichten der ganzen Welt, schließlich wollen die großen europäischen und amerikanischen Mode- und Kosmetikfirmen ihre Produkte auf der ganzen Welt verkaufen. Das aber können sie nur, wenn das europäische und amerikanische Schönheitsideal auch in anderen Kontinenten akzeptiert wird. Und an dieser Stelle der Argumentation reitet wieder der Cowboy mit seinem Kernseifen-Mädel ins Bild . . .

Jede Woche sehen sich Millionen von Frauen auf der ganzen Welt solche Mode- und Kosmetikfotos an, lesen (und befolgen) Tips, die vorgeben, ihnen zu ihrem ganz persönlichen ›Typ‹ zu verhelfen und die doch wenig anderes im Auge haben, als alle Frauen einander ähnlicher zu machen. Natürlich gleicht *jede* Mode die Menschen ein wenig einander an. Jetzt aber verbreiten die Medien das Stereotyp davon, wer wie aussehen muß, um attraktiv zu sein, nicht nur in Deutschland oder in Nordeuropa, in den USA oder in Brasilien, sondern auf der ganzen Welt – gefällt Ihnen eigentlich die Vorstellung, daß Frauen in Nagasaki, Lyon und Brasilia das gleiche Kleid und das gleiche Makeup tragen wie Sie?

In dem Roman *Sehr blaue Augen* läßt die Nobelpreisträgerin Toni Morrison ein schwarzes Mädchen sagen: »Die ganze Welt war sich darin einig, daß eine blauäugige, gelbhaarige, rosahäutige Puppe dasjenige war, was jedes kleine Mädchen zu schätzen wußte.« Und jedes kleine schwarze Mädchen, schreibt sie, hätte gern so blaue Augen gehabt wie diese Puppen und wie die Kinder in der Schulfibel. Diesen Traum hat Morrison nicht erfunden – schon vor vielen Jahren wurde in den USA mit schwarzen Kindern im Kindergartenalter ein Experiment durchgeführt: Man legte ihnen je eine schwarze und eine weiße Puppe vor und bat sie, die schönere zu nehmen. Alle nahmen die weiße Puppe und lehnten die schwarze Puppe, die aussah wie sie selbst, als häßlich ab.

In den USA hatten Schwarze aufgrund der gesellschaftlichen Verhältnisse nie eine Chance, gegen das weiße Schönheitsideal bestehen zu können. Andere Kulturen hingegen hatten durchaus eigene Schönheitsvorstellungen, bevor sie von den Medien überfallen wurden. Das ist (vermutlich nicht mehr lange) in einer Kultur zu beobachten, die sich bis vor kurzem jeder Beeinflussung durch westliche Medienbilder widersetzte: China. Eine Journalistin erzählte mir, China habe bei Amerikanerinnen und Europäerinnen lange als angenehmes Reiseland gegolten, wo sie unbelästigt reisen konnten, weil Chinesen sie unsäglich häßlich fanden. Mit der Öffnung der Grenzen hat nun das europäische Schönheitsideal auch in China Einzug gehalten – bei der ersten ›Miss China‹-Wahl im August 1993 siegte eine herzlich unchinesisch aussehende, langbeinige Schöne mit langwallenden Locken in Stöckelschuhen und knappem Badeanzug. Die Zeitung *China Daily* berichtete, die Pekingerinnen gäben inzwischen über 20 % ihres Monatsbudgets für Kosmetika aus, die Beliebtheit von Schönheitsprodukten sei ein typisches Großstadtphänomen, denn auf dem Land gelten Schönheitsprodukte als überflüssig. *Noch*, ist man versucht hinzuzufügen, denn *noch* hat die Flut von Reklame- und Zeitschriftenbildern nur die Großstädte erreicht.

Viel weiter vorangeschritten ist dieser Prozeß in Korea, das ja bereits seit den fünfziger Jahren unter amerikanischem Einfluß steht. Eine in den USA lebende Koreanerin berichtet, sie habe als Kind in Korea amerikanische Fernsehserien gesehen und die blonden Frauen mit ihrer milchig-weißen Haut und den tiefsitzenden Augen beneidet. Die Puppen, mit denen sie spielte, seien Ebenbilder dieser Amerikanerinnen gewesen und die wenigen koreanischen Puppen, die es gab, hätten zwar traditionell koreanische Kleidung getragen, die Augen aber seien ebenso groß gewesen wie die der amerikanischen. Auch in Korea wollten und wollen kleine Mädchen Augen haben wie die rosahäutige Puppe – dort aber sollen sie nicht vor allem *blau* sein, wie bei den schwarzen Kindern in den USA, sondern *rund*.

Dieser Wunsch hat in Korea sehr greifbare Folgen: Der Leiter der Abteilung für Plastische und Wiederherstellende Chirurgie der Universitätsklinik in Seoul sagte in einem Interview, daß sich etwa 40 % (in Worten: vierzig Prozent!) aller jungen Koreanerinnen die geraden Lider operieren lassen, um eine europäische Augenfalte zu bekommen. In Korea führen 350 zugelassene und zahllose nicht zugelassene Ärzte nur diese Operation durch, die acht- bis zwölfhundert Dollar kostet – das ist in Korea sehr viel Geld. Um dieses kleine Vermögen zu beschaffen, werden sogenannte ›kye‹ veranstaltet – Zusammenkünfte, bei denen alle Anwesenden Geld in einen Topf einbezahlen, aus dem dann reihum jede ihre Operationen bezahlt. Diese Eingriffe sind auch, so die erwähnte Koreanerin, beliebte Geburtstagsgeschenke für junge Mädchen. Inzwischen ist die Verbindung zwischen Lidfalte und Attraktivität so eng, daß diese Operationen Teil der Kultur geworden sind – die europäische Lidfalte gilt nicht mehr als etwas, das vom westlichen Schönheitsideal übernommen wurde.

Westafrika erlebte bereits in den sechziger Jahren eine ›Verwestlichung‹ des Schönheitsideals. Damals wurde ein ›europäischer Teint‹ Mode – ich kenne die Mediengeschichte Westafrikas nicht, würde aber einen beträchtlichen Geldbetrag dar-

222

auf verwetten, daß damals in diesem Teil der Erde die Verbrei-
tung des Fernsehens begann. Wie dem auch sei: Seither werden
Hautaufhellungscremes verkauft, die *Clair Dam* (helle Frau),
Dermaclair (helle Haut) oder *Ultraclair* heißen. Alle Mittel
schädigen die Haut (manche mehr, manche weniger), was viele
Afrikanerinnen nicht davon abhält, sie zu benutzen. Mehr noch:
Um die Wirkung zu intensivieren und zu beschleunigen, mi-
schen sie sie vor dem Auftragen mit Fleckentfernern, aggressiven
Desinfektionsmitteln oder Haarbleichmitteln. Aber ein heller
Teint ist so begehrt, daß die Wahrheit des Satzes ›Schwarze Haut
versteckt deine Schönheit‹ offenbar nicht mehr in Frage gestellt
wird, und daß an der Elfenbeinküste Mulattinnen nicht an Miß-
wahlen teilnehmen dürfen.

»Fremdländisch mit europäischer Ausstrahlung« – generell kann
man sagen, daß Angehörige anderer Ethnien, die zu Schönheitschirurgen gehen, die Merkmale ihrer Rasse nicht auslöschen,
sondern mildern wollen: Asiaten wollen größere Augen, Araber-
innen kleinere Nasen, Afrikanerinnen hellere Haut und schmalere Lippen. Schönheitschirurgen in Tokio operieren jährlich
einige tausend japanische Männer, die sich von runderen Augen
Vorteile bei Geschäftsverhandlungen mit Weißen erhoffen.
Ähnliches wird aus Peking berichtet. In London und New York
haben sich einige Ärzte auf die Verkleinerung negroider und
arabischer Nasen spezialisiert. Eine jüdische Freundin erzählte
mir, in den letzten zehn Jahren hätten sich allein in ihrer Familie
fünf oder sechs Leute eine, wie sie es nannte, weniger auffällige
Nase zugelegt.
All diese Veränderungen orientieren sich natürlich am weißen
Schönheitsideal, was keineswegs neu ist: Die gebürtige Mexika-
nerin Margarita Cansino ließ sich insgeheim am Haaransatz die
Haare elektrolytisch entfernen, bis sie eine hohe Stirn hatte
und gar nicht mehr mexikanisch aussah. Dann färbte sie sich
die Haare feuerrot und nannte sich Rita Hayworth.
Womit wir bei den Haaren angekommen wären. Haare sind für

Frauen ein viel heikleres Thema als für Männer: Sie dürfen auf dem Kopf nicht zu wenig haben, am besten ist eine üppige Mähne, die selbstredend nicht wie bei einem Stachelschwein störrisch vom Kopf abstehen, sondern das Gesicht verführerisch-gefällig-glänzend umspielen soll. Die Körperbehaarung hingegen muß gegen Null tendieren, in vielen Gesellschaften sollen Gesicht und Körper einer Frau völlig glatt sein (Schamhaare ausgenommen). Junge Engländerinnen und Nordamerikanerinnen können kaum erwarten, bis sie sich endlich die Haare auf den Beinen mit heißem Wachs ausreißen dürfen, es ist eine Art Initiationsritus auf der Schwelle zum Erwachsenwerden – wer sich ›wachst‹, ist kein Kind mehr. Das ist im Grunde ziemlich widersinnig, denn das Vorbild für den haarlosen Frauenkörper ist der glatte, haarlose Kinderkörper, aus dem diese jungen Frauen gerade herausgewachsen sind.

Körperbehaarung ist für viele Frauen nahezu ebenso schambesetzt wie Eßstörungen oder Tablettenabhängigkeit. Eine Fünfunddreißigjährige, der auf Bauch, Beinen, Gesicht, Brustwarzen und Zehen dunkle Haare sprießen, sagt, sie habe bisher keinem Mann von ihrem Haarwuchs auch nur erzählt, gesehen habe ihn sowieso keiner. Sie könne nur mit einem Mann ins Bett gehen, wenn sie vorher ihre Hausaufgaben gemacht habe: ausreißen, schneiden, zupfen.

Wer darüber den Kopf schüttelt und meint, sie solle zu sich stehen und sich schön finden, verkennt, daß Frauen mit dunkler Körperbehaarung nicht nur als unattraktiv gelten, sondern als *unakzeptabel*. Behaarung ist unweiblich, niemand darf es wissen, niemand darf sie sehen, vor allem im Gesicht nicht. Und für Frauen ist Rasieren viel schwieriger als für Männer – das Gesicht darf keinerlei Schatten oder gar Stoppeln aufweisen, es muß aussehen, als sei da niemals etwas gewesen.

Ich muß jetzt einen kleinen Exkurs über den Mann und seinen Bart loswerden, bevor es mit der enthaarten Frau weitergehen kann: Wenn man dem eitel-selbstgefälligen Klagen der Männer über die traurige Notwendigkeit der täglichen Rasur wirklich Glauben schenken will, ist völlig unverständlich, warum es nicht schon lange spezielle Enthaarungscremes für Männerbärte gibt – das hielte länger vor als Rasieren, wäre gründlicher und auch unblutiger. Die Kosmetikindustrie investiert Unsummen in die unermüdliche Suche nach dem endgültigen Wundermittel gegen Frauenfalten und hat zugleich keine müde Mark, um den Männern die Fron des Rasierens abzunehmen? Das mag man so recht nicht glauben.

Viel wahrscheinlicher finde ich, daß Männer mit Bartschatten, Stoppeln und vielleicht sogar einer kleinen Gesichtsverletzung zeigen können, daß sie morgens, noch bevor sie vor die Haustür treten, bereits durch Arbeit, Anstrengung und Willenskraft die urwüchsige Natur bezwungen und den ersten Kampf des Tages zu ihren Gunsten entschieden haben.

Wenn eine Frau morgens zur Arbeit geht, muß sie aussehen, als habe es nie einen Kampf gegeben, den sie hätte gewinnen können oder gar müssen. Dabei geht es um nichts weniger als um ein wesentliches, ja unabdingbares Indiz von Weiblichkeit. Frauen sind in der Regel weniger stark behaart als Männer, und in einer Überbetonung dieses Unterschieds zwischen den Geschlechtern soll *keine* Frau behaart sein. Eine Frau mit Bart oder Haaren auf der Brust gilt nicht als ›richtige Frau‹. Diese Vorschriften treffen ausschließlich Frauen, Männer müssen keinen üppigen Bartwuchs vorweisen können, um ihre Männlichkeit unter Beweis zu stellen. Ob sie viel oder wenig Bart haben, ist für sie (und ihre Umwelt) höchstens während der Pubertät von Belang, und wenn sie danach bartlos durch die Welt gehen, wird niemand sie verspotten, eine Frau zu sein. Können Sie sich vorstellen, daß ein Mann unter zuwenig Bartwuchs ebenso leiden könnte wie Frauen unter zuviel? Daß er im Schutz des häuslichen Badezimmers oder durch verstohlene Besuche bei der Kosmetikerin (dem Kosmetiker?) versucht, die fehlenden Haare mit einem Stift aufzumalen, einzupflanzen oder aufzutä-

towieren, um sich nicht der Anschuldigung auszusetzen, kein
wirklicher Mann zu sein?

Die Leiterin einer englischen Organisation, die Frauen mit starker Körperbehaarung betreut, beschreibt, wie schwierig es ist,
Behaarung bei Frauen überhaupt als etwas Normales zu begreifen: »Wenn ich durch die Stadt gehe, sehe ich fast nur haarlose
Frauen. Wir sehen Dicke, Dünne, Große und Kleine, aber wir
sehen fast nie eine Frau mit Haaren auf der Oberlippe, was in
Wirklichkeit gar nicht so selten ist.« Auf diese Weise wird das
Normale (Frauen können im Gesicht Haare haben) zum Anor-
malen, und das Anormale (keine Frau hat Haare im Gesicht)
zum Normalen. Genau darin besteht der Grundgedanke jeder
Zensur: Man muß erst einmal auf den Gedanken kommen, daß
etwas, das man nie zu sehen bekommt, überhaupt existiert.

Das Unliebsame wird als ›gegen die Natur‹ bezeichnet, als verrückt dargestellt oder auch ›nur‹ lächerlich gemacht. Wir finden das vielleicht nicht gerade abstoßend, aber doch störend,
und ich selbst halte es für nahezu ausgeschlossen, daß wir
etwas, das derart tabuisiert ist, tatsächlich *schön* finden können.
Im Extrem werden Frauen mit Haaren im Gesicht wie eine
Anormalität angestarrt, beleidigt, von Wildfremden mit ›Hey,
Schnurrbart‹ und ›Ich dachte, du bist'n Typ‹ begrüßt. Eine
Frau, die ihren Bart nicht entfernt, die das an sich akzeptiert,
die beschließt, diesen ›Makel‹ nicht mehr auszumerzen und zu
vertuschen, die sich nicht der herrschenden Norm anpassen
will, hat darüber vermutlich lange nachgedacht und eine be-
wußte Entscheidung gegen gesellschaftliche Normen getroffen.
Sie weiß, was sie sich einhandelt. Und dazu bedarf es sehr viel
Mut.

Die meisten dulden dergleichen an sich nicht und sehen es an
anderen mit Unwillen, als etwas Häßliches und Abweichendes,
das bekämpft und beseitigt werden muß: »Sie könnte so hübsch
sein, wenn sie sich diese schrecklichen Haare auszupfen würde
(oder auch: »Wenn sie abnähme, sich schminken würde, sich
anders anzöge.«) Wie bei Koreanerinnen die europäische Lid-

226

falte zunehmend als ›natürlich‹ gilt, finden wir ein haarloses Frauengesicht natürlich – obwohl es das ganz und gar nicht ist.

Doch da die Genforschung unaufhaltsam voranschreitet, wie Sie wissen, mag der Tag nicht fern sein, an dem Banalitäten wie überflüssige Härchen gleich bei der Produktion (man mag das ja nicht mehr Zeugung nennen) ausgemerzt werden. Wird dergleichen zum Körper des nächsten Jahrtausends gehören? Und wird das große Geschäft mit der Schönheit in sich zusammenbrechen, werden Diätindustrie, Fitneß-Studios, Schönheitschirurgen, Kosmetikfirmen, Frauenzeitschriften und die Hersteller für Pinzetten zum Augenbrauenzupfen arbeitslos, weil alles, was einen schönen Menschen ausmacht, bereits in die Gene einprogrammiert wird? Es ist ein interessantes Spiel, darüber nachzudenken, was in einer Welt als schön gelten könnte, in der alle (nach unseren heutigen Maßstäben) makellos schön geboren werden und niemals altern. Wenn Aussehen und Persönlichkeit, ja das gesamte genetische Erbe wirklich nicht mehr unabänderlich, nicht mehr Schicksal sind. Schon heute passen ja unsere Körper eigentlich nicht mehr so recht zum letzten Stand der Technik, denn der menschliche Körper gehört offenbar zu den wenigen Gegenständen in unserer Welt, die immer noch ständig in »Echtzeit« leben: Videorecorder, Film, Anrufbeantworter, Computer, Tiefkühlkost, Mikrowelle und Schallplatten haben alle gemeinsam, daß sie uns von natürlichen Zyklen entfernen und Zeit zu etwas machen, was wir manipulieren können. Warum also sollte Zeit beim Körper eine Rolle spielen?
Und wenn wir schon gerade bei den Genen sind: Warum sollen eigentlich nicht *alle* wie Barbie oder Claudia Schiffer aussehen, nachdem sich diese Kombination von Einzelteilen als so sensationell erfolgreich erwiesen hat? Wenn beliebig viele Claudia Schiffers produziert werden könnten, würde die »echte« sich dann diese Gesichts-Namens-Kombination urheberrechtlich schützen lassen? Bizarre Gedanken. Das ist der Stoff, aus dem

früher Science-fiction-Romane gemacht wurden. Erschreckend daran ist lediglich, daß sie so kurz vor dem Jahrtausendwechsel nicht mehr ganz so bizarr, ganz so utopisch, ganz so absurd wirken wie noch vor zehn oder zwanzig Jahren.

Kehren wir in unsere Welt zurück. Eine Therapeutin für Eßstörungen stellt ihren Patientinnen folgende Frage: »Stellen Sie sich vor, Sie könnten sich in allen Details verdoppeln. Sie gehen zu einer Party und begegnen dort Ihrem perfekten Double – würden Sie sich mit ihr unterhalten wollen?« Erfolgreiche Menschen sagen: Liebend gern! Sie finden sich faszinierend. Menschen mit geringem Selbstwertgefühl sagen: Ich wäre der letzte Mensch, mit dem ich reden möchte. Cindy Jackson sagt, seit sie aussehe wie Barbie, seien die Menschen viel netter zu ihr, früher, als sie noch ›normal‹ aussah, sei sie ständig überfordert worden.

Welches Vorbild würden wir uns für uns selbst wählen, wenn wir aus einem unbegrenzten Katalog aussuchen könnten? Wäre es wirklich das, was angeblich auf der ganzen Welt als feminin gilt: lange Beine, schlanke Figur, großer Busen, Stupsnase, volle Lippen und große Augen? Wilde Lockenmähne und kein Härchen auf der straffen Wade?

Gabo, eine sehr gesuchte Fotografin, arbeitet Tag für Tag mit Frauen, die genau so aussehen, die als ›die schönsten Frauen der Welt‹ gelten. Und doch sagt sie, sie fotografiere lieber Männer als Frauen. Sie selbst sei eine Frau und kenne daher die Tricks für Mode und Werbung, die Maske aus Schminke, Verkleidung, Verstellung. »Aber wenn ich Frauen fotografieren dürfte, so wie ich sie sehe: auch wild, auch frech, auch stark, auch müde, eben ehrlich und deshalb schön, dann würde ich die Männer nicht mehr vorziehen.«

Auch wild, auch frech, auch stark, auch müde, eben ehrlich und deshalb schön – das ist nicht besonders ›feminin‹. Das klingt nicht nach Barbie, es klingt mehr nach Pippi Langstrumpf, für die kleine Mädchen schwärmen, bis sie große Mädchen werden und lernen müssen, daß sie sich Pippi nicht zum Vorbild nehmen dürfen, weil sie ein Rabauke ist.

Aber wäre es nicht wunderbar, wenn wir – mit oder ohne Lidstrich, mit oder ohne Cellulite – etwas mehr von ihr hätten? Pippi Langstrumpf würde in jeder Situation schnurstracks auf ihr Double losgehen und mit ihr zusammen lauter verrückte, verbotene, schräge Sachen machen. Vergessen wir das blutleere und lahme Gerede, daß Frauen keine Probleme mehr hätten, wenn sie nur endlich lernen würden, sich zu mögen, wie sie sind. Träumen wir uns von brav zu aufmüpfig, von nett zu strahlend und platzgreifend: Wäre es nicht unaussprechlich wunderbar, wenn wir vor *Freude an und über uns selbst* ebenso strotzen, ja überschäumen würden wie diese unbezähmbare Göre? Und das Loch im Strumpf nicht die geringste Bedeutung hätte?

Oscar Wilde erwähnt in einem seiner Romane eine faszinierende Amerikanerin. Das besondere an ihr sei, schreibt er, daß sie auftrete, als sei sie schön: »Das tun die meisten Amerikanerinnen. Es ist das Geheimnis ihrer Anziehungskraft.«

Danksagung

Jedes Buch entsteht im Zusammenwirken vieler Menschen, selbst wenn zum Schluß nur ein Name auf dem Umschlag steht – in diesem Fall der Meine. Um so wichtiger ist es mir, jene zu erwähnen, die mir geholfen haben.

Als erstes möchte ich allen Freundinnen und Freunden danken, die mir Ratschläge und Hinweise gegeben, mich ermuntert und mir zugehört haben, selbst wenn ich gelegentlich konfus daherredete. Dieser Dank gilt in besonderem Maße Bärbel Buchwald, mit der ich seit Jahren über die Themen Körper und Schönheitsideal diskutiere, und die mit scharfem Verstand in so manche dieser Konfusionen Schneisen geschlagen und Ordnung geschaffen hat. Ulrike Billinger hat mir immer wieder wichtiges Material beschafft. Für Rat, Kritik, moralische Unterstützung und nicht zuletzt die Zeit, die sie mir geschenkt haben, danke ich diesen beiden, sowie Karen Nölle-Fischer, Dorothea Thomaßen und Annette Winkler, die Teile des Manuskripts gelesen und kommentiert haben.

Meine Lektorin Micheline Rampe hat mir mit dem Lockruf »Wie wäre es, wenn wir ein Buch zusammen machten?« diese Suppe eingebrockt und sie dann tapfer mit mir ausgelöffelt. Ich danke ihr für beides.

Das Buch wäre nicht denkbar ohne die zahllosen Kolleginnen und Kollegen in den Frauenzeitschriftredaktionen. Mein Verhältnis zu ihnen ist ausgesprochen zwiespältig, denn so ausgiebig ich mich über sie und ihre Artikel ärgern kann, so viel habe ich von ihnen gelernt und so sehr hat meine Arbeit von der ihren profitiert – das möchte ich klar und unmißverständlich

230

sagen, da es in dem Buch wohl nicht so deutlich wird wie meine Skepsis, meine Distanz und mein gelegentlicher Zorn.

Wir ziehen an einem Strang, wenn auch häufig an verschiedenen Enden. Ich spielte daher eine Zeitlang mit dem Gedanken, das Buch ihnen zu widmen. Nun, da es fertig ist, habe ich es mir anders überlegt, und das ist, wie ich hoffe, auch in ihrem Sinne: Ich widme dieses Buch den Frauen, für die wir schreiben.

Frankfurt, im Winter 1994

Anmerkungen

Bei den Quellenangaben war ich in einer Zwickmühle: Ich kenne den Ärger, in einem fremden Text meine eigenen Gedanken – mitunter gar wortwörtlich – ohne Quellenangabe zitiert wiederzufinden. Dergleichen unterschlägt immer die Arbeit von Kollegen und Kolleginnen, jede ungenannte Quelle wird zu einer eigenen Feder, mit der man prunkt. Andererseits ist dies kein wissenschaftlicher Text, und ich konnte (und wollte) ihn nicht zu einem Hindernislauf mit buchstäblich Hunderten von Fußnoten machen, deren Informationswert letztendlich gering wäre.

Ich habe eine Notlösung gefunden, für die ich meine Kolleginnen und Kollegen von den Zeitschriften-, Radio- und Fernsehredaktionen um Verständnis bitte: Ich kennzeichne im Text häufig auch Zeitungszitate usw. als solche, nenne jedoch, mit ganz wenigen Ausnahmen, die Quelle nur, wenn es sich um ein Buch handelt.

Einleitung – Hineinschnuppern

12 **Weiblichkeit ist kein Kostüm**: Abigail Solomon-Godeau, Die Beine der Gräfin, In: *Weiblichkeit als Maskerade*, Hg. Liliane Weissberg, Frankfurt am Main 1994, S. 90–145.

13 **Gutes Essen entstellt die Linie**: Simone de Beauvoir, *Das andere Geschlecht*. Reinbek bei Hamburg 1968, S. 516. (1949 in Frankreich erschienen, deutsche Erstausgabe 1951.)

14 **Die Verwandlung vom Biest zur Schönen**: Rita Freedman, *Die Opfer der Venus – vom Zwang, schön zu sein*. Zürich 1989. Ein sehr gutes Buch.

14 **Makeup ist zu etwas geworden**: Elizabeth Wilson, *Adorned in Dreams*, London 1985, S. 114. Ein kluges, kurzweiliges Buch über Mode, das 1989 unter dem Titel *In Träume gehüllt* im Kabel-Verlag erschienen ist.

14 **Eine Berliner Agentur bietet ostdeutschen Frauen**: Ein Bericht darüber erschien in einer englischen Sonntagszeitung.

15 **Die kosmischen Ungerechtigkeiten**: Janet Radcliffe Richards, *The Sceptical Feminist*. Pelican Books Harmondsworth, England 1982.

16 **Es wäre bestenfalls als Kabarett-Nummer**: Die amerikanische Schriftstellerin Naomi Wolf berichtet in ihrem Buch *Mythos Schönheit* sogar, wie Männer vor drohender ›Normierung‹ geschützt werden: Als der *Playboy* die Sexualforscher Masters und Johnson nach der durchschnittlichen Penisgröße befragten, verweigerten diese die Antwort. Sie fürchteten negative psychische Auswirkungen auf *Playboy*-Leser sowie die Gefahr, daraufhin könnte jeder (jede?) mit einem Maßband durch die Gegend laufen. Naomi Wolf, *Der Mythos Schönheit*, Reinbek b. Hamburg 1991. Übers. v. C. Holfelder-von der Tann, S. Hübner und U. Locke-Groß. S. 196.

16 **Zahlreiche Studien belegen**: Zitiert in Gloria Steinem, *Was heißt schon emanzipiert*. Hamburg 1993. Übers. v. A. Charpentier. S. 236.

18 **Wir können unserem Körper**: Diesen Hinweis verdanke ich, wie viele andere kluge Gedanken, Elisabeth Wandeler-Deck.

19 **Wenn sie ›mein Körper‹ sagen**: Anne Hollander meint, die farbenfrohe Krawatte sei zeitgleich mit dem heute üblichen Herrenanzug entstanden, um dem gedeckten Gesamteindruck die »notwendige phallische Note« zu verleihen. Siehe: Anne Hollander, *Sex and Suits*, New York 1994, S. 55.

19 **Von Männern eher das Gesicht**: Judith Rodin, *Body Traps*, New York 1992, S. 95. (Dtsch. **Die Schönheitsfalle**. Übers. v. M. Zybak. München 1994).

22 **In immer neuen Variationen des ewig Gleichen**: Angesichts der zahllosen, im Grunde jedoch ewig gleichen Artikel über Schminken, Kleidung und ›typgerechtes Styling‹ ist es erstaunlich, daß kaum eine Frau sagt, sie beziehe ihre Vorstellungen davon, was sie an sich und anderen schön findet, aus Frauenzeitschriften.

25 **Eine Frau profitiert von dem Gefühl**: Naomi Wolf 1991 (siehe Anm. S. 16). S. 406.

26 **Ich bin sicher**: Die Aufzählung ist ungeordnet, damit nicht der Eindruck entsteht, ich wolle die Gründe nach Bedeutung, Akzeptabilität, Legitimität, usw. werten.

26 **Männer sehen Frauen an**: John Berger, *Sehen. Das Bild der Welt in der Bilderwelt.* Reinbek bei Hamburg, 1974. S. 44.

28 **Eine Frau muß sich ständig selbst beobachten**: John Berger, o. a. O., S. 43.

1. Kapitel – **Malen**

34 **Eine bestimmte Art von Natürlichkeit**: Alles, was am Körper *wirklich* natürlich ist – Urin, Fäkalien, Menstruation, Fäulnisprozesse, Tod, usw. – ist nach wie vor auf das strengste tabuisiert.

35 **Die Frauen sollen nicht wirklich ihren Körper zeigen**: Tilmann Habermas, *Heißhunger. Historische Bedingungen der Bulimia nervosa.* Frankfurt am Main 1990. Ein ausgezeichnetes Buch über Bulimie.

40 **Die Gesichter mit den meisten Seelen**: Brian d'Amato, *Beauty.* London 1993.

41 **Nur wer weder zu schön noch zu häßlich**: Eine Frau darf in nichts ›zu sehr‹ sein: zu schön, zu lieb, zu intelligent – ein Übermaß an etwas signalisiert potentielle Macht, die ihr selten verziehen wird.

45 **Wie ein Seidenstrumpf erotisch**: Strümpfe gelten mindestens seit dem 18. Jahrhundert als hocherotisches Bekleidungsstück, bis heute sind (bevorzugt schwarze) Strümpfe und deren lasziv-demonstratives Abstreifen für jede Pornozeitschrift und jeden Sexfilm unverzichtbar. Näheres in Abigail Solomon-Godeau 1994 (s. Anm. S. 12), S. 90–145.

46 **Bei aller Zielstrebigkeit**: Das richtige ›Geschlechterverhal-

ten‹ besteht aus vielen winzig kleinen Dingen: So setzen sich Männer ohne Umschweife auf einen Stuhl, Sessel, usw., während Frauen zuvor einen raschen Blick auf die Sitzfläche werfen. Diese Beobachtung stammt aus einem Handbuch für Transvestiten.

46 **Wenn die Schuhe drücken**: Heike Ließmann, Korsett. Rundfunk-Feature. Erstausstrahlung in HR 2, 25.3.1993, 19.30 bis 20.00 Uhr.

47 **Früher betonten Korsett und Wespentaille**: Christine Woesler-de Panafieu, Außen- und Innenaspekte weiblicher Körper. In: Michael Klein (Hg.), *Sport und Geschlecht*. Reinbek 1983.

47 **In solchen Kleidern konnte man sich**: Dies ist nur ein Aspekt der Geschichte, der andere wird gern unterschlagen: Frauen haben jahrhundertelang in Schnürmiedern und langen Röcken jede Art von körperlicher Arbeit geleistet, auch schwere Feldarbeit. Und es gibt Fotografien von Frauen, die in langen Röcken bergsteigen, Tennis spielen und Schlittschuh laufen. Siehe: Anne Hollander 1994, (siehe Anm. S. 19), S. 140.

48 **Ein Kleidungsstück wie Jeans**: Umberto Eco, Das Lendendenken, in: Eco, *Über Gott und die Welt*, übers. v. B. Kroeber, München 1985, S. 220–224.

48 **Das Denken verabscheut**: Umberto Eco, ebd.

54 **Ich will nicht niedlich aussehen**: Zitat aus: Rodin (1992), (siehe Anm. S. 19).

55 **Der Durchbruch zum neuen deutschen Stern**: Nun, so liest man, erscheine sie zu Fototerminen mit einer Plastiktüte voller Haarteile, da ihr vom starken Bleichen die Haare ausgehen.

57 **Natürliche, lange Haltbarkeit**: Fünfmal ›natürlich‹ in vier Sätzen könnte durchaus der sprachverhunzende Rekord des Jahres sein. Diese Werbung bekommt jedenfalls meine ganz persönliche Goldene Zitrone für die sprachlich unerträglichste Werbung des Jahres 1994. Im Vergleich ist die (auch ziemlich

alberne) Werbung einer Konkurrenzfirma »Haarfarben, so lebendig wie die Natur« ein schriftstellerisches Meisterstückchen!

57 **Sie sind jedenfalls viel pflegeleichter:** Nun muß man ehrlich einräumen, daß ein Mann, der sich mit Chemie und Farbe verschönern will, noch verstohlener ans Werk gehen muß als eine Frau. Immer mehr Männer, so heißt es, lassen sich die angegrauten Haare tönen oder färben, so mancher versucht sich angeblich schon allein im heimischen Badezimmer. Diesen Kundenkreis will sich die Industrie nicht entgehen lassen, dennoch kommen Männer als Adressaten in der Werbung für Haarfärbemittel ebenso häufig vor wie in der Tampon-Werbung: Nie. Dabei gibt es in den USA bereits spezielle Färbeprodukte für den Mann, der Unterschied zu ›Frauenfarben‹ besteht Berichten zufolge allerdings im wesentlichen in der Größe der beigelegten Plastikhandschuhe.

2. Kapitel – **Hungern**

62 **Noch vor hundert Jahren:** Um 1900 hatte ein Mensch in Deutschland eine durchschnittliche Lebenserwartung von 35 Jahren, heute beträgt sie für Männer 72, für Frauen 80.

62 **In Nigeria gibt es noch heute einen Stamm:** Es handelt sich um den Stamm der Waririke.

63 **Weil Dicksein schwieriger zu erreichen ist:** Eine neuere Untersuchung unter jungen Amerikanerinnen kam zu dem überraschenden Ergebnis, daß 70 Prozent der schwarzen Teenager mit ihrem Gewicht zufrieden sind, während 90 Prozent der weißen Teenager es *nicht* sind. Schwarze Frauen geraten erst dann in die Schraube der ›Tyrannei Abnehmen‹, wenn sie die weiße Karriereleiter aufzusteigen beginnen.

68 **Eine amerikanische Studie kam zu dem Ergebnis:** Judith Rodin (siehe Anm. S. 19), New York, S. 85. Männer ließen

sich durch das Aussehen der betreffenden Frau nicht darin beeinflussen, wieviel sie aßen.

76 **Die neuesten Vorbilder**: Das Berliner Kammergericht hat
der Firma, für die Günter Strack wirbt, den Slogan ›Abspecken
mit Genuß‹ untersagt, da er angesichts der angebotenen Produkte unangebracht sei.

81 **Eine amerikanische Autorin frotzelt**: Nora Scott Kinzer,
*Put down and ripped off. The American Woman and the Beauty
Cult.* New York 1977. S. 10.

81 **Kapseln mit Bandwurmeiern**: Arline und John Liggett, *Die
Tyrannei der Schönheit.* München 1990.

83 **Eßstörungen sind sogenannte ›Kulturkrankheiten‹**: Tilmann Habermas, *Zur Geschichte der Magersucht. Eine medizin-
psychologische Rekonstruktion.* Frankfurt 1994. Zwei weitere Bücher, die Eßstörungen auch unter dem Aspekt der Kulturkrankheiten analysieren, sind: Tilmann Habermas, *Heißhunger.
Historische Bedingungen der Bulimia nervosa*, Frankfurt am Main
1990; sowie Susan Bordo, *Unbearable Weight. Feminism,
Western Culture, and the Body.* University of California Press
1993.

83 **Sie sind bemüht, sich als stark**: Tilmann Habermas 1994,
(siehe Anm. S. 83), S. 182.

84 **Das Verhältnis von Frauen zu Männern**: Eine neuere Studie der Universität Göttingen unter Leitung des Ernährungswis-
senschaftlers Volker Pudel will herausgefunden haben, daß in
Deutschland fast ebenso viele Männer wie Frauen bulimisch
sind (2 % im Gegensatz zu 3 %).

85 **Es gilt als erwiesen**: Judith Rodin (siehe Anm. S. 19).

85 **Susan Bordo, die sich eingehend**: Susan Bordo 1993, (siehe
Anm. S. 83).

96 **Was die Monroe so ungeheuer sexy machte**: Ulrike Billinger schlug mir vor, diesen Satz in ›all das, womit die Monroe so
ungeheuer sexy gemacht wurde‹ zu ändern. Ich finde, wir haben
beide recht.

96 **Nur wenigen ist es vergönnt**: Außerdem stachelte sie Män-
nerphantasien an, weil sie wie kaum eine andere der wandelnde
Beweis für die Behauptung zu sein schien, daß Frauen das
›schwache Geschlecht‹ sind.

96 **Wie ist das Weib**: Nicolaus Sombart, Die »schöne Frau«.
Ein Beitrag zur Sexualpsychologie der Erkenntnis. In Kampfer/
Wulf (Hg.), *Der Schein des Schönen*, Göttingen 1989.

98 **Das Ideal des schlanken Körpers**: Eine Erklärung für den
Schlankheitswahn, der damals in der ganzen westlichen Welt
um sich griff, lautet sogar, daß Fotografie nicht Höhe, sondern
Breite betone. Um nicht pummelig auszusehen, mußten Filmstars also lang und dünn sein, dies habe das Schönheitsideal der
langen, dünnen Körper und langen Beinen begründet. Dies ist
eine pfiffige Erklärung, die allerdings eine grundlegende Frage
nicht beantwortet: Warum darf ein Filmstar nicht klein und
dick aussehen? Siehe Anne Hollander, *Seeing through Clothes*,
New York 1975.

98 **Sie haßte ihren Körper**: Dieses Zitat stammt aus Radclyffe
Hall, *The Well of Loneliness* (1928). Zitiert in Marjorie Garber,
Verhüllte Interessen, Frankfurt am Main 1993, S. 196.

99 **Statt als prall-gepolstertes Kissen**: Elizabeth Wilson, *Adorned in Dreams*, London 1985, S. 106. (Deutsch: *In Träume gehüllt*, übersetzt von R. Zeschitz, Hamburg 1989).

99 **Nun mußte der ideale Frauenpo**: Wenn man es anatomisch
und ›logisch‹ betrachtet, wäre eine umgekehrte geschlechtliche
Kleidungsordnung – Rock für den Mann, Hose für die Frau –
naheliegender. Alle paar Jahre versuchen Modeschöpfer, den
Rock für den Mann zu lancieren, aber bisher konnten sich
Frauen vorbehaltene Kleidungsstücke in der Männermode

nicht durchsetzen. Das könnte sich ändern: In England, so liest man, sei unter Schwulen das Tragen von Kilts in Mode gekommen. Da in den letzten Jahrzehnten noch jede Schwulenmode über kurz oder lang zur allgemeinen Männermode wurde, stehen die Chancen für den Männerrock gar nicht schlecht.

99 **Durchschnittlich sechzehn Jeans anprobieren**: *Chic Simple: der Stil der 90er Jahre. Outfit.* München 1993. S. 51. Zitiert wird der Hersteller von Lee-Jeans.

99 **Das Ideal des straffen und glatten Körpers**: Diesen wichtigen Gedanken verdanke ich der amerikanischen Philosophin Susan Bordo. Siehe: Susan Bordo 1993, (siehe Anm. S. 83).

100 **Knackig, straff, schmal**: *petra* 4/94, Ankündigung des Mai-Hefts 1994. Diese Worte sind auf den Körper einer liegenden Nackten gedruckt. Bild und Beschriftung sollen auf den Heftschwerpunkt *Bodyforming* hinweisen.

100 **Dann erfand das Modemagazin Vogue**: Im gleichen Jahr wurden übrigens in der BRD erstmals mehr Hosen als Röcke verkauft.

Es ist nicht ganz zutreffend, daß *Vogue* das Wort Cellulite erfunden hat. Es taucht schon 1955 in einem deutschen Buch auf, und zwar richtig als *Cellulitis*, die wie folgt beschrieben wird: »Cellulitis ist eine Krankheit unseres Jahrhunderts, eine Folge des nervösen, ermüdenden Lebens unserer Zivilisation. Sie entsteht durch eine Art ›Schlackenansammlung‹ unter der Haut, deren Oberfläche der eines Blumenkohls oder einer Apfelsine ähnlich wird. Die Haut fühlt sich hart und körnig an. Jede Berührung ist schmerzhaft.« (Lilo Aureden, *Schön sein, schön bleiben.* Gütersloh 1955, S. 312.) Das medizinische Wörterbuch *Pschyrembel* (Ausgabe 1977) definiert Zellulitis als ›Neigung zu elephantastischer Verdickung‹. Es ist offensichtlich, daß das, was wir heute unter Cellulite verstehen, damit nicht identisch ist.

101 **Gynoid**: Dieses Wort konnte ich in keinem meiner zahlreichen Wörterbücher und Lexika finden, auch im medizinischen Wörterbuch *Pschyrembel* nicht.

104 **Wie ihre muskulösen Oberarme verraten**: Der Film
What's love got to do with it ist ein Lehrstückchen in Sachen
Körpermode am Beispiel der Hauptdarstellerin Angela Bassett.
Der Film behandelt die Lebensgeschichte der Sängerin Tina
Turner seit ihren Anfängen als Sängerin in den sechziger Jah-
ren. Bassett hat einen trainierten Körper mit sehr muskulösen
Oberarmen: Solche Arme hatte die junge Turner natürlich
nicht, weil damals nur ein paar abgedrehte Bodybuilder mit Ge-
wichten arbeiteten. Das Beispiel verdeutlicht, daß in einem hi-
storischen Filmstoff alles – Kleider, Frisuren, Autos, Uhren,
usw. – bis aufs I-Tüpfelchen stimmen kann, und es offenbar
unmöglich ist, die historisch richtigen *Körper* zu finden.
Denkbar wäre auch, daß die Schönheitsideale nach knapp drei
Jahrzehnten so stark auseinanderklaffen, daß ein ›korrekter‹
Körper das ästhetische Vorstellungsvermögen des Kinopubli-
kums überstrapazieren würde. Für diesen Hinweis danke ich
Karen Nölle-Fischer.

105 **Frauenkörper werden als kämpferische Sportkörper**: Der
Trend ist allenthalben zu beobachten, auch wenn bislang nur
die Sportzubehörindustrie (Nike, usw.) in ihrer Werbung
Sportlerinnen konsequent als *Kämpfende* darstellt, die nicht nur
rumtrippeln und lächeln, sondern ganz offensichtlich gewinnen
wollen.

105 **Heißt das, daß es beim Erwerb**: Susan Bordo, Material
Girl, in: Cathy Schichtenberg (Ed.), *The Madonna Connection.
Representational Politics, Subcultural Identities, and Cultural
Theory*. Boulder, Colorado 1993, S. 267.
John Travolta sagt, für ihn sei ein Körper fast wie ein Klumpen
Ton, der modelliert werde, und auf englisch heißt diese Körper-
Arbeit tatsächlich ›body sculpting‹, also etwa: Bildhauerarbeit
am Körper. Leute wie Travolta modellieren allerdings ihren
sehr muskulösen Körper möglicherweise nicht nur durch Trai-
ning. Da geht, wie ich höre, nichts mehr ohne Anabolika, in
den USA bezeichnenderweise ›beauty drug‹ genannt.

106 **Jil Sander-Mäntel und Armani-Kostüme**: Er ist auch

nichts für Mädchen und sehr junge Frauen, sondern eher etwas für Mittel- und Oberschichtfrauen ab dreißig. Ein Kolumnist spottete mit beträchtlicher Häme, die Feministinnen der ersten Stunde, die ehemaligen '68erinnen, hätten nie aufgehört zu kämpfen – früher gegen ungerechte soziale Verhältnisse im allgemeinen und die Unterdrückung der Frau im besonderen, heute gegen Cellulite und das späte Glück, mit knapp 50 das erste Kind zu bekommen. Was das angeht, können sie aufatmen, denn es gibt keinen Grund zur Eile: Unlängst brachte in Italien eine 63jährige ein Kind zur Welt, nachdem ihr ein künstlich befruchtetes Ei eingepflanzt worden war.

108 **Ziehe ich lieber allein durch**: Das vermute ich hinter der Plakataktion ›Sport im Verein macht mehr Spaß‹, mit der die deutschen Sportvereine um Mitglieder werben.

112 **Hierzulande mußt du so schnell rennen**: Lewis Carroll, *Alice hinter den Spiegeln* – Alice im Gespräch mit der roten Königin.

113 **In diesen Monaten**: Lotte Rose, Körperästhetik im Wandel. Versportung und Entmütterlichung des Körpers in den Weiblichkeitsidealen der Risikogesellschaft. In Irene Dölling und Beate Krais (Hg.), *Geschlechterverhältnisse*. Erscheint 1995 im Suhrkamp Verlag Frankfurt am Main.

113 **Wieder so straff und schön**: Zitat aus der *Elternschule 1989*, in: ebd.

116 **Selbstverständlich und stolz präsentieren**: Eine Freundin erzählte, sie habe in einem Berliner Freibad mitangehört, wie ein dickbäuchiger Mann eine Hochschwangere im Badeanzug angeherrscht habe, sie solle sich schämen, so herumzulaufen.

116 **Es gibt kein Modediktat**: Es scheint mir allerdings einem Modediktat gleichzukommen, daß beim Aussehen und der Kleidung alles spontan, leger und mühelos *wirken* muß. Mehr dazu im Kapitel *Malen*.

121 **Kleider, sagte im letzten Jahrhundert**: Jean Paul (1763 bis 1825).

122 **Als Schönsein noch nicht zu den Pflichten**: Barbara Sichtermann, Über die Schönheit, die Demokratie und den Tod. In: Barbara Sichtermann, *Weiblichkeit. Zur Politik des Privaten.* Berlin 1983.

123 **Sie schämt sich ihrer Nacktheit**: Es muß hier nicht geklärt werden, ob Frauen sich früher wirklich so geschämt haben, sobald es ans Ausziehen ging, oder ob das nur ein Mythos ist.

125 **Ein ganz wunderbarer Eingriff**: Das Wunder ereignet sich dadurch, daß der Arzt mit einer Kanüle unter die Haut fährt und mit purer Muskelkraft Fettzellen zertrümmert.

126 **Die Folge eines neuen Makeups**: Inzwischen arbeiten Forscher daran, das Rätsel der Wundheilung zu entschlüsseln, um Narbenbildung zu vermeiden. Diese Arbeiten treffen bei Schönheitschirurgen selbstredend auf größtes Interesse, weil damit auch die letzten verräterischen Spuren ihrer Arbeit getilgt werden könnten.

126 **Die amerikanische Schauspielerin Roseanne Arnold**: Obwohl es banal sein mag, sollte doch hin und wieder daran erinnert werden: Die Fortbildung der Schönheitschirurgen geschah und geschieht durch eifriges Üben am lebenden Objekt. In einem Hochglanzmagazin rät ein deutscher Schönheitschirurg, man solle sich keinem Arzt in die Hände geben, der den gewünschten Eingriff nicht mindestens eintausendmal gemacht habe. Da fragt man sich doch: An wem? Die normale Laborratte ist als Versuchstier nur bedingt geeignet, wenn es darum geht, ein Ersatzmaterial für das in Verruf geratene Silikon zu finden, das ungefährlich ist und zugleich Auge und Hand befriedigt, von Techniken des Fettabsaugens am Oberschenkel ganz zu schweigen. Neue Techniken in der Chirurgie *müssen* am Menschen ausprobiert werden, das gilt für lebensrettende ebenso wie für sogenannte ästhetische Eingriffe.

Neue Ärzte müssen bewährte Eingriffe ebenso erlernen wie bewährte Ärzte neue Eingriffe – an wem? Es *muß* an Menschen experimentiert werden, doch während die allgemeine Chirurgie an Krankenhäusern ausgeübt wird und schon dadurch einer gewissen Kontrolle unterliegt, kann jeder niedergelassene Arzt jeden Eingriff – auch und vor allem schönheitschirurgische Eingriffe – ausführen, den er (oder sie) sich zutraut, und zwar ohne Aufsicht und auch, man mag es kaum glauben, ohne spezielle Ausbildung!

Übungsmaterial gibt es offenbar genug, denn das Geschäft mit der Schönheitschirurgie boomt. Aber wissen die betreffenden Patientinnen, daß gerade sie ihre Haut als Versuchskaninchen auf den Markt tragen? Und zwar auf einen Markt, auf dem sie für dieses Rikiso nicht bezahlt werden, sondern deftig zahlen müssen?

126 **Die Teufelin**: Dies ist nicht der Ort für weitschweifige Inhaltsangaben, aber Fay Weldons Roman und die Verfilmung unterscheiden sich in einem Punkt, der für das Thema Schönheitsoperationen relevant ist: Im Film verwandelt sich die dicke Ehefrau, die anfangs unattraktiv, tumb und träge ist, in eine dicke, überaus selbstsichere Frau, die sich mit brillanter Hinterhältigkeit an ihrem untreuen Mann und dessen Geliebter rächt. Im Buch hingegen verwandelt sie sich dank zahlloser Schönheitsoperationen zum Ebenbild ihrer Nebenbuhlerin und vernichtet sich selbst damit quasi. Ich danke Annette Winkler für diesen Hinweis.

128 **Nicht nur schlechte Zähne**: Dergleichen belegt die Unhaltbarkeit und Verlogenheit der Behauptung, wir lebten in einer klassenlosen Gesellschaft: Wir zeigen (bewußt oder unbewußt) unsere Klassenzugehörigkeit nicht nur durch Offensichtliches wie Haus, Auto und Armbanduhr, sondern viel dezenter und unendlich fein abgestuft durch Manieren und Gesten, durch Stoff und Schnitt der Kleidung, den Zustand der Schuhe und der Zähne – und natürlich durch den gesundheitlichen und ästhetischen Zustand des Körpers.

129 **Die schönstmögliche Ausgestaltung**: Die amerikanische Zahnarztvereinigung fordert in ganzseitigen Anzeigen Leser und Leserinnen auf, ein Porträt von sich (lächelnd, mit Zähnen) einzuschicken. In dieses Foto wird per Computer ein schöneres Gebiß hineinmontiert, so daß man die Verbesserungen gleich plastisch vor Augen hat. Als Alternative kann man sich hübsche Beißerchen aus dem Katalog aussuchen (offenbar wie den neuen Haarschnitt beim Friseur).

129 **Im Japan des elften Jahrhunderts**: Elizabeth Wilson, *Adorned in Dreams* (siehe Anm. S. 14), S. 96.

131 **Der Patient glaubt offenbar**: Nora Scott Kinzer 1977, (siehe Anm. S. 81), S. 117.

133 **Diese Begründung ödet Chirurgen derart an**: Und es *ist* häufig die Wahrheit: Wenn sich eine betrogene oder verlassene Frau einen neuen, schöneren, jüngeren Busen wünscht, reagiert sie damit auf die zutiefst kränkende Idee, daß die andere, die ihr vorgezogen wurde, mehr Frau ist als sie. Susan Powter, die schrille amerikanische ›Fitneß-Queen der 90er‹, wog 120 Kilo, als sie vor vielen Jahren das erste Mal ein Fitneß-Studio betrat. Sie hatte damals nur ein Ziel: Sie wollte besser aussehen als die Freundin ihres damaligen Ehemannes – wer könnte das nicht verstehen!

133 **Eine Journalistin, die über Schönheitschirurgie**: Übrigens: Obwohl sie in Talkshows und Zeitschriften so verantwortungsvoll tun, hätten alle sie operiert.

135 **Eine mit ihrem Äußeren stets unzufriedene Frau**: Dr. med. Goswin von Mallinckrodt, *Moderne Schönheitschirurgie*. München 1988, S. 28.

135 **Solange das Frauchen nur hübsch ist**: Ein ähnliches Denken steht hinter der Werbung für eine Fersehserie, die ›schöne Frauen und smarte Männer‹ verspricht. Das alles erinnert mich stark daran, was in Legenden, Romanen und Filmen geschieht, wenn Statuen zum Leben erwachen: Eine männliche Statue wird lebendig, um Rache zu üben und um zu töten. Die weibliche Statue hingegen steigt als Venus vom Piedestal und umarmt

den Mann, der sie glühend begehrt. Handelt es sich um eine Muttergottesfigur, bleibt sie zwar meist, wo sie ist, aber sie blinzelt, lächelt oder streckt der/dem Betenden die Hand hin. Siehe: Susan Sontag, *Volcano Lover*, Anchor Books, New York 1992, S. 153.

140 **Der Eingriff kann dazu führen**: Kim Johnson Gross, *Chic Simple. Body.* New York 1994.

140 **Ich verspüre eine innere Verpflichtung**: Dr. med. Goswin von Mallinckrodt 1988, (siehe Anm. S. 135), S. 9. Es ist zu hoffen, daß er sein Fach besser beherrscht als die deutsche Sprache, der ›gegenüber er sich unästhetisch verhält‹.

140 **Die ästhetisch-plastische Operation kann keine Wunder machen**: Die Mär von einem unwandelbaren, für alle Zeiten gültigen Schönheitsideal hat dazu beigetragen, daß die ästhetischen Vorstellungen der Schönheitschirurgen selten zum Thema gemacht werden: Woran orientiert sich ein Chirurg bei seiner Arbeit? Was ist sein Vorbild, wenn er Körperteile neu modelliert? Und warum stellen sich nur wenige Menschen ernsthaft die Frage, was einen Mann dazu bewegt, tagaus, tagein Frauen nach seinem Bild zu formen – indem er sie nicht malt oder bildhauert, sondern in Vollnarkose aufschneidet? Warum wird so bereitwillig ihrer Beteuerung geglaubt, sie täten dies ausschließlich zum Besten ihrer Patientinnen?

140 **Dabei stehen die seriösen Chirurgen**: In Deutschland dürfen Ärzte nicht für sich werben. Daher gründen Schönheitschirurgen Kliniken und Institute, für die sie dann Reklame machen.

141 **Bildhauerei am Körper**: Dr. Axel Neuroth, der betreffende Arzt, ständiger Gast in deutschen Talkshows, erzählt denn auch gern, er habe als Kind Bildhauer werden wollen. Er wurde 1993 der fahrlässigen Körperverletzung (es handelte sich um einen Narkosefehler) schuldig befunden und zu einer Schadensersatzzahlung in Höhe von 1,15 Millionen Mark sowie 2000 Mark monatlicher Leibrente verurteilt. Die Ärztekammer Nordrhein hatte der Staatsanwaltschaft entsprechende Hin-

weise gegeben und sie gebeten, das Verfahren zu eröffnen. Eine solche Zusammenarbeit seitens der Kammer ist in den letzten zwanzig Jahren lediglich dreimal vorgekommen. Auf Anfragen der Staatsanwaltschaft, ob das Verfahren eingestellt werden sollte, hatte die Kammer dies nicht befürwortet, da Dr. Neuroth ihrer Meinung nach unvertretbare Risiken eingegangen sei. (BILD, 6. Mai 1993).

145 **Eine Frau, die den Mann mit Verkleidungen betrügt**: Frigga Haugg (Hrsg.), *Sexualisierung der Körper: Frauenformen 2*. Argument Sonderband AS90, Berlin 1983, S. 50/51.

146 **Aussehen wie Claudia Schiffer**: Bei einer neueren Umfrage unter 10 000 Deutschen zwischen 14 und 60 nannten 23 % der befragten Frauen Claudia Schiffer als ihr Schönheitsideal, 17 % Isabella Rosselini und verblüffende 21 % Sophia Loren. Diese hohe Prozentzahl für Sophia Loren liegt mit Sicherheit daran, daß neben diesen drei Namen nur noch Meryl Streep (9 %) und Nina Hagen (2 %) zur Auswahl standen. Für ›Keine der Genannten‹ entschieden sich nur 8 %, für ›Ich habe kein Schönheitsideal‹ 19 % (Bei den Männnern machte unter den vorgegebenen Namen Richard Gere das Rennen.) In Italien sind die meistgefragten Chirurgienasen die von Claudia Schiffer und Michelle Pfeiffer (die sie in ihrer gegenwärtigen Form, wie man liest, selbst vom Operationstisch hat).

5. Kapitel – **Gucken**

149 **Schneewittchen war tausendmal schöner**: Im 6. Kapitel kommt ein weiterer Aspekt des Märchens zur Sprache: Die Bestrafung der alternden Frau, die sich weigert, den ›Pokal‹ der Schönheit an die nachfolgende Generation weiterzugeben.

150 **Es ist für Frauen lukrativer**: Die amerikanische Rechtswissenschaftlerin Catharine MacKinnon kommentiert eine Un-

tersuchung über Einkommensmöglichkeiten von Frauen. Zitiert in: Naomi Wolf 1991, (siehe Anm. S. 16), S. 67.

150 **Fünf Jahre Revlon-Werbung**: Crawford macht mit einem einzigen Produkt – sie selbst – einen Jahresumsatz von sieben Millionen Dollar.

153 **Das allein zu Hause nachmachen zu wollen**: Kim Johnson Gross 1994, (siehe Anm. S. 140). Sie schreibt:»Don't Try This At Home!«

171 **Ihre ›Beauty-Tricks‹**: So albern ich derartige Artikel gelegentlich finde, so ehrlich muß und will ich einräumen, daß ich sie immer wieder mit Interesse lese und über die Jahre manches gelernt und ausprobiert habe, was besser zu ›meinem Typ‹ paßte als kastanienrote Haare.

174 **1987 bereits 17 Prozent**: Naomi Wolf 1991, (siehe Anm. S. 16), S. 260.

176 **Sie wüßten nicht einmal, wer das ist**: Eine solche mangelnde Allgemeinbildung in Alltagsdingen gilt als Zeichen einer höheren Bildung. Warum es allerdings als schick gilt, etwas nicht zu wissen, was die meisten Menschen in unserem Kulturkreis wissen, wird mir ein ewiges Rätsel bleiben.

6. Kapitel – **Zögern**

180 **Am Äußeren und am Auftreten einer Frau**: John Berger 1974, (siehe Anm. S. 26).

181 **Schon im 18. Jahrhundert**: Susan Sontag 1992, (siehe Anm. S. 135), S. 242.

185 **Verhaltenstherapie für schwer erziehbare Haut**: Die Werbeagentur, die sich diesen genialen sprachlichen Dreh ausgedacht hat, beherbergt offenbar ein kreatives Sprachgenie, denn ihr verdanken wir auch den Siegeszug der ›öligen Haut‹, von der im Diätkapitel die Rede war. Es wäre natürlich auch möglich, daß diese Werbeagentur einfach kein Geld für eine

gute Übersetzung ausgeben mag und daher blind in jede Falle
tappt, die die englische Sprache für sprachunkundige Deutsche
bereithält.

Eine haarsträubende ›Übersetzung‹, die in ihrer Unverständ-
lichkeit an die deutschsprachige Gebrauchsanleitung eines koreanischen Videorecorders heranreichte, war die Werbekampagne für Donna Karan, die im Herbst 1994 in deutschen Mo-
demagazinen gestartet wurde.

185 **Sind es doch zwei Häute:** Carole Spitzack, The Confes-
sion Mirror. In: Arthur Kroker und Marilouise Kroker, *The
Hysterical Male: new feminist theory*, Montréal 1991. S. 57–68.

186 **Ich habe mich noch nie so gut:** Dörthe Binkert, Ich sehe
nicht mehr so aus, wie ich mich fühle. *Frauen*. Heft 4: Thema
Schönheit. Sonderheft von *Psychologie Heute*. Weinheim o. J.

188 **Wer sich liften läßt:** Da sich das in den USA gerade än-
dert, wird das Verheimlichen sicher auch hier bald ein Ende
finden.

195 **Die erotischen Ansprüche einer Frau:** Ich weiß allerdings
nicht, ob mit ›dreißig Jahre‹ ›bis zum dreißigsten Lebensjahr‹
gemeint ist oder aber ›dreißig Jahre lang‹ – was ja fast bis zu den
Wechseljahren reichen könnte.

201 **Wer für die derzeit teuerste Gesichtscreme:** Die Bundes-
bürgerinnen und -bürger geben für Pflegemittel und Kosmetika
(alles von Seife bis zur Hautcreme) jährlich 15 Milliarden Mark
aus.

201 **Eine neue Kosmetikverordnung:** *Marie Claire* (deutsch),
3/94, Erweitert das Kosmetikgesetz! Ich teile allerdings die Meinung, daß das deutsche Kosmetikgesetz geändert werden muß:
Ab 1998 werden die Hersteller endlich europaweit gezwungen
sein, alle Inhaltsstoffe zu deklarieren.

Übrigens halten die Beipackzettel von Kosmetika so manches
Rätsel bereit: Wissen Sie vielleicht, warum eine französische
Pflegeserie in fünf von sechs Beipackzettelsprachen langatmig
die ›Lebenspflanze‹ Ginseng als wichtigsten Bestandteil ihres
Produktes besingt, um sie dann in der sechsten – deutsch – mit

keiner Silbe zu erwähnen, sondern verschwommen von ›100 % reinen Pflanzenextrakten‹ zu sprechen! Und was ist davon zu halten, daß die Haarpackung eines amerikanischen Herstellers auf deutsch 5–10, auf französisch 15 und auf englisch 15–20 Minuten einwirken soll? Was lernen wir daraus? Ich weiß es nicht. Vielleicht, daß der perfekte ›natural look‹ in den USA doppelt so viel Zeit kostet wie bei uns.

204 Eine Frau von fünfunddreißig Jahren: Lilo Aureden 1955, (Siehe Anm. S. 100). Das Thema muß auf brennendes Interesse gestoßen sein, denn das Buch wurde in den ersten neun Monaten nach Erscheinen 120 000 mal verkauft! Lilo Aureden hatte offenbar einen sechsten Sinn dafür, was Frauen wünschen. Auch ihr zweites Buch war ein absoluter Bestseller: Das Kochbuch ›Was Männern so gut schmeckt‹.

207 Schön sein heißt als Momentaufnahme existieren: Wendy Chapkis, *Schönheitsgeheimnisse, Schönheitspolitik.* Übers. v. M. Längsfeld. Berlin 1986, S. 22. Ein sehr gutes Buch zum Thema, das leider vergriffen ist.

210 Ein bißchen Männerhaß: *Ein bißchen Männerhaß steht jeder Frau* heißt ein Aufsatz von Ursula G. T. Müller. Erschienen ist er in einem Buch gleichen Titels, das Christine Eiffler herausgegeben hat. (Berlin 1991).

7. Kapitel – **Fragen**

213 Sie ist nicht nur ein Schönheitsideal: Der Satz stammt von Urs Wyler, Manager bei Mattel, der Firma, die Barbie herstellt und weltweit vertreibt.

213 Sie ist eine lebenslustige Person: Die Schweizerin jobbt als ›lebende Barbie‹ – sie erscheint in Barbie-Aufmachung zu Barbie-Werbewochen in Kaufhäusern und Spielzeuggeschäften und läßt sich mit Kindern fotografieren.

214 Beide entsprechen perfekt: Sie sind auch beide deutscher

Herkunft: Barbies ›Urmodell‹ war eine Zeichenfigur namens Lilli, die in den fünfziger Jahren zuerst in der *Bild*-Zeitung erschien.

214 **Angeblich zählt nur, wer wir heute sind**: Das ist verkürzt, denn natürlich sieht man Claudia Schiffer vieles an, was selten erwähnt wird und für ihre weltweite Attraktivität unabdingbar ist. Um nur zwei Beispiele zu nennen: Ihre nordeuropäischen Vorfahren (da sie blond und hochgewachsen ist) und ihr Leben in politisch und finanziell abgesicherten Verhältnissen (da ihr Körper keine der Mangelerscheinungen hat, die ein Leben in Unsicherheit und Armut mit sich bringt).

215 **Die Heilige Kuh Natürlichkeit**: Dieses Ideal ist seiner Herkunft nach selbstredend protestantisch (vor allem puritanisch) – aber es hätte sich ohne seine enge Verknüpfung mit den US-amerikanischen Medien niemals über die ganze Welt verbreiten können. Wen hätte es schon interessiert, welches Schönheitsideal die Schweden, Schweizer und Holländer haben?

215 **Ohne Falsch wie ihre Vorfahrin**: Das gilt für alle Lebensbereiche: In einem Film will sich eine Amerikanerin wegen ihres Liebhabers scheiden lassen. Die Geheimhaltung der Affäre schließt sie mit den empörten Worten aus: »Ich bin Amerikanerin, ich habe nichts zu verbergen. Ich lasse meinen Liebhaber nicht über die Hintertreppe hinein wie eine Französin.«

218 **Obwohl wir ständig von Bildern umgeben sind**: Wir halten uns auch selten vor Augen, wie ungeheuer die Fotografie unsere Welt und unsere Wahrnehmung verändert hat. Es gibt Untersuchungsergebnisse, wonach vor allem Menschen, die nach 1960 geboren sind, so stark von der Bilderflut geprägt sind, daß sie beispielsweise nicht in ihrem Körper sind, wenn sie mit jemandem schlafen, sondern quasi von außen zusehen, wie ihr Körper mit jemandem schläft.

Falls es Sie interessiert, wie Hollywood Natürlichkeit, Spontaneität und Realität herstellt, sollten Sie den Nachspann der Filme lesen. Da können Sie beispielsweise erfahren, daß

Michele Pfeiffer speziell für die Szene in *The Fabulous Baker Boys*, in der sie sich spontan-sinnlich auf einem Flügel räkelt, einen Choreographen hatte, in *Zeit der Unschuld*, wo sie völlig ungeschminkt wirkt, einen eigenen Visagisten. Cathérine Deneuves biedere Hauskittelchen stammen von Yves Saint Laurent und Julia Roberts brauchte bei einem Körper, der als idealschön, jedenfalls problemlos gilt, acht Anproben, bis das rote Abendkleid in *Pretty Woman* paßte (das allerdings stand nicht im Nachspann).

218 **Bei einer Fotografierten bezweifeln wir nicht**: Das jedenfalls nehmen wir an, weil wir selten daran denken, was mit einem Foto nach der Aufnahme im Labor – und seit einiger Zeit auch per Computer – verändert werden kann.

218 **Fernsehsendungen und Kinofilme**: Zitiert in Chapkis 1986, (Siehe Anm. S. 207), S. 43 f. Das Zitat stammt von der amerikanischen Werbeagentur Saatchi and Saatchi. Zu den »Elementen gemeinsamer Kultur«, die um die Welt ziehen, gehören nicht nur blaue Augen und rauchende Cowboys, sondern auch Details des Lebensstils wie Möbel. Veränderte Möbel aber führen zu anderen Körpern: Seit die Japaner immer weniger knien und immer mehr auf Stühlen sitzen, sind ihre Beine angeblich gerader geworden.

219 **Eindeutig japanische Gesichtszüge**: Dies ist nicht der richtige Ort dafür, aber man könnte (und sollte) ernsthaft darüber nachdenken, warum für einen japanischen Mann eine europäisch/nordamerikanisch aussehende Frau als Sexualphantasie viel erfüllender ist als eine japanisch aussehende Frau – oder meinetwegen auch eine Afrikanerin, eine Indianerin oder eine Eskimofrau.

Eine englische Zeitschrift erklärt die Asymmetrie in den nationalen Vorstellungen von Männer- und Frauenschönheit damit, bei einer Frau genüge Schönheit, während bei einem Mann ›Charakter‹ als mindestens ebenso wichtig empfunden werde – das ist ein Zitat aus dem Jahre 1994, nicht von 1954!

220 **Die ganze Welt war sich darin einig**: Toni Morrison, *Sehr*

blaue Augen. Übers. v. S. Rademacher. Reinbek b. Hamburg 1979, S. 20.

221 **Und jedes kleine schwarze Mädchen**: Text auf dem Taschenbuchumschlag von *Sehr blaue Augen*, April 1994.

221 **Die Zeitung China Daily berichtete**: 20 % ist so ungeheuer viel, daß ich zwar die Meldung, nicht aber die genannten Zahlen glaube.

224 **Der glatte, haarlose Kinderkörper**: In streng moslemischen Ländern ist das Enthaaren offenbar eine Art Initiation, der rituelle Übergang vom Status des jungen Mädchens zu dem der Ehefrau: Vor der Hochzeit entfernt die Braut das erste Mal alle Körperhaare, auch die Schamhaare, da arabische Männer Körperhaare bei Frauen angeblich schmutzig finden. Westlichen Gesellschaften erscheint das Entfernen der Schamhaare eher unnatürlich, obwohl in der europäischen Kunsttradition die weiblichen Akte jahrhundertelang ohne Schamhaare gemalt wurden.

Der Kunsthistoriker John Berger erklärt dies damit, daß Haar mit betonter Sexualität und Leidenschaft verknüpft wird. Der Ausdruck sexueller Leidenschaft müsse aber bei der Frau auf ein Mindestmaß beschränkt bleiben, so daß der Betrachter der Gemälde das Gefühl hegen kann, er habe das Monopol darauf. In: John Berger 1974, (Siehe Anm. S. 26), S. 52.

Auch das geforderte Zupfen der Augenbrauen geht in diese Richtung. Noch bis vor relativ kurzer Zeit galten dichte, buschige Augenbrauen bei Frauen als vulgär und wurden mit Jähzorn, Machtgier und sexueller Zügellosigkeit in Verbindung gebracht.

226 **Kein wirklicher Mann zu sein**: Das umgekehrte – daß ein Mann sich Körperhaare entfernt – gibt es allerdings in letzter Zeit häufiger. Seit auf den Seiten der Zeitschriften so viele nackte Muskelmänner mit babyglatter Haut herumliegen, lassen sich immer mehr Männer von der Kosmetikerin Brust, Rükken und Po (!) enthaaren – angeblich, weil sonst niemand die schönen Muskeln sehen kann, die sie sich in schweißvoller

Kleinarbeit im Fitneß-Studio draufgeschafft haben. Und eine englische Zeitschrift weiß zu berichten, Männer ließen sich nun auch vermehrt die Körperhaare färben – blond, um sie unsichtbar zu machen, oder (Ironie des Schicksals) jugendliches Braun oder Schwarz, wenn sie ergraut sind.

226 ›**Hey, Schnurrbart**‹: Wendy Chapkis 1986, (Siehe Anm. S. 207), S. 7 ff.

227 **Warum also sollte Zeit**: Brian d'Amato 1993, (Siehe Anm. S. 40).

227 **Gesichts-Namens-Kombination urheberrechtlich schützen lassen**: ebd.

229 **Oscar Wilde erwähnt**: Oscar Wilde, *Dorian Gray*, Frankfurt am Main 1985, S. 50.

Der souveräne Weg: *Lösung statt Lamento*

Ute Erhardt
**Gute Mädchen
kommen in den Himmel,
böse überall hin**
Warum Bravsein uns nicht weiterbringt
224 Seiten. Klappenbroschur
ISBN 3-8105-0515-3

Frauen trauen sich selten, deutlich zu sagen, was sie
wollen. Sie fühlen sich leicht »irgendwie« schuldig,
wenn sie nein sagen. Sie achten darauf, andere
nicht zu verletzen, nicht zu übergehen
und niemanden zu enttäuschen.
Würden Frauen statt dessen ihre Kräfte in
Selbstorganisation, Selbstbehauptung und eigene
Stabilität investieren, hätten sie bessere Chancen,
Gleichberechtigung durchzusetzen. Sie könnten ihre
Persönlichkeit denen entgegenstellen, die sie ausbooten
wollen, statt faule Kompromisse zu schließen.

Wolfgang Krüger Verlag

»Ich sorge selbst dafür,
daß es mir gutgeht«

Regine Schneider
Powerfrauen
Die neuen Vierzigjährigen
191 Seiten. Klappenbroschur
ISBN 3-8105-1844-1

Frauen entdecken die Mitte des Lebens als
eine Phase voller Herausforderungen.
Eine neue Selbstverständlichkeit im Umgang
mit dem Älterwerden zeichnet sich in der Generation
der heute 35- bis 45jährigen Frauen ab.
Endlich muß die Lebensmitte mit ihren
zweifellos vorhandenen Krisen, Umbrüchen,
Neuanfängen nicht mehr krampfhaft
schöngeredet werden.

Wolfgang Krüger Verlag

Wer plant, gewinnt

Deborah Clarke
Betrifft: Beruf
Überlebensstrategien für Frauen
232 Seiten. Klappenbroschur
ISBN 3-8105-0345-2

Das Überleben am Arbeitsplatz wird
immer schwieriger, und entsprechend größer
wird auch das Bewußtsein,
daß es konkrete Probleme von
berufstätigen Frauen gibt, die überall auftreten.
SZS (Selbstbehauptung/Zeitplanung/Streß-
bewältigung) sind die Grundpfeiler,
auf denen sich solide Strategien für die Bewältigung
von Privat- und Arbeitsleben aufbauen lassen.
Erst mit einem sinnvollen Konzept kann man hoffen,
eigene Schwerpunkte angemessen zu bestimmen
und durchzusetzen.

Wolfgang Krüger Verlag